建築・BIM の教科書

改訂2版

一般社団法人 BIM教育普及機構 編

一般財団法人 建設物価調査会

はじめに

　建築の実務は大きな社会変化の波の中にあります。設計から施工に至る建築生産の効率化、建築や都市の維持管理あるいは資産管理に注目が集まり、カーボンニュートラルにかかわる目標の達成、誰にとっても快適で安全な場の実現などのテーマは喫緊の社会課題です。これらと正しく向き合う中から、新しい価値やビジネスを創り出してゆく未来が期待できるでしょう。そのためには「デジタルの社会基盤づくり」を加速させることが有効ですが、そこで活躍し、リーダーシップを取る人材づくりはさらに重要です。建築の専門家がそこで存在感を高めることは、自らのためにも、社会のためにも有益ではないでしょうか。

　その観点でも、BIM（Building Information Modeling）の活用の必要性はます高まってきました。2021年10月に「一般社団法人BIM教育機構（現・一般社団法人BIM教育普及機構）」を設立するときには、BIMを的確かつ積極的に運用できる実務人材の育成が急務であるという認識を持っていました。活動目標にある、〈BIM技術者の教育・啓蒙・人材育成等に関する活動およびBIMに関する普及活動を行うことにより、BIMによる建設プロジェクトの質的向上、発展に寄与する〉の後半にあるように、単なるBIMの普及が到達点ではなく、踏み込んだ活用ができる人材の厚みをつくることが目標です。

　もちろん、教育機関での学習に始まって、生涯にわたって継続する学びが重要です。近年注目されている概念「リスキリング」の実行メニューには、〈デジタル能力を活用して新しい価値を生み出すことができるよう、能力やスキルを再開発する〉ことが重視されています。この「建築・BIMの教科書」は絶えず成長を目指すために有用な教材だと確信していますが、これを用いた研修や実践のサポートなど、活用の用途は限りなく広がっています。ぜひ、使い方について一般社団法人BIM教育普及機構まで、ご意見やご提言をいただければ幸いです。

2024年10月

一般社団法人　BIM教育普及機構　理事長

佐野吉彦

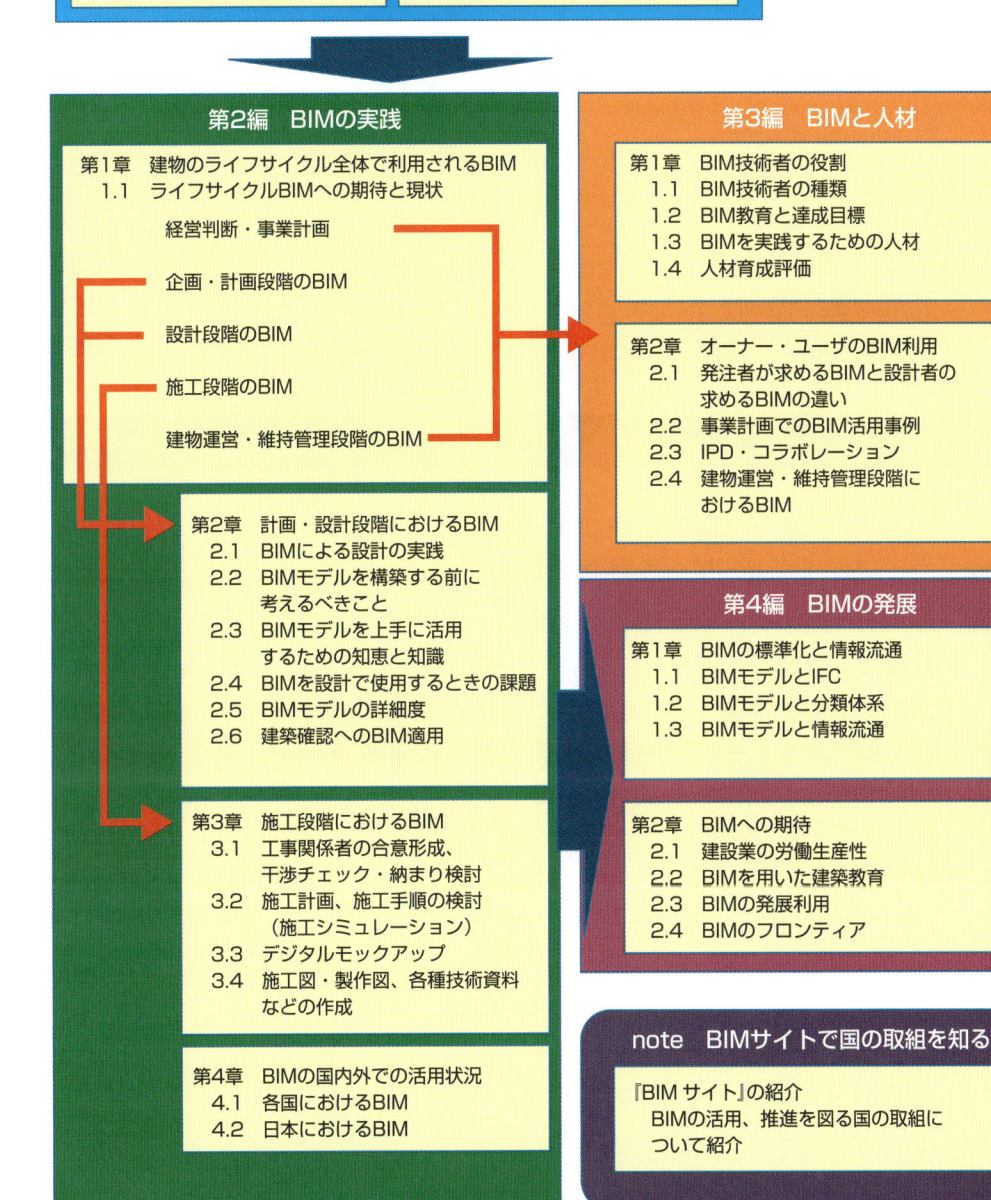

CONTENTS

第1編
BIMの基礎

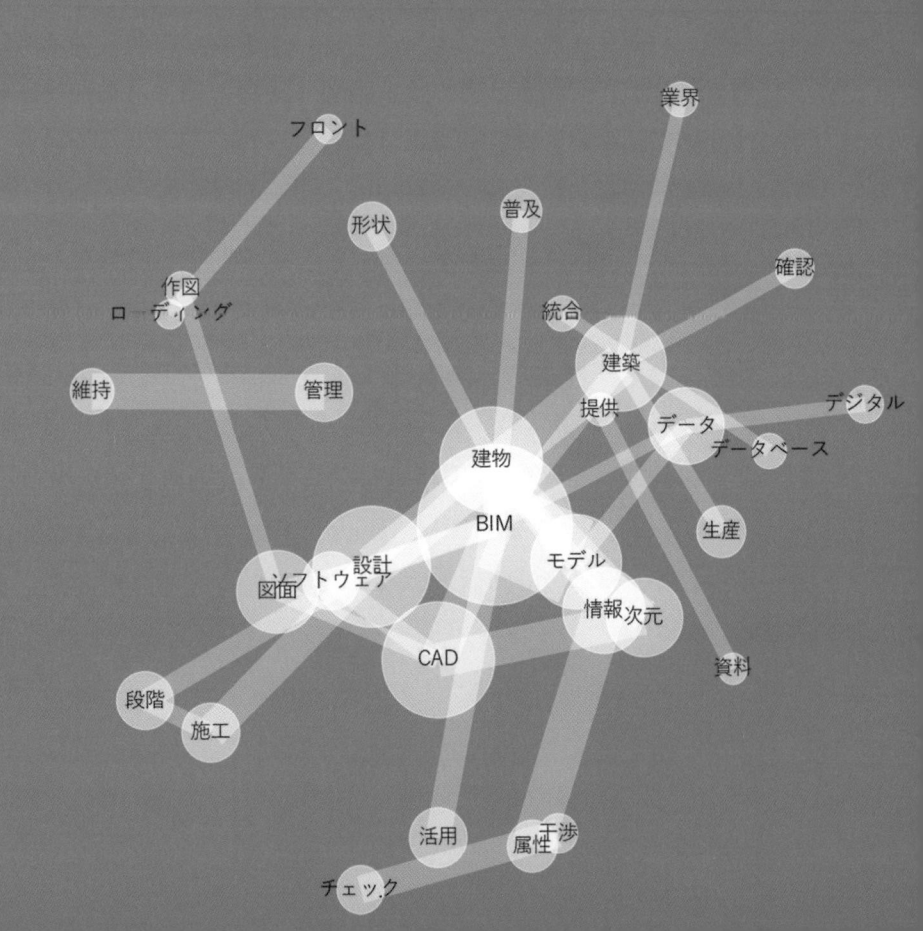

KEYWORD　CAD、BIM、2D CAD、3D CAD、CAD/CAM、CG、ウォークスルー、アニメーション、デジタルデータ、ISO、AIM

CADデータは図面をデジタル化したものであり、CADソフトウェアは図面の作図を目的としたものである。BIMはコンピュータ上に作成した3次元の建物モデルに、様々な属性情報を付加した、建物の統合データベースである。

建築設計図面

　建物を建設する際には、昔から設計図面が使われてきた。日本では、平安時代や奈良時代ころには既に建築設計図面（当時は指図と呼んだ）が使われていたといわれている。

　建築設計図面は、建築家など建物の設計者が、その設計内容を発注者など他者に正確に伝えるために、また建築請負者が設計者の思想どおりに建物を建築するために必要となるものである。また、建築設計図面には完成した建築物の構造や納まりなどが記録されており、適切に建物の運営・維持管理を行うためにも建築設計図面は必要となる。さらに建物が存在しなくなった後も、建築設計図面によってその建物の姿を知り、歴史を辿ることができる。

　建築設計図面は、古くから紙（古くは木簡や羊皮紙など）という媒体を使用して作成され利用されてきたが、1960年代にCAD（Computer Aided Design）が発明され、1970年代に電子計算機（コンピュータ）が一般に普及し始めると、紙の図面に代わりCADによるデジタルデータとして図面が流通するようになる。その後しばらくはCADで作成した建築設計図面を紙に出力して利用する時代が続くが、21世紀になりBIM（Building Information Modeling）という概念が登場すると、建築設計図面というものの役割や仕組みが大きく変わり始めることになる。

CADの普及

　私たちの身の回りに存在する文房具や家電製品、家具や建築物といった工業生産物は、設計図とよばれる図面にその形状や性能が表現され、その図面に基づき生産される。15〜16世紀に活躍した、レオナルド・ダ・ヴィンチやミケランジェロといった伝説的建築家も、数多くのスケッチを後世に残しているが、これらは設計図の元祖といえるものであろう。

　現在、建築物の他、多くの工業製品がCADを使って設計され生産されている。建築設計業務でCADが大手建築設計事務所を中心に利用され始めたのは、1980年代後半からである。この時期は、日本におけるPC（Personal Computer）の普及時期と重なり、1990年代に入ると中小の建築設

図表①　1990年ころの典型的なCADルーム

計事務所を含め、多くの建築設計者がPCとともにCADシステムの導入を進めた。

　しかし、当時のCADは手書き図面の清書用としての利用がその大半を占め、CAD本来の目的であるコンピュータによる設計支援とはほど遠いものであった。また、当時のPCは処理能力が低く、そこで利用されるCADシステムも2次元の作図機能が中心で、主に図面としてきれいに紙へ出力するための機能に重きが置かれた。当時の設計事務所には、ペンプロッターとよばれる大型の図面出力装置が置かれ、CADで作成された図面を日々出力していた。そして、建築業界では長らくこうした2D CADの時代が続くことになる。

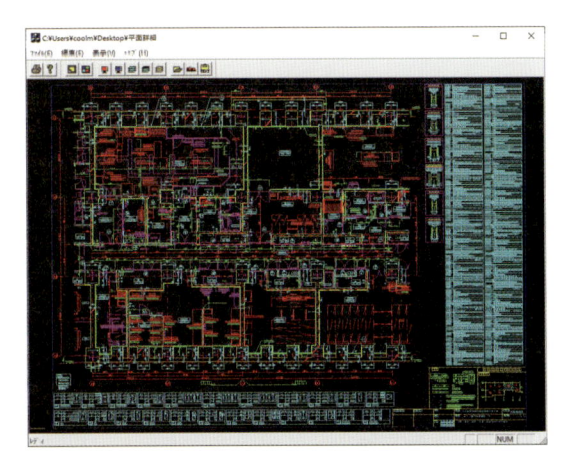

図表②　1990年ころに主流であった2D CAD図面の例

一方、自動車や機械などの製造業では、早くから3D CADの導入が進められ、1970年代から実用化が始まったCAD/CAM（Computer Aided Design/Computer Aided Manufacturing）の発達によって、製造業はその生産性を飛躍的に向上させた。CAD/CAMとは、CADデータに基づいて工作機械を制御し、生産工程を自動化する仕組みである。

　日本の自動車や精密機械のメーカが短期間に世界的な競争力をもつようになったのは、CAD/CAMを導入し、それを日本独自の仕組みとして発展させていった功績によるところが大きいと考えられる。

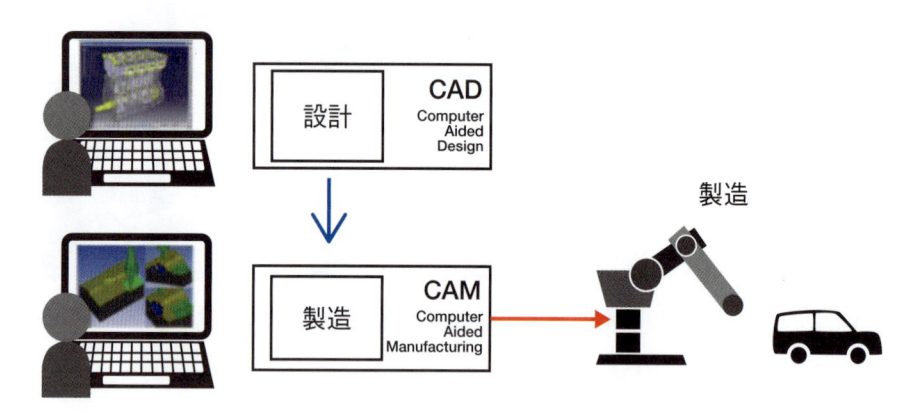

図表③　製造業におけるCAD/CAMの概念図

　ところが、建築物の多くは一品生産物であり、工場生産品のような大量生産物ではないため、CADによる設計作業の効率化や省力化を図ることが難しかった。こうした理由からこれまで建築業務ではCAD/CAMのような仕組みは必要とされなかった。その結果、建築業界では3D CADの普及が進まなかったのである。

　CADの導入による生産性の向上という点では、製造業に大きく後れをとった建築業界であるが、BIMという概念が登場し、これまでの後れを一気に取り戻すべく様々な取り組みが始まった。国土交通省もBIMによる建設生産性の向上には注目しており、2009年以降、同省が発注した建築物のいくつかで、BIMを使った各種実証実験を行なっている。

BIMの登場

日本でのBIM元年といわれる2009年以降、BIMは建設業界に着実に浸透してきた。BIMの黎明期には、BIMをCADの延長としてとらえることもあったが、それは誤った解釈である。CADもBIMも、建築設計図面を作成するという意味での目的は同じであるが、BIMの用途はそれだけにとどまらない。BIMはCADとは異なるコンセプトをもつものであり、そのデータ構造もCADとは異なる。

BIMとは、コンピュータ上に作成した3次元の建物形状情報に加え、室名や室面積、材料や部材の仕様・性能、仕上げなどの建築物を構成する様々な属性情報をあわせもつ建物情報モデルを構築することと定義される。

ここでいう3次元の建物形状情報とは、一般的には3D CADで作成されたCADモデルであり、このCADモデルに従来のCADでは扱うことのなかった多くの属性情報を付加したものが、BIMモデルとなる。このBIMモデルを構築することのできるコンピュータソフトウェアが、BIMソフトウェアとよばれるツールである。

3D CADとBIMの違いは、そこで扱うデータが建物の形状情報だけなのか、形状情報に加え、さらに様々な属性情報を扱うのかという点にある。このため、一般的にBIMデータは、CADデータと比較してファイルサイズが格段に大きくなる傾向にある。

	モデル	建物の形状情報	建物の属性情報	ファイルサイズ	用途
2D CAD	2次元 (x, y座標)	○	×	小	設計製図
3D CAD	3次元 (x, y, z座標)	○	×	中	設計製図
BIM	3+n次元 (x, y, z座標)	○	○	大	設計製図から維持管理まで

図表④　CADとBIMの比較

手書きや2D CADによる従来型の図面による情報伝達と、BIMの3次元建物モデルによる情報伝達には大きな違いがある。CADは、従来の手書き図面の線を1本ずつデジタルデータに置き換えたものであり、いうなれば手書きの製図をコン

ピュータに置き換えたものである。そこに描かれる図形は、線（Line）の集合体による、幾何形状で表現したものであり、基本的には手書きの図面の延長である。

　これに対し、BIMは建物そのものをコンピュータ上に仮想的に表現したものである。図面で描かれている線（Line）は単なる線（Line）ではなく、壁（Wall）やドア（Door）、部屋（Space）といった建物の構成要素としてのオブジェクトが表現されており、それぞれのオブジェクトが材料や部材の仕様・性能といった属性情報をもっている。BIMは設計段階でコンピュータ上に仮想の建築物を建てるという概念であり、これは従来型の図面作成行為の意味を根本的に変えるものである。

　建築の生産プロセスは、意匠設計、構造設計、設備設計などの設計の各段階から、各種解析や積算、施工の段階まで、多段階にわたる業務で構成されている。従来はこの業務のすべてを紙の図面や2次元のCADデータで伝達していたが、こうした旧来の伝達方法では情報の欠落や図面の不備などによる伝達ミスも多く、建築設計を進めるためのコミュニケーション手段としては不十分であった。

　こうした従来の方法を3次元の建築モデルデータに置き換え、プロジェクト全体の流れをデジタル化して、建築設計本来の業務に資源を集中し、よりよい建物をつくろうというのがBIMの基本となる考え方である。

　BIMは、建築物に関するあらゆる情報をコンピュータ上の3次元建物モデルに集約し、これを建物データベースとして設計から施工、運営・維持管理に至る建物ライフサイクル全体で活用しようというものであり、建築生産や建物運営・維持管理のプロセスを抜本的に変える可能性を秘めている。

建築BIMとは

国土交通省

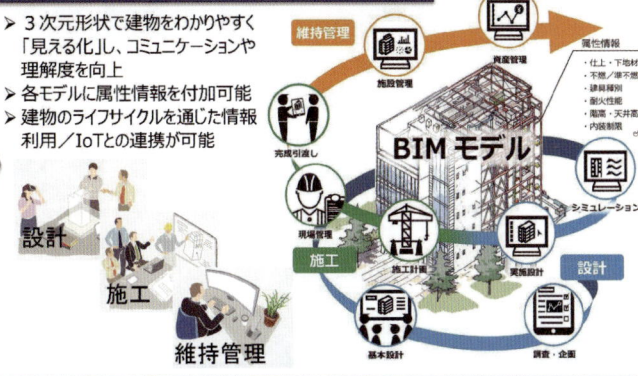

BIM（Building Information Modeling）とは・・・
コンピュータ上に作成した主に3次元の形状情報に加え、室等の名称・面積、材料・部材の仕様・性能、仕上げ等、建物の属性情報を併せ持つ建物情報モデルを構築するシステム。

現在の主流（CAD）
➤ 図面は別々に作成
➤ 壁や設備等の属性情報は図面とアナログに連携
➤ 建設後の設計情報利用が少ない

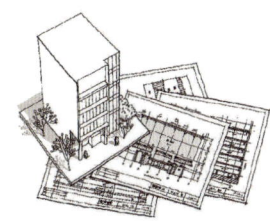

平面図・立面図・断面図／構造図／設備図

BIMを活用した建築生産・維持管理プロセス
➤ 3次元形状で建物をわかりやすく「見える化」し、コミュニケーションや理解度を向上
➤ 各モデルに属性情報を付加可能
➤ 建物のライフサイクルを通じた情報利用／IoTとの連携が可能

設計　施工　維持管理

BIM モデル

属性情報
・仕上・下地材
・不燃・準不燃
・耐震種別
・耐火性能
・階高・天井高
・内装制限
etc.

維持管理　施設管理　資産管理
完成引渡し　現場管理　施工計画　実施設計　設計
基本設計　調査・企画
シミュレーション

将来BIMが担うと考えられる役割・機能

Process	Data Base	Platform
・コミュニケーションツールとしての活用、設計プロセス改革等を通じた生産性の向上	・建築物の生産プロセス・維持管理における情報データベース ・ライフサイクルで一貫した利活用	・IoTやAIとの連携に向けたプラットフォーム

図表⑤　図面を作図するCADとは異なり、BIMは建物データベースとして活用される
（出典：国土交通省ホームページ（http://www.mlit.go.jp/common/001305379.pdf））

　CADが発明されてから半世紀が経過し、建築設計図面の表現手段は手書きからCADへと変化した。ところがCADの時代となっても、久しく設計内容を表現し伝達するための方法は手書き時代と変わらなかった。すなわち、様々な角度や切り口で建物を表現するために、平面図や立面図、断面図など多くの図面を個別に何枚も書くという行為である。

　一方、BIMはコンピュータ上に実物の建物と同じように、仮想的な3次元モデルを作っていき、個別に平面図や断面図を作成しなくても、BIMで作成した3次元モデルを水平に切断すれば平面図が得られ、鉛直に切断すれば断面図を得ることができる。また、BIMの3次元モデルには建物の形状情報に加え、建物を構成する材料や部材の仕様や性能などの属性情報が格納されるので、図面に加えて建具表や仕上表などの一覧表もあわせて取り出すことが可能である。

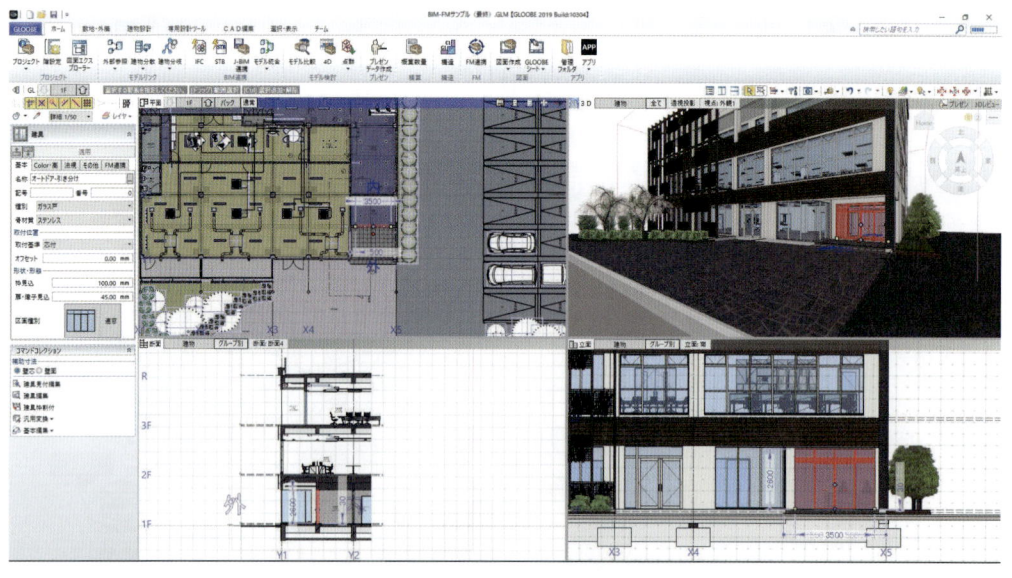

図表⑥　BIMモデルから様々な図面が取り出せる
（資料提供：福井コンピュータアーキテクト株式会社）

　これらの平面図や断面図、各種一覧表は、1つのBIMモデルから切り出して作成しているため、それぞれ別の図面として書き起こした手書きやCADの図面と異なり、図面間の不整合が起こらない。また設計変更などにより修正を行なった場合でも、平面図や断面図にその修正内容が同時に反映されるため、図面のバージョン管理も容易である。

　さらに、BIMモデルに遠近感をつけ、素材や光の表現を加えればCG（Computer Graphics）パースが得られ、これを連続的につなげていけば、まるで本物の建物の周辺を歩き回るようなウォークスルー・アニメーションを作成することも可能だ。CGパースやアニメーションは、従来のCADでも作成することができるが、部材の仕様や性能を属性情報として持つBIMを用いて作成すれば、より現実的なアウトプットを得ることができる。さらに、様々なシミュレーション結果を加味した結果を用いれば、より迅速な合意形成も可能となるだろう。

図表⑦　BIMの3次元モデルからは、図面だけではなくCGなどのアウトプットも取り出せる
（Courtesy of 株式会社クラスコデザインスタジオ - Kotaro Takebe）
（資料提供：エーアンドエー株式会社）

　近年、BIMの "M" を Modeling（モデリング）ではなく、Management（マネ
ジメント）の"M"としてとらえる向きが多い。BIMを単なる設計ツールではなく、
建物のライフサイクル全般にわたって活用し、その生産性を根本から改善するた
めの経営戦略ツールとして利用しようという取り組みである。

　建物の設計・施工時においては、BIMを用いて様々な情報を一元管理するこ
とで、建築生産の効率的な管理が可能となり、建物の完成後も、設計時のBIM
モデルデータを活用することで、適切に建物の維持管理や資産管理、エネルギー
マネジメントなどを行うこともできるようになる。

　建物の運用段階では、投資効果の可視化が、意思決定のスピードを促進させる
ことで、無駄のない建物の維持保全計画の策定に寄与することができる。BIM
によって適正かつリアルタイムな資産評価・資産管理が実現され、各種センサー
などとの連携により、入居者のアメニティ（快適性）向上が図られ、インフラプ

ラットフォームとの接続により、災害時などにおける建物のリスク管理も実現される。日本国内での事例はまだ少ないが、諸外国ではBIMをファシリティマネジメント（FM）と連携させ、経営戦略のためのツールとして活用する取り組みも盛んだ。

BIMのISO（国際標準化機構：International Organization for Standardization）規格であるISO 19650-1では、竣工後の維持管理段階をAIM（Asset Information Management）と定義しており、BIMがマネジメントツールであることが説明されている。

日本では2019年6月に、国土交通省が「建築BIM推進会議」を設置し、BIMによる高効率な建物ライフサイクルの実現に向けた、様々な方面における整備計画が始まった。これによって、日本でも本格的にBIMの普及促進が図られるであろう。

建築BIMの活用による将来像　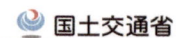国土交通省

高品質・高精度な建築生産・維持管理の実現	高効率なライフサイクルの実現	社会資産としての建築物の価値の拡大
いいものが	無駄なく、速く	建物にも、データにも価値が

➤ 3Dモデルの形状と属性情報により空間を確認できることで、建築のプロでない人でもイメージを共有 ➤ 設計・施工時の情報が一元管理されることで、建築生産の効率的な品質管理を実現 ➤ 完成後も活用可能なデータにより、最適な維持管理、資産管理、エネルギーマネジメントを支援	➤ 投資効果の可視化（コストマネジメント）による迅速な意思決定 ➤ 設計・施工・維持管理段階の円滑な情報の伝達により、無駄のない建物のライフサイクルを実現 ➤ 設計・施工の各工程の作業効率化 ➤ 維持管理の省力化の実現 ➤ 海外との共通・競争基盤としてのBIMの確立	➤ 適正かつリアルタイムな資産評価・資産管理の実現 ➤ センサー等との連携による建築物へのサービスの拡大 ➤ ビッグデータ・AIの活用による建築物を起点とした新たな産業の創出 ➤ インフラプラットフォームとの融合による最適なリスク管理の実現

図表⑧　BIMは経営戦略ツールとして、建物のライフサイクル全般で活用される
（出典：国土交通省ホームページ（http://www.mlit.go.jp/common/001305379.pdf））

1.2

第1章　BIMとは

CADとBIMの歴史

KEYWORD　JIS B3401、ベクターデータ、ラスターデータ、モデリング、ポリライン、ポリゴン、ワイヤーフレームモデル、サーフェスモデル、ソリッドモデル、レンダリング、テクスチャーマッピング

CADは半世紀以上の歴史をもち、製造業や建設業において多様な進化を遂げてきた。その延長として、BIMの時代が到来する。BIMはCADとは異なる概念であるが、建物の形状を図形処理する機能に限ってみれば、CADの進化系であるともいえる。

CADの定義

　CADは、その発明から半世紀が経とうとしている。パソコンが普及し、建築設計にCADが使われ始めてから、はや30年が経過した。この間、設計ツールは2次元CADから2.5次元、3次元CADと発展を続け、そしていまBIMへと大きな進化を遂げた。

　CADとは、コンピュータを用いて設計を行うこと、または、そのシステムを指すことばである。図面は点や線、文字などを用いて表現される。手書きの場合は、平行定規や三角定規を使って作図するが、コンピュータを使って図形を扱うには、図形を数値化することが必要であり、CADは数値演算の処理によって作図することができるようになる。こうした処理をコンピュータ上で実現するのが、

手書き図面	CADシステム
平行定規（T定規）	
三角定規、勾配定規	座標系
ものさし、三角スケール	
図形型板（テンプレート）、コンパス、雲形定規	図形コマンド
文字型板	テキストボックス
字消し板、方眼紙	スナップ機能、グリッド機能
トレーシングペーパー（第二原図）	画層（レイヤー）、オーバーレイ機能

図表⑨　手書き図面とCADの機能比較

CADシステムである。

　CADには業種ごとに様々な特徴をもった製品が存在する。このうち、建築設計に用いるCADには、スケッチ用のお絵かきツールのようなものから、構造設計や設備設計用に複雑で高度な処理をこなす専門CADまで、多くの種類がある。

　日本ではCADの規格上の定義として、JIS B3401（日本産業規格）にその記載があり、CADは「製品の形状、その他の属性データからなるモデルをコンピュータの内部に作成し、解析・処理することによって進める設計」とされている。一般には、CADはコンピュータにより支援された設計支援を示し、または、それを行うためのツールを指す場合が多い。

　CADは、これまで紙と鉛筆で行われていた設計作業（Design）をコンピュータ（Computer）によって支援（Aid）し、設計図面の正確さや作図作業の効率化を図り、その生産性を高めるという目的で誕生した。

　特に建築設計の世界では、CADを「コンピュータを用いた製図システム」とする場合があり、このときCADはComputer Assisted DraftingあるいはComputer Assisted Drawingなどと記されるが、これも上述のCADと同義として扱われる。

　また、CADは設計対象や利用目的により、CADD（製図：Computer Aided Design and Drafting）、CAID（工業デザイン：Computer Aided Industrial Design）、CAAD（建築設計：Computer Aided Architectural Design）などと区分される場合もある。

略　称	名　称	分　類
CAD	Computer Aided Design	一般的なCADまたはCADシステム
CAD	Computer Assisted Drafting	ドラフティング（製図）CAD
CAD	Computer Assisted Drawing	ドローイング（描画）CAD
CADD	Computer Aided Design and Drafting	設計および製図用CAD
CAID	Computer Aided Industrial Design	工業設計用CAD
CAAD	Computer Aided Architectural Design	建築設計用CAD

図表⑩　CADの分類と略称の例

CADの分類

　CADは大きく2種類に分類される。特に利用用途を限定しない汎用CADと、特定の業務用途向けに作図を効率よく行えるよう、専門的な機能を搭載した専用CADである。専用CADには、機械設計に特化した機械系CADや、電気・電子分野の回路設計専用の電気・電子系CAD、そして建築設計に特化した建築系CADなど様々な種類が存在する。

　建築系CADも、主にスケッチやエスキース用途に適した意匠（デザイン）用CADや構造設計用CAD、設備設計用CADなどさらに細かく分類される。

　機械系CADの分類は、ハイエンドやミッドレンジといった性能クラスで分けることがあり、「ハイエンドクラスCAD」は非常に高性能な3次元グラフィックス性能を有し、自動車設計や航空機設計などで使用される。「ミッドレンジクラスCAD」は、工作機械を利用する業種や家電製品の設計業務などを中心に幅広い分野で使用され、多くの製造業で採用されている。

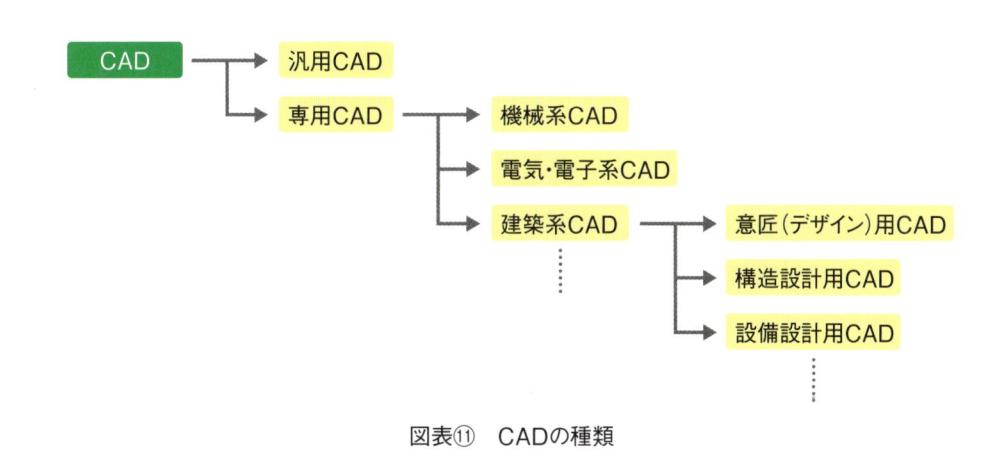

図表⑪　CADの種類

　さらにCADは、その用途により2D CADと3D CADを使い分ける。2D CADは図面の「作図」に用い、3D CADは工業生産物の「設計」に利用されるのが一般的である。自動車や家電などの生産を行う製造業では、1970年代から3D CADを積極的に導入し、その生産性を飛躍的に向上させることに成功した。CAD/CAMという設計から製造までの一貫した生産システムがその主役である。CAD/CAMは、設計用コンピュータと製造機械を連結することによって、CAD

で設計した部品や部材を自動で加工する仕組みである。組み立て機械（産業用ロボットなど）に設計内容や組み立て手順などの情報を伝え、完成品をつくり上げることができる。CAD/CAMは、機械設計の現場に広く普及し、様々なデザインアプリケーションで利用され、世界中の工業生産の現場で、いまやなくてはならない存在となっている。

　製造業で3D CADが普及する一方、建築業界でCADは長らく製図用としての2D CADの利用にとどまっており、建築設計用の3D CADシステムが登場した後も、3次元機能はプレゼンテーション用パース画の作成に利用される程度で、製造業のように本格的に生産現場で活用されるには至らなかった。

　建築業界のCADは、手書き図面の清書用として利用される時代が長く続いたため、製造業の本格的なCADの利用に大きく水をあけられていた感は否めない。

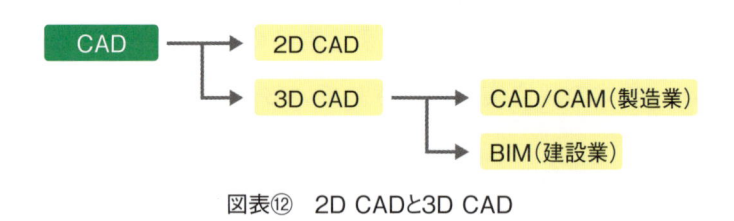

図表⑫　2D CADと3D CAD

　建築CADソフトウェアは、図面の製図を目的とする作図用CADから、意匠、構造、設備などのより専門的な分野における各種検討や解析、シミュレーション機能などを含んだ高度なCADまで、その種類は多岐にわたる。さらに、住宅専用CADや建築設備（MEP：Mechanical Electrical Plumbing）分野に特化したCADなど、特定の分野での利用を想定したものもあり、そうしたCADは特定分野での認知度や利用率が非常に高いものが多

図表⑬　木造住宅用CADによる木造軸組図の例
（資料提供：福井コンピュータアーキテクト株式会社）

い。

　これらの専用CADも、近年ではBIMソフトウェアとのデータ連携機能や属性情報の入出力機能の実装など、時代の要請に合わせた機能強化が求められている。

図面とデジタルデータ

　BIMとCADは、その利用方法や利用目的が異なるが、設計内容を記述するために図面を作成するという点では同じである。図面は、図形や記号で構成されるが、CADやBIMといったコンピュータソフトウェアで図形を扱うには、図形を数値化する必要がある。この数値化によって、CADやBIMは図形の加工や描画を数値演算処理によって行うことができるようになる。

　CADやBIMで扱うことのできるデジタルデータ形式をベクターデータ（Vector Data）またはベクトルデータという。ベクターデータは、線や面といった図形を端点の座標などで表現する。これに対し、写真などの画像データはラスターデータ（Raster Data）とよばれ、図形を点の集合として表現する。

　ベクターデータもラスターデータも、グラフィックデータとして利用されるデータ形式であるが、ベクターデータはラスターデータと異なり、図形に拡大や縮小などの変形を施しても、図形イメージが劣化しないという特性をもつ。ラスターデータは、写真や絵画など色数が多く複雑なグラフィックを表現するのに適しており、ベクターデータは、色数が少なく単純な図形で表現されることの多い図面などの表現に適しているとされる。ベクターデータは、ラスターデータより一般的にファイルサイズが小さい。

　ベクターデータは長さと方向をもったデータであり、ベクターデータで表現されるグラフィックスは、点や線、面といった要素で構成される。それぞれの要素は、基準点（x_0、y_0）からの距離（長さ）と方向を「x方向にいくつ、y方向にいくつの位置である」という座標情報をもっている。この基準点を作図原点または単に原点と呼ぶ。

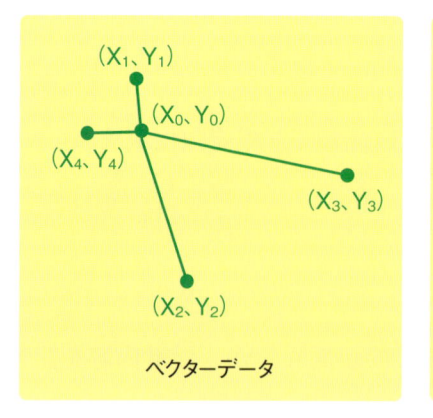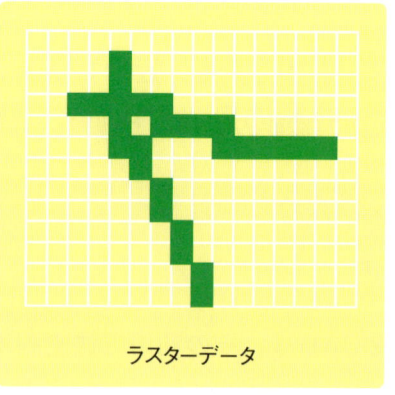

図表⑭　ベクターデータとラスターデータの違い

　このようにベクターデータは、図面上の線の位置や長さや曲線の半径や角度といった数値データをもっている。画面やプリンタに図形を出力するとき、その都度座標計算を行いながら描画するため、図面を1/100で出力しても1/500で出力しても、同じ線の太さや図形の正確な位置を表現することができる。

　またCADデータは、ベクターデータの持つ座標情報に加えて、線属性とよばれる線の色や面のテクスチャ（表面の視覚的な色や明るさ）などの情報もあわせもつことができる。これら座標情報以外の属性情報を持つことのできるCADの中にはオブジェクトCADと呼ばれるものがあり、座標情報以外の属性情報を使ってCGパースなどを作成することができるが、この属性情報はあくまで線や面など図形に関する視覚表現を補完するための属性情報であって、BIMモデルの持つ属性情報とは異なることに注意したい。BIMの持つ属性情報とは、図形要素が「柱」や「壁」であるといった情報であり、その要素の材料や部材の仕様・性能、価格といった情報である。

CADやBIMの図形処理

　ベクター形式は、描画する図形の形状を2次元、あるいは3次元の座標値として表現する。四角形や円などの基本的な幾何学図形は、対角線の頂点座標や中心点と半径の座標などを指定して表現することができる。

　また、ポリライン（Polyline）とよばれる表現方法では、線分を連続させて多角形を描き、自由な2次元線分形状を表すことも可能だ。さらに、ポリラインを

閉じた図形として面を構成し、それらを組み合わせて3次元の立体形状を表現することもできる。これをポリゴン（Polygon）とよぶ。

　このほか、線分や面で3次元形状を構成せずに、微小な立体などを組み合わせて3次元モデルを生成するボクセル（Voxel）とよばれる表現手法なども存在し、CTスキャナー（コンピュータ断層撮影：Computed Tomography）などの医療機器で、人体の内部モデルを生成する場合などにこの手法が用いられている。

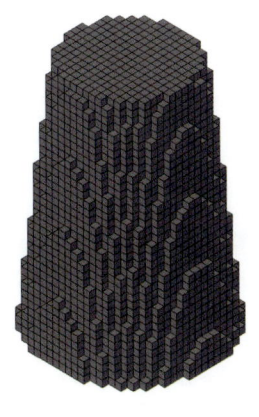

図表⑮　ボクセルによる図形表現

モデリング

　CADやBIMで表示したい形状を数値化する過程をモデリング（Modeling）といい、コンピュータにCADソフトウェアなどで入力されるモデルを形状モデルという。3次元形状モデルの表現方法には、モデルを表現する要素が線分から構成されるワイヤーフレームモデル（Wire Frame Model）、面により構成されるサーフェスモデル（Surface Model）、立体により構成されるソリッドモデル（Solid Model）に分類できる。

　ワイヤーフレームモデルは頂点と線分で構成されるモデルで、針金細工に似ているため、こう呼ばれる。データ構造が単純なのでデータ容量が小さく、CADソフトウェアなどでモデリングを行う際、軽快に作業を行うことができる。

　サーフェスモデルは物体を面の集合によって定義するため、陰線処理や陰面処理が可能となる。

ソリッドモデルは、多面体を基本にして構成されるモデルで、サーフェスモデルに面の方向（裏表）情報を加え、閉じた立体を表現できるようにしたモデルなどを指す。ソリッドモデルは立体に関する情報をもっているので、サーフェスモデルでは不可能な体積や重心などの物理量の計算はもちろん、断面の作成や交差判定も可能となる。

　立体をある面で切断すると、サーフェスモデルでは切断面に面が存在しないため、空っぽの中身が確認できるが、ソリッドモデルでは切断面にも面が生成されるため、中身が見えない（中身が詰まっている）状態で表現される。

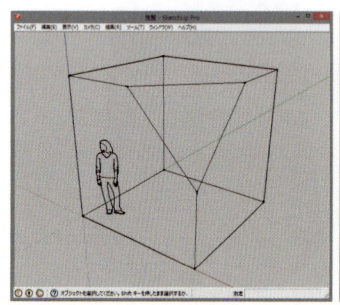
ワイヤーフレームモデル

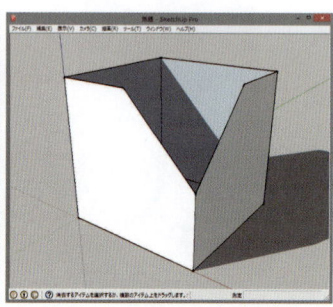
サーフェスモデル（天板消去）

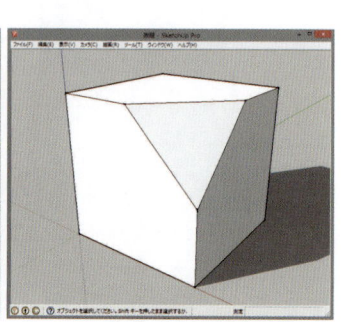
ソリッドモデル

図表⑯　3次元モデルの表現方法

レンダリング

　レンダリング（Rendering）は、モデリングにより作成された幾何モデルからCGを生成することである。光の物理現象を幾何モデルとマテリアル情報に対して計算し、建物のモデルをリアルに表現することができる。

　レンダリングで、明るさの計算を行うことをシェーディングという。日本語では陰影画法とよばれ、光源や光の計算を通して面の明るさや影を表現することができる。CGでよく利用される光源には、太陽光などの平行光源や電球のような点光源のほか、点光源の照射する範囲を限定したスポットライト光源などがある。

　光が物体の表面に到達すると、吸収、反射、そして透過といった現象が生ずる。そのとき、物体の表面から反射された光が、私たちが普段見ている物体の色である。物体が透き通っている場合は、物体の内部を透過した光がこれに加わる。この光の反射や透過の特性は、光源の種類や向き、想定される材質に応じた物体の

表面特性により定まる。シェーディングでは、直接光に加え反射光や透過光、それに環境光（間接光や拡散光）など様々な光の成分を計算し、それらを合計して物体に当たる光を表現する。

　また、物体表面の模様や質感をテクスチャーといい、建築パースでは、レンダリングした画像にリアリティをもたせるため、物体表面にテクスチャーを貼り付けるテクスチャーマッピングという手法をとるのが一般的だ。さらに、物体表面に擬似的に凹凸を表現するバンプマッピングや、金属などの物体表面に周囲の環境を写し込む環境マッピングなどの手法が存在する。

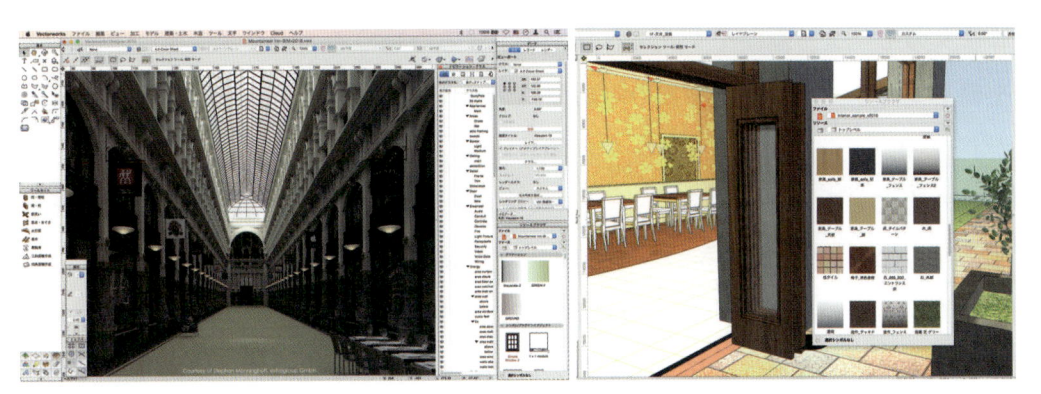

図表⑰　レンダリングおよびテクスチャーマッピングの例
（Rendering courtesy of Stephan Monninghoff, extragroup GmbH./エーアンドエー株式会社）

　CADはこれからも進化を続け、さらに便利なモデリング機能や高度なレンダリング処理を実装していくであろう。そしてこのCADの進化の先にBIMが存在するのであるが、BIMは単にCADの発展形なのかというと、そうではない。

　確かに、BIMにはモデリング機能やレンダリング機能といったCADの技術が用いられているが、先に述べたように、CADは、従来の手書き図面の線を1本ずつデジタルデータに置き換えたものであるのに対して、BIMのモデルデータは壁（Wall）やドア（Door）、部屋（Space）といった実在する建物の構成要素の特性を、コンピュータ上に仮想的に表現したオブジェクトに組み合わせ、建物を表現するものである。

　CADの目的が図面の作図であるのに対して、BIMの目的は建築物に関するあらゆる情報をコンピュータ上の3次元建物モデルに集約し、これを建物データベースとして設計から施工、維持管理に至るプロジェクト全体で活用しようという

ものであり、単に図面をデジタル化しただけのCADとは、その考え方から根本的に異なるものである。

CADの歴史

　現在では広く一般に普及しているCADであるが、その歴史は意外に古い。CADの発明には諸説あるが、1963年にマサチューセッツ工科大学（MIT）のアイバン・サザランド氏が発表した論文にその起源があるといわれている。このときに発表されたシステムはスケッチパッド（Sketchpad）と名づけられ、コンピュータのモニター画面をタッチペンで指示するという革新的なインターフェースを備えており、これは世界初の対話型コンピュータシステムと呼べるものであった。

　この論文でサザランド氏は、CGの技術面、そして芸術面への利活用方法を示すとともに、人と機械の接点となるマンマシンインターフェース（Man Machine Interface）という手法を世の中に示した。このときに発表されたインターフェースは、現在のスマートフォンやタブレットに操作感が近いものであり、論文の発表から50年以上が経過したいま、あらためてサザランド氏の先見性には驚愕させられる。

　しかし残念なことに、当時のコンピュータは演算処理速度が遅く、しかもその筐体は部屋1つを専有するほど大きく、1台が数十万ドル以上もするとても高価なものであったため、スケッチパッドの概念がすぐにCADの実用化につながることにはならなかった。しかし、その後のコンピュータハードウェアの高性能化は目覚ましいものがあり、コンピュータの演算処理速度がCADアプリケーションの実行に対して十分に実用的なものになってくると、様々なCADソフトウェアが開発され、その利用方法が試されるようになる。1971年には、フランスのベジェ氏によって自由曲面の形状制御（ベジェ曲線）が発表され、1973年にソリッドモデル（23ページ参照）の概念とその表現方法が発表されると、設計製図への利用が試されるようになる。

　1970年代は、一般の職場にもコピー機やファクシミリ、ワープロなどの情報通信機器の導入が始まり、いわゆるOA（Office Automation）化時代が到来する。

　1980年代後半にはコンピュータの小型化によってPC（Personal Computer）というジャンルが定着し、企業はさらなるOA化の波に乗り遅れまいと、PCの導入に積極的に取り組んだ。このころ、CADは製造業だけでなく、建築設計業務でも利用されるようになるが、まだ建築業界では手書き図面をCADを使って清書するという利用法が中心であり、CADシステムも2D CADが主役であった。

　1990年代になると、PCの処理性能が飛躍的にアップし、その価格性能比も著しく向上する。同時にCADソフトウェアの機能も向上し、ワイヤーフレーム手法（23ページ参照）で擬似的に3次元形状を表現する、いわゆる2.5次元モデルが開発され、これによって建築設計事務所へのCADの普及に拍車がかかる。

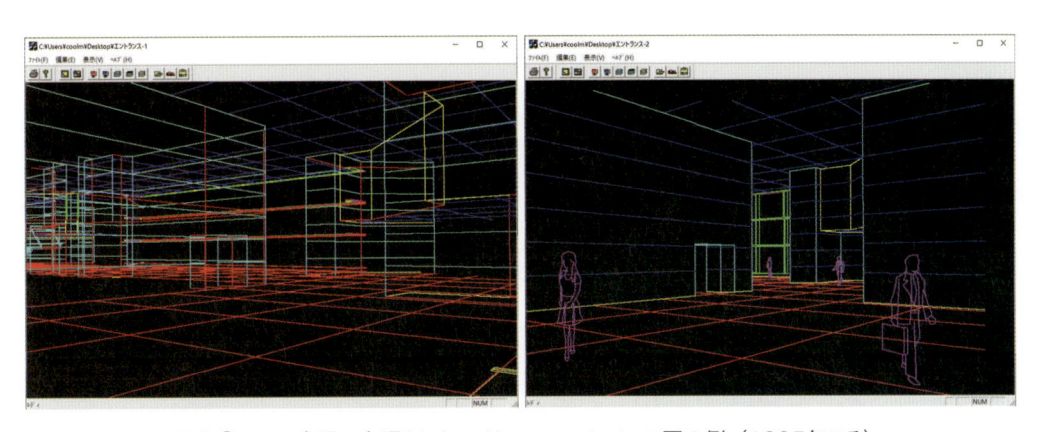

図表⑱　2.5次元で表現されたワイヤーフレームパース図の例（1995年ころ）

　そして、1996年に本格的な業務用32ビットOS（Operating System）であるMicrosoft社のWindows NT4.0が発売されると、OSが扱えるメモリ容量が拡大し、CADソフトウェアも安定して動作するようになる。このころから、建築用CADソフトウェアもようやく2次元から3次元への移行が本格化する。

　さらに、2000年代からはPCのOSが64ビット化し、グラフィックの処理能力が飛躍的に向上すると、3次元のサーフェス系CADが注目を浴び、それまでワイヤーフレームが中心であったモデリング画面も、陰線（面）処理した状態でのモデリング画面が主流となる。その後、より高度な立体表現が可能なオブジェクト系CADが登場すると、ソリッドモデリングとパラメトリックデザイン（変数を用いて3次元図形を変形させる手法）の組み合わせによる複雑かつ洗練された意匠設計が可能となり、CADの進化によって建築デザインの自由度と可能性が

第1編　BIMの基礎

第2編　BIMの実践

第3編　BIMと人材

第4編　BIMの発展

格段に広がった。

そして、日本でのBIM元年といわれる2009年、あらたにBIMという概念が登場し、多くのCADソフトウェアがBIMへと進化を遂げることになった。

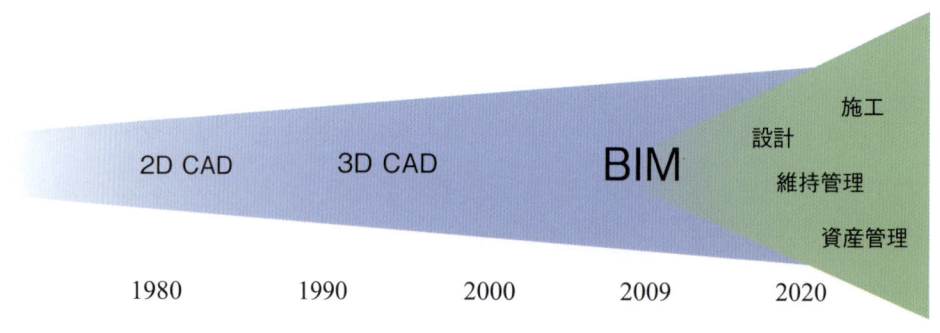

図表⑲　BIMはCADの発展形ではなく新たな概念である

コンピューターとCAD/BIMの歴史

〜1950年代　コンピュータ黎明期	
1889	・ハーマン・ホレリス（米国）がパンチカード式の自動集計機を開発。1890年の国税調査の集計に利用
1936	・アラン・チューリング（英国）が論文で "チューリングマシン" を提示
1941	・土木技術者コンラート・ツーゼ（ドイツ）がプログラム可能なコンピュータ "Zuse Z3" を開発
1945	・ジョン・フォン・ノイマン（ハンガリー）が "プログラム内蔵方式" を提唱
1957	・日本電信電話公社の電気通信研究所が "MUSASINO-1" を開発
1960年代　コンピュータ実用化の時代	
1960	・日本国有鉄道が日本初のオンラインシステム "マルス1" を導入
1961	・IBM社（米国）が同社初のスーパーコンピュータ "IBM7030" を発売
1963	・アイバン・サザランド（米国）が CAD の先駆けとなる "Sketchpad" を開発
1964	・日本電信電話公社が "建築構造骨組計算プログラム" を開発
1970年代　パソコン普及の時代	
1972	・日本電信電話公社の科学技術計算システムタイムシェアリング "DEMOS" が一般商用化
	・ロッキード社（米国）が "CADAM" を開発販売。後に "MICRO-CADAM" を IBM 社から 1985 年に発売 1992 年、"CADAM" をダッソー社（フランス）に売却
1975	・ビル・ゲイツがマイクロソフト社（米国）を設立
1976	・スティーブ・ジョブズとスティーブ・ウォズニアックがアップルコンピュータ社（米国）を設立
1977	・アップルコンピュータ社が "Apple II" を発売
1979	・日本建築学会が "第1回電子計算機利用シンポジウム" を開催

1980 年代　CAD ソフトウェア誕生の時代

1980	・Applied Research of Cambridge Ltd.（英国）が OXSYS（BDS）を 1970 年代に開発 1978 年に BDS をベースにして "GDS（General Drafting System）" を開発開始 1980 年、ユーザに発売・導入。ARC は 1985 年にマクドネル・ダグラス社（米国）に吸収合併
	・インターグラフ社（米国）がデュアルスコープ型ターンキーシステムの CAD を開発・発売
1981	・IBM 社が "IBM PC"（マイクロソフト社の MS-DOS 搭載）を発売
	・ダッソー・システムズ社（フランス）が 3D CAD ソフトウェア "CATIA" 発売
	・エイ・アール・シー・ヤマギワ社（現・インフォマティクス）が "GDS/SVS（Super View System）" を日本で販売。1992 年、MicroGDS を発売
1983	・インターグラフ社が "InterAct and InterPro" を発売 ソフトは APDP（Architectural Production Design Package）/3D 用 AMOD（Architectural Modeling）
1982	・NEC がパーソナルコンピュータ "PC-9801" を発売
	・Autodesk 社（米国）が "AutoCAD" を発売
1984	・アップルコンピュータ社が "Macintosh 128K" を発売
	・Graphisoft 社（ハンガリー）が "ArchiCAD" を発売
1985	・Diehl Graphsoft 社（米国、現・Nemetschek Vectorworks 社）が "MiniCAD"（現・VectorWorks）を発売
	・Bentley Systems 社（米国）が "PseudoStation"（現・MicroStation）を発売
	・富士通が "ICAD-BLD（Integrated Computer Aided Design and manufacturing system/Building Design system）" を開発販売
1987	・構造システムが "DRA-CAD" を発売
	・福井コンピュータが "Archi-TREND" を発売
1989	・エーアンドエー社が "MiniCAD 日本語版"（現・VectorWorks）を発売

1990 年代　3D モデリングの時代

1990	・Kinetix 社（米国、後に Autodesk 社が買収）が "3D Studio DOS"（現・3ds Max）を発売
1991	・AutoDesSys 社が建築向けの 3DCG ソフトウェア "form-Z" を発売
1993	・jw_software_club が "Jw_CAD（DOS 版）" をリリース
1995	・建築物のデータ標準化を目的とした buildingSMART が発足
1996	・buildingSMART Japan が発足
1997	・jw_software_club が "Jw_CAD（Windows 版）" をリリース

2000 年代　BIM 時代の到来

2000	・@Last Software 社（米国）が 3D モデリングソフト "SketchUp" を発売 （2006 年、Google 社（米国）が @Last Software 社を買収。2012 年、Trimble 社（米国）が SketchUp を買収）
	・Revit Technology 社（米国、後に Autodesk 社が買収）が BIM に対応した "Revit 1.0" を発売
	・発注者主導の世界初 BIM 実証プロジェクト "HUT-600 プロジェクト"（フィンランド）
2001	・Bentley Systems 社が BIM に対応した "Bentley Architecture" を発売
2004	・Tekla 社（フィンランド）が BIM に対応した構造設計用ソフト "Tekla Structures" を発売
2006	・米国建築科学協会が "National BIM Standard" を発表
2007	・米国連邦調達庁（GSA）が "BIM ガイドライン" を発表
2009	・エーアンドエー社が BIM 機能を強化した "Vectorworks Architect 2009" を発売
	・福井コンピュータ社が BIM に対応した "GLOOBE" を発売
	・日本での BIM 元年
2010	・国土交通省初の BIM 試行プロジェクト "新宿労働総合合庁舎外設計業務" がスタート
2012	・日本建築家協会が "BIM ガイドライン" を発表
2013	・シンガポール政府建築建設局（BCA）が建築確認申請に BIM の導入を開始（床面積 2 万 ㎡ の建物について）
2014	・国土交通省大臣官房官庁営繕部が "官庁営繕事業における BIM モデルの作成及び利用に関するガイドライン" を発表

	・（一社）日本建設業連合会が "施工 BIM のスタイル施工段階における元請と専門工事会社の連携の手引き 2014" を刊行
2015	・（公社）日本ファシリティマネジメント協会が "ファシリティマネジャーのための BIM 活用ガイドブック" を刊行
	・BIM ライブラリーコンソーシアムの設立（事務局：（一財）建築保全センター）
	・国連サミットで "SDGs" が採択される
	・国土交通省が "i-Construction" の本格的な展開を表明
2016	・日本の建設産業における "生産性革命元年"
	・第 5 期科学技術基本計画 "超スマート社会" の実現（Society5.0）が閣議決定
	・日本国内初、BIM モデルによる建築確認申請手続きが実施され、4 号建築物の確認済証が交付される
	・政府の "未来投資会議" の会合で、"2025 年までに建設現場の生産性の 2 割向上をめざす" と宣言
2017	・閣議決定された "未来投資戦略 2017" で、"Society5.0" の実現をめざすことが最重要政策となる
2018	・国土交通省大臣官房官庁営繕事業部が "官庁営繕事業における BIM モデルの作成及び利用に関するガイドライン" 改定
	・"BIM を活用した建築確認における課題検討委員会" が発足（事務局：（一財）日本建築センター）
2019	・国土交通省に "建築 BIM 推進会議" が設置される
	・国土交通大臣認可 "BIM ライブラリ技術研究組合" が発足、上記 "BIM ライブラリーコンソーシアム" を引き継ぐ
	・"建築確認における BIM 活用推進協議会" が発足、上記 "BIM を活用した建築確認における課題検討委員会" を引き継ぐ
	・（公社）日本ファシリティマネジメント協会が "ファシリティマネジメントのための BIM ガイドライン" を刊行
	・（公社）日本建築積算協会に「「BIM を活用した積算・コストマネジメントの環境設備」協議会」が設置される
2020	・国土交通省 "建築 BIM 推進会議" が "建築分野における BIM の標準ワークフローとその活用方策に関するガイドライン" をまとめる
2021	・（一社）日本建設業連合会が "BIM のワークフローに関する手引き 2020" をまとめる
	・建築設計三会が "設計 BIM ワークフローガイドライン 建築設計三会（第 1 版）" をまとめる
2022	・国土交通省大臣官房官庁営繕部が "官庁営繕事業における BIM モデルの作成及び利用に関するガイドライン" を改定（令和 4 年改定）
	・国土交通省 "建築 BIM 推進会議" が "建築分野における BIM の標準ワークフローとその活用方策に関するガイドライン" を改定（第 2 版）

1.3

第1章　BIMとは

BIMの基本概念

KEYWORD　　**シミュレーション、属性情報、統合データベース**

コンピュータを使って建築設計図面を作成するという点では、BIMもCADも同じだが、CADが図面の作図を主たる目的としているのに対し、BIMは図面の作図ではなく建物を実際に建てるように、コンピュータ上に仮想的な建物の3次元モデルを組み立てていく概念またはその手法である。

BIMの基本概念

　BIMは、CADと異なり、設計製図を主な目的として利用するものではない。コンピュータを使って建築設計図面を作成するという点では、BIMもCADも同じだが、CADが製図を目的としているのに対し、BIMは図面の作図ではなく建物を実際に建てるように、コンピュータ上に仮想的な建物の3次元モデルを組み立てていく概念またはその手法である。

　CADが図面上に図や記号、文字を使って建物の形状や構造などの設計情報を表現していくのに対し、BIMは3次元モデルの中に建物の形状や構造だけでなく、材料や部材の仕様・性能、設備機器の仕様・性能、さらにコストや工事の工程など、CADよりも多くの情報を"属性情報"として、統合していることが特徴である。CADとBIMでは、扱う情報量が大きく異なる。CADで作成したものは"建物の設計図面"であるが、BIMモデルは"建物の図面＋建物の統合データベース"ととらえるべきものである。

　BIMがCADと異なるのは、CADが建物の形状データを主として扱うのに対し、BIMは形状データに属性情報が格納されていることである。建物の形状情報に加え、この属性情報を使って、図面作成や数量計算、各種シミュレーションなどを行うことができる。

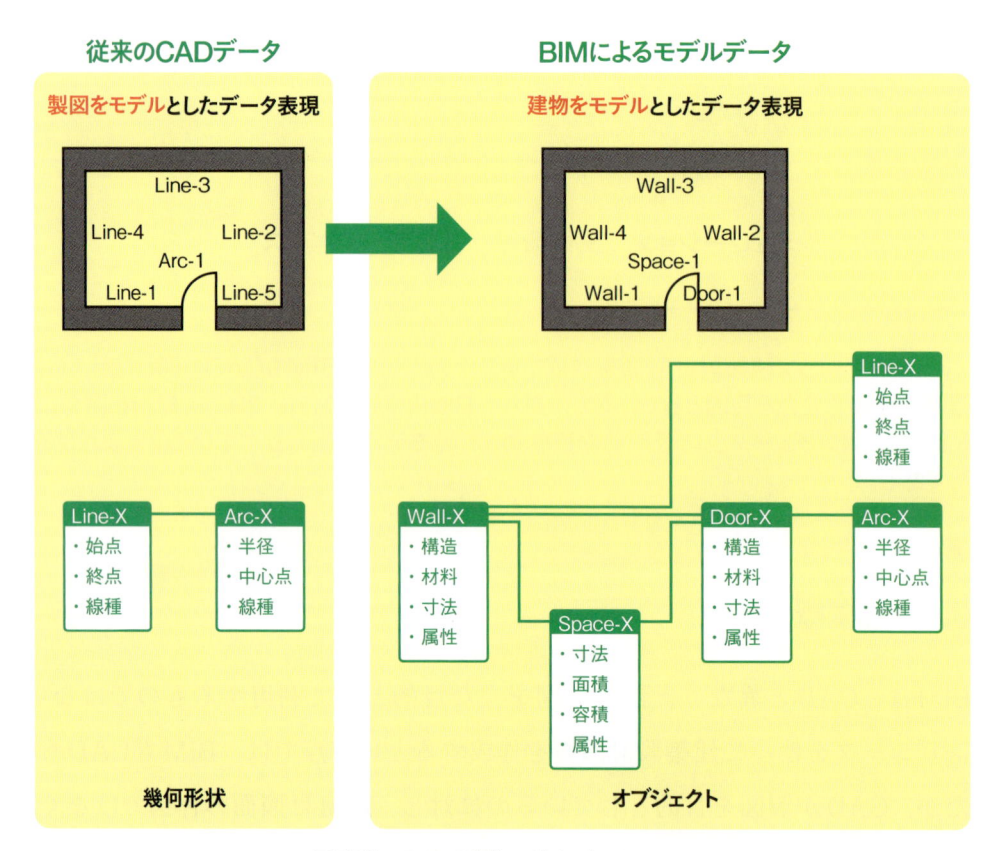

図表⑳　BIMは建物の統合データベース

　設計図面を作成するという点では、CADもBIMもその目的や利用方法は同じである。しかし、BIMは図面を構成する部材一つひとつにプロパティと呼ばれる属性情報をもたせることができる点がCADとは異なる。

　BIMで扱う壁や床、ドアやサッシなどすべての部材は、その形状情報（幅×高さ×厚さなどの寸法）に加えて、その部材を構成する材料・材質の色や重量、メーカ名・型番・価格などの製品情報、性能などを属性情報として格納している。このBIMの属性情報を使えば、建物の設計や施工時に多くの作業を効率化あるいは自動化することも可能。

　平面図や断面図作成だけでなく、部材の属性情報を利用し、面積表や建具リストの自動作成や、積算ソフトウェアとの連携も可能である。さらに、BIMモデルの属性情報から部材の物性特性などのデータをシミュレーションソフトウェアに渡して、構造解析やエネルギー解析など各種シミュレーションを行うこともできる。BIMはまさに建物の統合データベースなのである。

意思決定支援ツールとしてのBIM

　近年のCADソフトウェアは、非常に高い表現能力を持っている。建築分野では、建物を平面図や立面図、断面図などの図面として表現することはもちろん、実際の写真と見紛うほど精細な透視図（パース）を出力することができる。

　表現能力が高く精緻なアウトプットが得られるCADは、クライアント（発注者）とのコミュニケーションツールとして有用である。一般に建築物を依頼するクライアントは建築学を勉強したプロフェッショナルではなく、建築に関しては素人である。したがって、平面図や断面図を読み解く能力に欠けるため、図面を見ながらの打ち合せだけでは建物の完成イメージを想像することは難しく、これが原因で建物の引き渡し後にトラブルとなることも少なくない。

　一方、写実的なパースを見ながらの打ち合せは、クライアントが建物の完成イメージを正確につかむことが容易であり、設計者の意図も伝わりやすいため、打ち合せ時の齟齬が生じにくい。CADソフトウェアの表現能力が十分に高く、細部に至るまで詳細な情報を可視化することができれば、さらに正しく設計者の意図をクライアントに伝えることができるであろう。高い表現能力を持つCADは、コミュニケーションツールとして、そして意思決定ツールとして設計者自身のデザイン検討・決定にも有効である。

　こうした表現能力の高いCADの機能に加えて、材料の物性や性能など様々な属性情報を一元管理できるBIMの特徴を活かせば、さらに質の高いプレゼンテーションを行うことができる。CADの精緻なパースに加え、BIMやシミュレーションソフトウェア機能を組み合わせれば、温度や風といった目に見えない外部環境までもクライアントに説明することが容易となり、関係者間の合意形成の円滑化と、意思決定の迅速化が期待できる。今後は、意思決定支援ツールとしてBIMを活用するシーンがますます増えていくであろう。

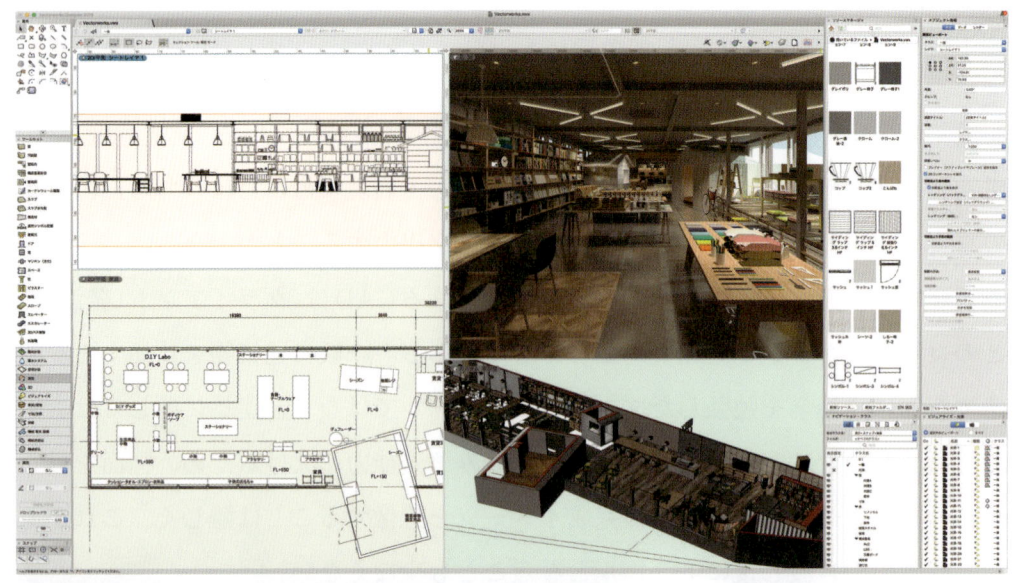

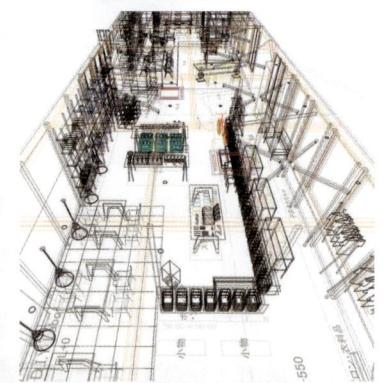

図表㉑ 最新のBIMソフトウェアによる写実的なパース描画の例
（Courtesy of 株式会社クラスコデザインスタジオ – Kotaro Takebe）
（資料提供：エーアンドエー株式会社）

2.1 BIMの特徴

KEYWORD スタディモデル、VR、AR、ビジュアライゼーション、干渉チェック、フロントローディング、ライフサイクルコスト、シミュレーションソフトウェア

BIMは、ビジュアライゼーション（可視化）機能や干渉チェック機能といった優れた特徴を持ち、これによってフロントローディング（業務の前倒し）を実現する。その一方で、BIMモデルの著作権や運用環境など、今後解決すべき課題も多い。

BIMの特徴

　BIMソフトウェアといわれる製品の多くは、CADソフトウェアを開発するベンダから販売されていることがほとんどであり、しかもBIM対応をうたっていながら、商品名が○○CADという製品が多いため、「CADとBIMの違いはなにか」という疑問が生じるかもしれない。

　建築設計に用いるツールという点では、CADもBIMも同じジャンルのソフトウェアである。しかし、CADが図面の作図を主たる目的としているのに対し、BIMは建物の3次元モデルを作成し、その3次元モデルに付加する部材や材料の属性情報を使って、様々な用途に活用できるのが特徴であり、これがCADとBIMの最大の違いである。CADが紙の図面に鉛筆で作図するイメージならば、BIMは様々な情報を備えたデジタルな建築模型を作成するイメージである。そしてこの建築模型は完成模型ではなく、設計をしながら何度も何度も作り直す、スタディモデル（スタディ模型）をイメージするとわかりやすい。

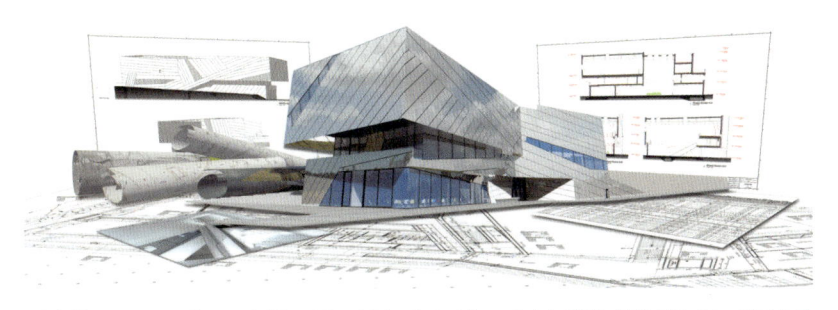

図表㉒　BIMモデルはデジタルデータとしてコンピュータ上に建物を建てるイメージである
（資料提供：Vectorworks, Inc./エーアンドエー株式会社）

また、この3次元モデルを好きな角度から眺め、写真を撮影するようにキャプチャ（画像情報を静止画または動画ファイルとして取り出し保存すること）すれば、CGパースやアニメーションを作成することもできる。BIMは隠れた部分の部材も忠実にモデル化しているため、レントゲン写真のように一部をスケルトン（構造を見せたモデル）化したCGパースを作成するなど、リアルな建築模型やCADによる絵面だけのパースとは異なる表現で建物のデザインを見せることも可能である。

図表㉓　BIMの様々な機能を使って、模型では実現できない見せ方をすることもできる
（資料提供：藤岡郁建築設計事務所／エーアンドエー株式会社）

　BIMを利用すれば、設計途中の段階であっても、建物の完成した姿を確認し、その姿を見ながらリアルタイムに設計変更を反映することもできる。また、環境シミュレーションのソフトウェアを使えば、風の流れや熱など、目で見えないものを可視化することも可能である。これによって、建築に詳しくない一般の人にも建物の性能を容易に伝えることができる。

　建設プロジェクトに携わる専門家は、設計図面を見て建物の形状や建設手順を理解し、実際に建物を建てていくが、建物を建てたい人（発注者）の多くは建築の素人であり、図面に描かれた平面図や断面図を見ても、そこから完成した建物をリアルに想像することは難しい。施主と設計者の認識に齟齬があるままプロジェクトが進行してしまうと、設計工程の随所で手戻りが発生し、場合によっては

建物が完成したあとに「こんなはずではなかった」という最悪の結果になってしまうこともあり得る。

　このような状況にならないために、BIMを活用すべきである。BIMは建物の形状や空間を実際の建物と同じように3次元モデルとして表現できるため、CGパースやアニメーションなどを利用すれば、建築の素人であっても設計内容を理解しやすい。また、夏の暑さや冬の日当たりなどもBIM＋シミュレーションソフトウェアの可視化技術を使って示すことができるため、設計内容のスムーズな伝達と円滑なコミュニケーションを期待することができる。

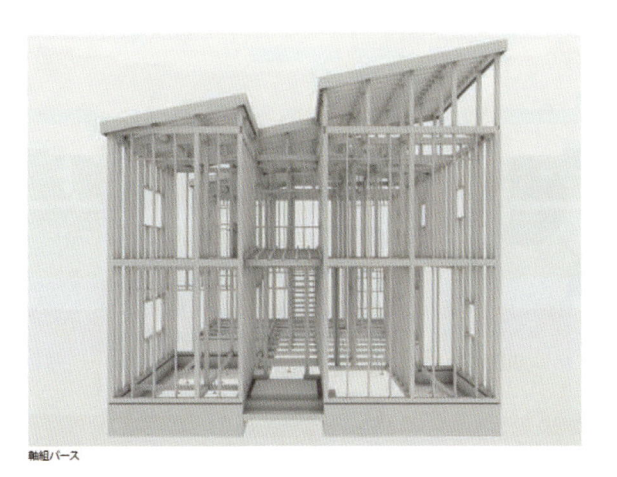

軸組パース

階段詳細図

断面図パース

俯瞰図パース

BIMモデルから必要な情報を取り出す

図表㉔　BIMを使えば、建築に詳しくない人にも設計内容をわかりやすく説明することができる
（資料提供：有限会社原忠／エーアンドエー株式会社）

コミュニケーションツールとしてのBIMの利用

　BIMは、設計者や施工者、発注者など、建設プロジェクトの多くのステークホルダー（関係者）がコンピュータ上に作成した建物モデルを利用して、様々な情報を共有するためのツールとしても機能する。

　BIMは設計者が頭のなかに思い描いた3次元の建物をそのままコンピュータ上

に表現し、設計者の意図を形状として直接伝達できるため、設計者以外の関係者は、多くの2次元図面を見ながら竣工後の建物を想像するという煩雑な作業から解放される。

　さらに、BIMは建物の3次元モデルの中に様々な設計情報や価格などの属性情報を格納した建物の統合データベースとしても機能するため、設計、施工から運営・維持管理まで、建物のライフサイクルのあらゆる段階で建物情報を共有し、活用できる新しいワークフローも構築することができる。

　BIMの活用によって、設計者や施工者、発注者などの関係者間で円滑なコミュニケーションを図ることが可能になる。

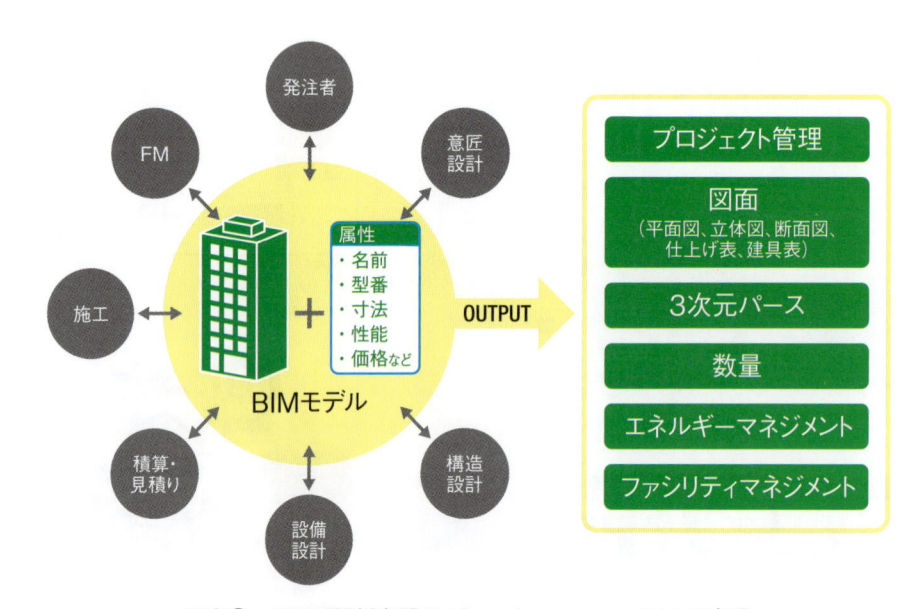

図表㉕　BIMは関係者間のコミュニケーションツールとして有用

　またBIMは、CADゆずりの高い表現能力をもつため、関係者間のコミュニケーションにビジュアルなプレゼンテーション手法を用いることも可能であり、意思決定を行う際の強力な武器となる。高度なモデリング（建物モデルを作成すること）やレンダリング（建物モデルに色や材質を設定すること）、アニメーション機能などを使って、実際に工事に着手する前に建物のデザインや使い方などを詳細に確認することも可能となった。

　これまでも、模型やパースという手段や手法を用いて、設計中に建物の完成形を表現する試みは行われてきた。しかし、スチレンボードで作成する小さなスタ

ディ模型では、完成した建物の質感やスケール感を表現することは難しく、パースもリアルタイムに材質を変更できないなど、旧来の設計ツールでは、現在の多様化する設計業務に対応しきれないことも多かった。

しかし3D CADが登場し、モデリングやレンダリング機能によってコンピュータ上で建物の完成イメージを様々な方向や角度で確認することができるようになった。昨今の3D CADソフトウェアのもつ写実的なレンダリング機能や、VR（Virtual Reality）やAR（Augmented Reality）技術などを用いれば、設計の早い段階から質感の再現度が高い視覚効果を得ることができる。そして現在利用されているBIMソフトウェアの多くは、3D CADソフトウェアをベースにして開発されているため、3D CADソフトウェアのもつ高度な表現力や機能をそのまま踏襲しているものが多い。

さらに、BIMの様々な建物の属性情報を活用し、別のソフトウェアと連携することで、天空率や道路斜線など法規上の確認事項、熱や気流のシミュレーションなど、実際には目に見えないものを可視化することも可能となる。BIMのこうした高度な表現能力と視覚効果は、関係者間の意思疎通を円滑にし、その結果として建設プロジェクトの生産性向上が期待される。

また、BIMソフトウェアの多くは3D CADをベースにして開発されているが、建物を3次元形状で表現するだけではなく、部材などの性能やコスト、さらに工事スケジュールなど様々な付加情報を含んだ建物の情報統合モデルとして表現できる。多くの情報を一元的に扱えるという点では、BIMはCADよりもデータベースの概念に近いといえる。

BIMで作成した建物の3次元モデルからは、必要なときに必要な角度で平面図や断面図などの各種図面や、そのほか様々な情報を取り出すことができる。まさにBIMモデルが建物の統合データベースとしての役割を担っている。

設計に必要な情報が建物の3次元モデルに集約されているため、モデルの内容が関連した図面に自動的に反映され、異なる図面間で不整合が起こることもない。ちょっとした設計変更であれば、デザインレビュー時にリアルタイムにプランの修正や部材の変更などを行うことができるため、スピーディーで効率のよい設計作業を実現できる。また、データベース機能を活用することで、設計作業に連動した数量積算や施工の工程管理での利用、さらに防災や環境分野などの各種領域

でのBIMの利用も期待されている。

BIM導入のメリット

BIMを導入する第一の目的は生産性の向上にある。BIMを用いて設計を行えば、建築設計の可視化（見える化）が促進され、設計途中の段階であっても、建物をビジュアルな立体の姿で確認できるようになる。これにより設計内容の伝達が容易になり、設計・施工時の手戻りが大幅に減少し、建設労働生産性の向上が期待できる。

BIMは建物に関する様々な情報が統合されたデータベースである。BIMの3次元モデル内に多くの情報が一元化されるため、図面の版管理や属性情報のバージョン管理などの煩雑な作業が大幅に効率化される。しかも、建物に関するデータが1つのBIMモデルに集約されるため、意匠、構造、設備など各設計分野で作成される図面間の整合性は保たれ、また、各分野間の設計の整合も保ち易い。

これによって、設計者は本来の設計業務に集中することが可能となり、その結果、建築設計の質も向上するなど、生産性の改善、あるいは作業効率の向上が期待できる。BIMを導入するメリットの筆頭は、設計の「見える化」である。BIMを使って建築設計を行うことで、BIMをコミュニケーションツールとして利用することができる。

①ビジュアライゼーション（可視化）

ビジュアライゼーション（Visualization）とは可視化、すなわち「設計の見える化」のことである。3次元の建物モデルを活用することで、計画から設計、施工、維持管理までのプロセスや、完成した建物の姿がわかりやすくイメージできるようになる。

BIMソフトウェアやシミュレーションソフトウェアを利用することで、高度なシミュレーションによる複雑な検証結果も、私たちが容易に理解できる形に可視化してアウトプットすることができるため、判断を見誤る可能性も減らせる。また、建物各部の情報が可視化されることで、建築の専門家ではない建物のオーナーや近隣住民との間で建物に関するイメージを共有しやすく、合意

形成の迅速化を図ることができる。

　建物オーナーは、設計内容に対する意見や要望を発言しやすくなり、設計者はそれらを設計に反映しやすくなるため、顧客満足度の向上にもつながる。また、意匠、構造、設備が統合されたBIMモデルを活用することで、施工前に干渉チェックなどのシミュレーションによる可視化が可能となり、設計の初期段階から図面の整合性を確保しつつ、スムーズな工事の進行と品質の確保が可能となる。設計業務での可視化の目的としては、次の3つがあげられる。

1	やがて見えるものを前倒しで見せる（設計段階で竣工後の建物をCGで可視化する）
2	見えづらいものをはっきりと見せる（天空率や道路斜線などの法規上の規制を可視化する）
3	見えないものを見えるようにする（空気の流れや熱などのシミュレーション、人の流れを可視化する）

図表㉖　ビジュアライゼーション（可視化）の種類

②建物情報の統合・一元化

　1つのモデルに設計や建築に関する様々な情報（形状、仕様、性能、コストなど）を集約し一元管理することで、BIMモデルを建物の統合データベースとして活用することができる。

　BIMを利用することで、関係者が同一の最新情報にアクセスし易くなり、かつ、設計から施工までの各段階を通して設計情報は整合性を維持され、手戻り作業による手間や時間のロ

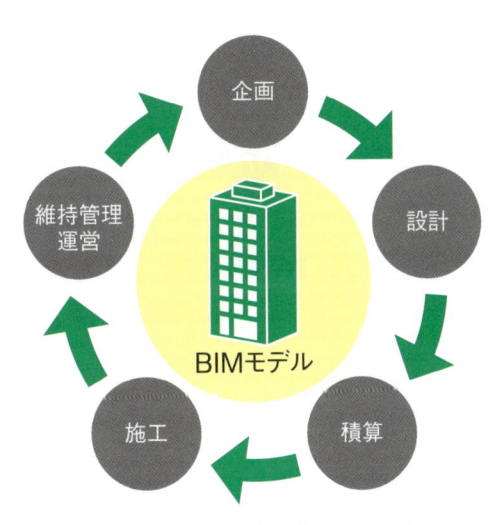

図表㉗　建物情報の統合・一元化

スを省くことができる。また、設計や施工段階だけではなく、BIMモデルを活用することで建物の維持管理などファシリティマネジメント（FM）分野での活用も可能な建物情報モデルを早期に構築することができ、中長期の建物維持管理計画も策定することができる。

③設計図書間での整合性担保

BIMソフトウェアは、1つのBIMモデルから平面図、立面図、断面図といった各種図面を機械的に切り出す機能をもつため、それぞれの図面間でつじつまが合わなくなるような問題が発生しない。さらに、仕上げ表や建具表といった数量集計に関する設計図書も、BIMモデルから自動的につくることができるため、手拾いによるミスもなくなり、効率的に設計や施工作業を進めることができる。

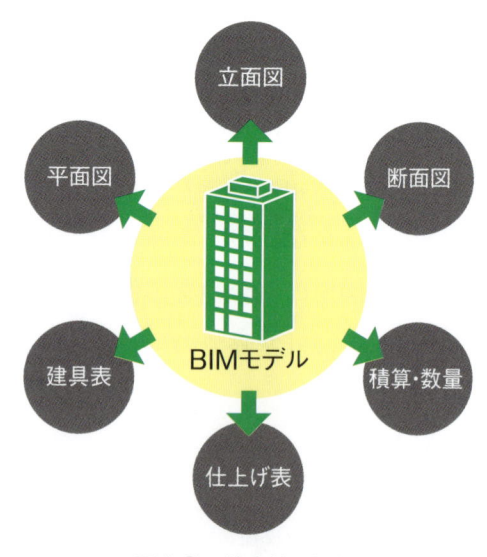

図表㉘　整合性の担保

④仮想的な建物による建物内外の干渉チェック

BIMソフトウェアは、コンピュータ上に仮想的な建物をつくることで、2次元の図面では難しかった躯体と設備の立体的な干渉チェックが可能となる。ここでいう干渉チェックとは、柱、梁、天井、ダクト、配管などの建物を構成する部材などの重なり（干渉）を確認することをいう。

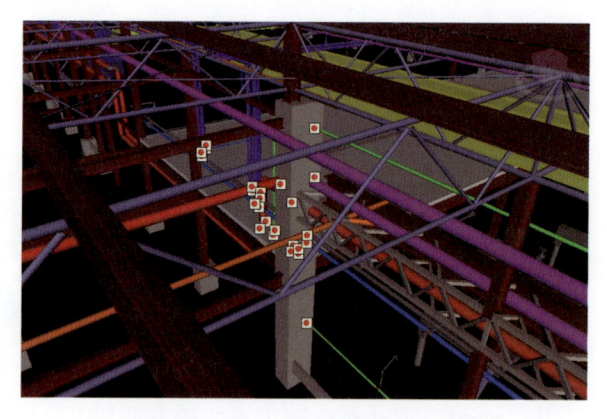

図表㉙　BIMによる干渉チェックの例

従来は2次元図面の重ね合わせによって干渉チェックを行なっていたが、線分の集合である2D CAD図面では線の交錯が複雑となり、目視によるチェックには限界があった。このため見落としによって、施工時になって現場で部材の干渉が初めて発見されることもあり、これが施工不良の原因になるなど大きな問題に発展することもあった。

しかし、BIMソフトウェアであれば、干渉箇所をハイライト表示したり、

アラート（警告）を出すなど、より確実な確認作業が可能となり、自動的に干渉チェックを行うこともできる。そして、その結果を設計にフィードバックすることで、より質の高い設計作業を実現することができるようになる。また、BIMソフトウェアやシミュレーションソフトウェアを使って光、風、熱などの環境シミュレーションを行えば、建物と周辺環境との関係をチェックすることも可能だ。BIMを利用した干渉チェックや、環境シミュレーションついては、第2編、第2章で詳しく解説する。

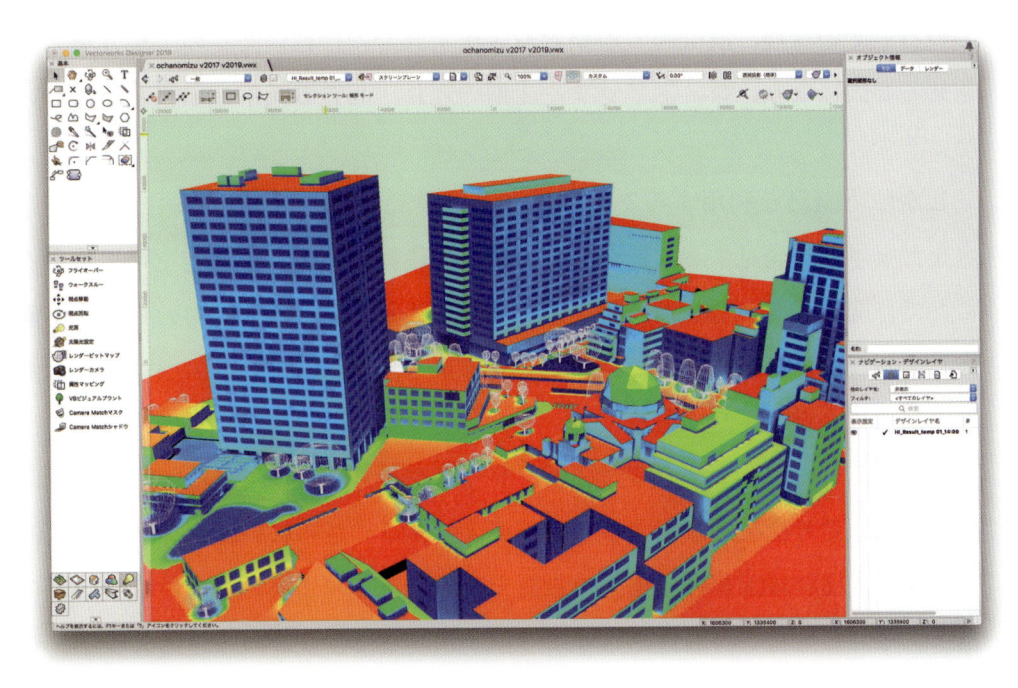

図表㉚　BIMによる都市の熱環境シミュレーション例
（資料提供：エーアンドエー株式会社）

⑤コミュニケーションツール（情報交換）

　BIMを利用することで、設計者と発注者、施工者など、工事関係者が同じ目線で情報を共有することができ、コミュニケーションの活性化によって合意形成が容易になることが期待できる。

　BIMをコミュニケーションツールとして利用する場合、その情報共有の場として、クラウドサービスを利用することが推奨される。また、SNS（ソーシャルネットワーキングサービス）を組み合わせるなど、より緊密な設計情報の

交換ツールとして、BIMを活用する取り組みも始まりつつある。

⑥フロントローディングによる設計業務の効率化

　フロントローディング（Front Loading）とは、設計初期の段階に負荷をかけ、作業を前倒しで進めることをいう。設計の早い段階でシミュレーションや設計の検証を行い、設計検討や問題点の改善を図ることにより、早い段階で設計の質を高めることが可能となる。

　従来の設計業務のワークフローでは、労力のピークが実施設計段階に位置している。そのため、設計図の不整合や未決定部分の存在が多くの手戻りを発生させる要因になり、コストアップや工期の遅れ、品質の低下の原因となっていた。

　しかし、BIMを利用することによって、設計図間の不整合や施工上の問題点などを早期に発見することができるほか、建物デザインや性能を可視化することで、関係者間の合意形成の迅速化を図ることができる。労力のピークを前倒しすることは、設計変更による手戻り作業を減らし、コストアップとなる要因の排除につながるのである。

　フロントローディングの実践には、発注者や設計者、施工者など建築生産に携わる関係者の積極的な協力が必要不可欠である。さらに、建物の運営や維持管理など、建物竣工後を見据えた設計を行うことで、建物の企画設計段階から施工、そして運営され解体されるまでにかかる費用、いわゆる建物のライフサイクルコスト（LCC：Life Cycle Cost）の削減も可能となる。

　建設プロジェクトの発注形態には、設計施工方式や設計施工分離方式など、様々な形態がある。このうち、設計施工方式は基本設計終了までに実施設計・施工者を選定するため、確認申請までの期間を有効に活用したフロントローディングが可能だが、設計施工分離方式では、設計段階で施工者が設計図書に生産情報を反映する機会が少なく、フロントローディングの適用範囲は限られてしまう。今後は、いかなる発注方式においても、建築主（発注者）と設計者・施工者が早期に協業できる業務フローの確立が求められる。

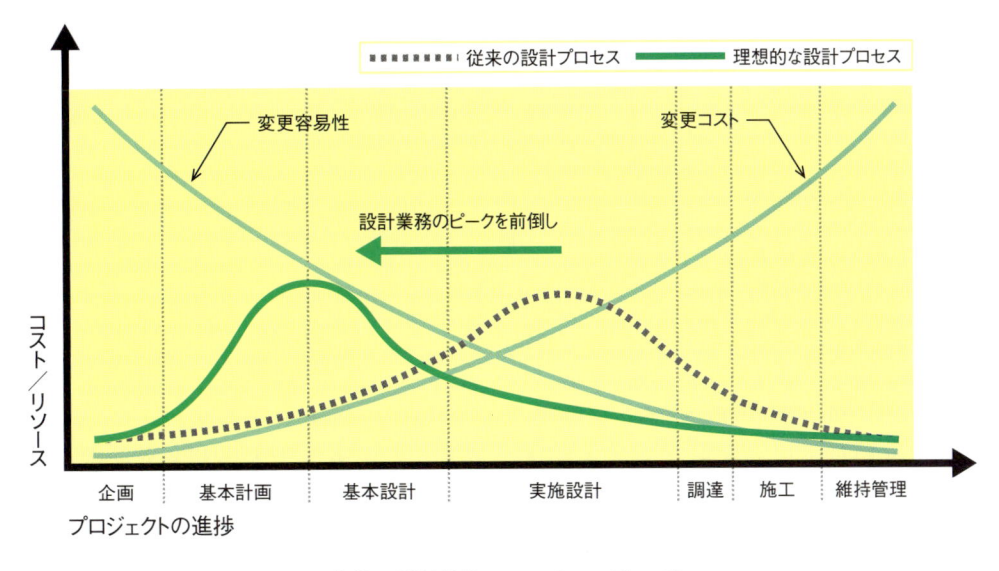

図表㉛　設計業務のフロントローディング

凡例:
・・・・・・ 従来の設計プロセス　　―― 理想的な設計プロセス

グラフ内ラベル: 変更容易性、変更コスト、設計業務のピークを前倒し

縦軸: コスト/リソース

横軸: 企画　基本計画　基本設計　実施設計　調達　施工　維持管理
プロジェクトの進捗

⑦施工段階の効率化

　BIMによる可視化のメリットは、設計段階だけではなく施工段階にも有効である。建物のデザインや設備の高度化にともなう2次元の図面では表現できない複雑な形状の納まりも、3次元モデルであれば容易に検討が可能である。

　2次元図面による総合図では見落としていた不整合箇所も、BIMツールの干渉チェック機能を利用して自動的に発見することができるため、再検討や手戻りを省き、作業の効率化を図ることができる。施工の早い段階で意匠、構造、設備の各分野のBIMモデルを統合し、施工時の仮設物や工事用資機材も含めた干渉チェックを行うことで、分野間の不整合の解決に大きな効果が期待できる。

　設計者や施工の元請会社と専門工事会社が情報を共有し、連携することで、早期の合意形成を促進し、打ち合せ回数や製作図の作成工数の減少などを図ることが可能になる。各工種の調整業務に費やす多大な労力を削減し、作業の効率化を図ることができるため、施工会社は施工品質の向上に注力することができる。

　また、BIMモデルと工程管理を連携し、仮設計画や施工手順のシミュレーション、出来高管理などを行うことで、工期遅延の問題解決や施工の安全性確保にも貢献できる。施工前のチェック作業を効率化し、十分な検討を行えば、

施工品質の向上や工事期間の短縮が可能になる。施工段階でのBIM利用の現状については、第2編、第3章で詳しく解説する。

⑧建設コストの削減

　高度成長期の日本においては、右肩上がりの経済成長が続くなか、実際に必要な建設コストのほか、リスク補てんのため、設計費や工事費をプラスアルファすることが暗黙の了解となっていた。施工者である総合建設会社が発注者へ事前に請負金額を提示する代償として、設計変更による手戻りや工期の遅れなど、予想外の出費をあらかじめ加算することが業界の不文律とされていたのである。

　しかし、バブル経済の崩壊後は、リスク経費の不透明性は歓迎されなくなり、総合建設会社が内側に抱え込んでいたリスク経費を裸にして、プロジェクトにかかわる実際のコストをつかもうとする動きが目立ち始めた。

　BIMを使用し、リアルタイムの積算でコストの透明化を図り、コストへの影響が大きい設計の前半に作業を集中させることで、作業の手戻りを減らしてコストを適正にコントロールすることが可能となる。

　運営・維持管理段階においてもBIMで管理し、竣工後も建物データベースを適切に更新することにより、ランニングコストを加えた建物の生涯にわたるLCCの考え方から、建物の運用状況や補修状況を容易に振り返ることができ、将来の運営・維持管理計画に役立てることができるようになる。

⑨建物の運営・維持管理コストの削減

　これまでの建設プロジェクトは「設計から竣工までの期間で完結するもの」ととらえられていた。しかし、建物に関するコストは建設に必要なイニシャルコストだけではなく、建物竣工後の運営・維持管理を行うためのランニングコストが必要である。この建物の生涯にかかわるコストがLCCである。

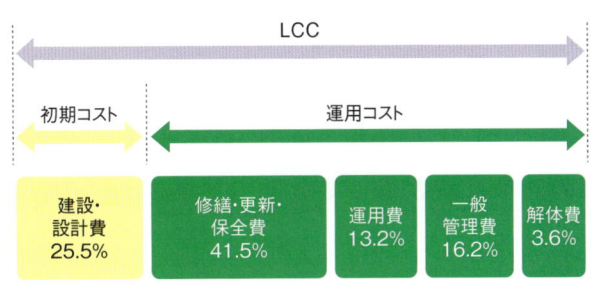

図表㉜　オフィスビルのLCC

　建物のLCCのうち、設計・建設費が占める割合は25％程度で、残りの約75％は竣工後の建物の運営・維持管理に必要なコストである。つまり、建物の運用や維持管理こそが、LCC全体に大きな影響を与えるのである。

　BIMを利用し、建物の設計段階でコンピュータ上に仮想の建物を竣工（モデリング）させれば、この段階で建物に関する様々な情報を建物の運営・維持管理を行うためのFMシステムに反映させることができる。

　これにより、設計段階であらかじめ設備台帳を整備したり、エネルギーコストや清掃費用などの維持管理コストをシミュレートしたりすることも可能となる。BIMの利用によって事前の検討結果を設計に反映させることで、LCCを20％も削減することができるという試算も発表されている。

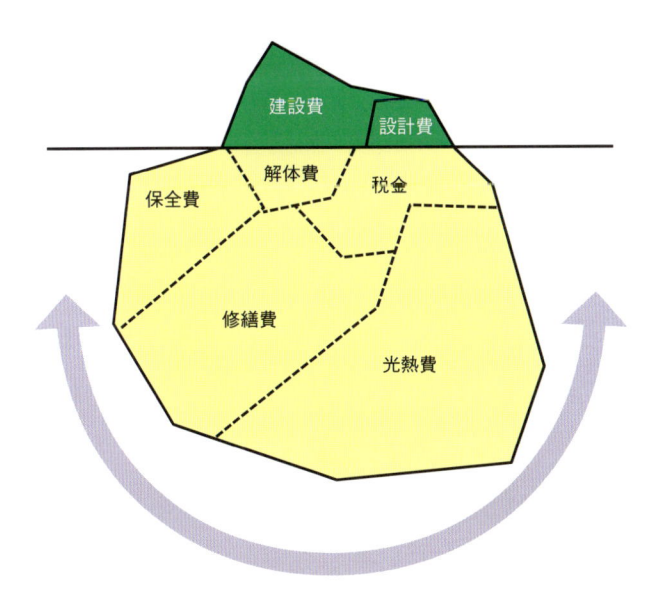

図表㉝　ファシリティマネジメントの領域

BIMが抱える課題

BIMには、様々なメリットが存在するが、その一方で今後解決すべき課題も存在する。BIMという概念が普及してから10年以上が経過したが、BIMの運用が次の段階へと進んでいくいま、解決すべき点も存在する。

BIMが普及し始めた当初は、BIMの先進諸外国の事例とともに、BIMを活用することのメリットのみが声高に紹介され、BIMは建築業界に革命をもたらす技術であるなどといわれた。設計の初期段階で建物の3次元モデルに部材などの属性情報を取り込み、その属性情報を活用したシミュレーションや検証を行うことにより、フロントローディングを実現するというストーリーは、建築生産工程の早い段階で設計品質を高めることが可能であるともてはやされた。しかし、建築生産の現場では、いまだBIMの活用に決定打を見いだせていないのが実情である。

加えて、日本では発注者がプロジェクト運営に主導的ではなく、受注者主導でプロジェクトが進行することが多いため、BIMの導入メリットが発注者に理解されにくいことも、BIMの普及を妨げる一因となっている。日本の商習慣や請負契約方式で使われる基規準類は、その多くがいまだアナログベースで、デジタルを基本とするBIMに馴染みづらいことも原因の1つであろう。英国や米国では、BIMモデルのコード分類体系の整備が進んでおり、プロジェクトの初期段階からBIMを活用する土台ができていることが多く、日本との環境の違いが課題となっている。

①BIMモデルの著作権

近年の建築設計作業は分業化が進み、CADデータも多くの人手を介して作成するようになった。しかし、BIMモデルにはCADの形状データよりも格段に多くの情報を入れ込むため、さらに多くの専門家の手を経て作成することになる。

ここで問題となるのが、BIMモデルの著作権である。多くの人手を経て作成されたBIMモデルは、いったい誰のものなのか。著作権法第46条（公開の美術の著作物等の利用）には、建築の著作物に関する規定もみられるが、この

法律ではBIMモデルに関する解釈は現段階では困難であり、今後の専門家の判断が待たれるところである。

BIMモデルの著作権については、148ページで詳しく解説する。

②BIMモデル作成の費用負担

前述したように、BIMモデルの作成には多くの人手が必要である。多くの人がかかわるということは、そこには人件費が発生する（86ページ参照）。これまでの設計費用とは別に、BIMモデルの作成にかかる費用を新たに発注者に求めることはできるのだろうか。

さらに、設計者間での費用負担を考えると、そこにはBIMモデルの著作権問題に加えて、データの内容に関する責任問題もからんでくる。特にこのような議論は、設計の最終段階で頭をもたげる場合が多く、トラブルを避ける意味からも、事前に設計関係者間でよく調整を行う必要があるだろう。

③BIMモデルの承認

BIMモデルはデータそのものにも問題が存在する。その1つが、データの真正性問題である。BIMモデルはCADで作成した形状データとは比較にならないほど多くの情報が付加されているため、ちょっとしたデータのエラーがその後の工程で大きなリスクとなって出現する危険が潜む。

不幸にも、そうしたリスクが顕在化し、事故が発生した場合、その責任は誰が負うのか。そのBIMモデルを最終的に承認した者が事故の責任をすべて負うのか。BIMモデルの一部を担当したデータ作成者や部材の属性を入力したオペレーターが責任を問われることがあるのか。

承認と責任の所在が不明確なままでは、多くの設計者がBIMの活用に二の足を踏まざるを得ない。CADで描いた形状データとは違い、多くの付加情報を含むBIMモデルは、その責任も格段に大きくなるのである。データの著作権問題も含め、その責任が誰にあるのか、今後のガイドラインや基規準類の整備が求められるところである。

④BIMモデルの運用環境

　BIMモデルの作成に関する様々な課題をクリアし、完成したBIMモデルを使って工事が始まると、次はBIMモデルの運用に関する諸問題が生じてくる。工事着工段階でのBIMモデルは多くの付加情報を満載して、そのデータ容量は相当大きくなっている。

　こうした「大きくて重い」データをストレスなく運用するには、適切なICTの運用環境の構築が必須となる。関係者間のデータ共有や円滑なコミュニケーションの確保には、高速なネットワーク（インターネット）環境の敷設も必要であろう。

　昨今、PCをはじめネットワーク機器の価格性能比もずいぶんとこなれてきたが、BIMモデルを快適に扱うための環境構築にかかる費用などは、あらかじめ考慮しておく必要がある。また、最適なICTの運用環境構築には、PCやネットワークの専門知識をもつ技術者も必要となるため、こうした人材の確保や専門業者の手配も忘れてはならない。

⑤BIMモデルの運用体制

　BIMの普及を妨げる大きな要因の1つに、マンパワーの問題がある。BIMデータには多くの情報が付加されるため、それらを統括して管理できる高度なスキルをもった人材が必要であるが、こうした技術者の絶対数はまだまだ少ない。

　日本で本格的にBIMの活用を図るには、まずBIMマネジャーのような専門技術者の育成が必要であろう。BIMを扱う専門技術者については、第3編、第1章で詳しく解説する。

⑥BIMモデルの精度

　BIMの運用段階では、様々な場面で様々な精度のBIMモデルが要求される。施工段階で必要であった構造部材のデータ精度は、竣工後の維持管理段階では必要とされないばかりか、重いデータは運用の妨げにさえなる。

　時々の運用段階で適切な精度のデータを選択することは、BIMモデル活用の要となろう。データの精度はBIMモデルの詳細度（LOD）の考え方によるが、運用の各場面で異なる精度のBIMデータを個別に準備することは現実的では

なく、BIMモデルの一元化のメリットも阻害（そがい）する。BIMモデルのデータ精度が、BIMツールの機能として適宜選択できるような仕組みの登場が待たれる。

BIMモデルの詳細度（LOD）については、154ページで詳しく解説する。

⑦BIMモデルの標準化とコード分類体系

現在、各ベンダから提供されるBIMソフトウェアはそのデータ形式はもちろん、部材や部品レベルでの互換性に乏しい。BIMの国際標準仕様として、IFCフォーマットが整備されつつあるが、BIMソフトウェア間の互換性にはまだ課題が多い（103ページ参照）。

2015年10月には、BIMパーツを集約し提供するための「BIMライブラリーコンソーシアム」が（財）建築保全センター内に設置され、2019年8月には、国土交通省認可の「BIMライブラリ技術研究組合」に組織が移行した。ここでは、BIMモデル用のパーツデータを整備するための仕組みや運用体制を決めるため、多くの関連企業や団体が参加し活動している。BIMパーツを提供する建材メーカや、それを取り込む機能を作成するBIMソフトウェアベンダなどの協力を得ながら、業界全体でBIMモデルデータの標準化を早期に実現することが望まれている（101ページ参照）。

また、BIMモデルを流通させるために必要となる、BIMパーツのコード分類体系などの整備については、2019年6月に国土交通省に設置された「建築BIM推進会議」で議論されることとなり、（公社）日本建築積算協会が中心となってその策定が進んでいる。

BIMの正しい使い方と誤った使い方

CADデータは「建物形状のデジタルデータ」と定義できる。一方、BIMデータはこれに建物の属性情報が加わり、「建物形状＋属性情報のデジタルデータ」と定義できよう。BIMデータは単に建物の形状を表した"図面"ではなく、建物を構成するそれぞれの部材ごとに詳細な属性情報を持つ、建物の統合データベースである。

BIMというツールを使って、建物を建てる前に、コンピュータ上に仮想の建

築物を完成させれば、設計と同時に数量積算を行うことができたり、構造部材と設備部材が相互に干渉していないかどうかもチェックしてくれたりもする。設計変更によって、部材の変更が必要となれば、瞬時にすべての設計図にそれが反映される。

　BIMは建築設計の現場に生産性向上という恩恵をもたらし、設計者は建築デザインの完成度を高めるために、より多くの時間を費やすことができるようになった。一方、発注者の設計与条件を整理しないまま設計段階に突入してしまうと、BIMのメリットの1つであるフロントローディング（設計などの前倒し検討）を実現することができず、BIMを活用するメリットは半減してしまう。

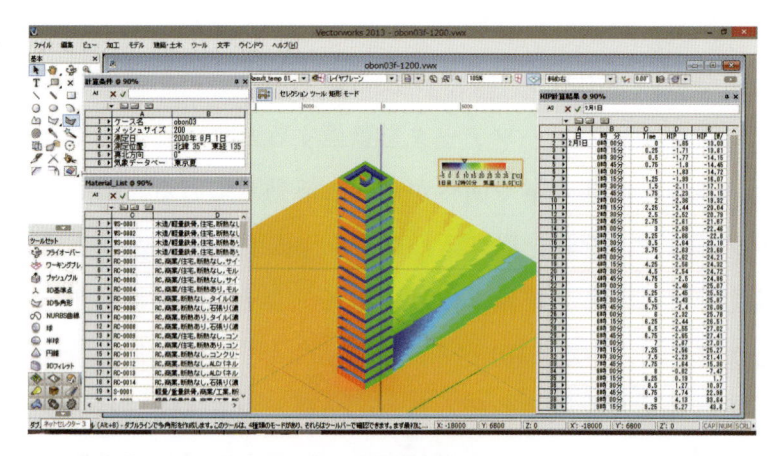

図表㉞　BIMに付帯する様々な属性情報を使ったシミュレーションの例

　BIMデータに"いつ・だれが・どこで"属性情報を付加するか不明確なままでは、コンピュータ上に構築される仮想の建築物も中途半端なものとなり、BIMデータから取り出す情報も不完全なものとなってしまう。CADデータよりもはるかに多くの領域と場面で利用されるBIMデータは、不完全なデータが流通した場合の影響範囲もより深刻となるだろう。様々な建物情報が統合され、一元化されているBIMモデルだからこそ、その作成と扱いには慎重を要する。どれほど便利な道具であっても、それを使う私たちの知識や技量によって、その切れ味はいかようにも変化する。BIMを上手に活用することで、そこから得られるメリットは計り知れない。

2.2

第2章　BIMの基礎

BIMの普及

KEYWORD　NIST、CURT、AIA、GSA、NIBS

BIMの登場は建設業界に大きなインパクトを与えた。米国発祥といわれるBIMはその後世界中に普及し、北欧やアジアの一部の国では、BIMによる発注や確認申請の電子化が進む。日本でも、国土交通省による公共工事の発注にBIMの採用が増えている。

米国におけるBIMの普及

　BIMの登場は建設業界に大きなインパクトを与えた。一部では"建築業界に革命をもたらす技術"といわれ、次代の建築生産手法として、世界的にその普及が進んでいる。

　世界的なBIM普及のきっかけとなったのは、2004年に米国国立標準技術研究所（NIST）が公表した調査報告書にさかのぼる。この報告書には、建設プロジェクトにおける情報共有が不十分なために、158億ドル（約1.7兆円）の費用が無駄に支払われ、その費用の3分の2を発注者が負担しているとの指摘がなされた。加えて、建設施工段階で頻繁に起こるコスト超過や工期違反などを回避し、プロジェクトの透明性を高め、確保するための手段として、建設プロジェクトにおけるICTの活用、すなわちBIMの利用を提唱した。

　また、米国の建物オーナーからなる建設ユーザ円卓会議（CURT）が発表した白書では、発注者の視点から、これまでの建設プロジェクトで頻繁にみられたコストや工期の超過に関する課題を検討し、その解決策として、発注者が自らのリーダシップで協調的かつ統合的な建設プロジェクトチームを立ち上げ、BIMによるオープンでタイムリーな情報共有を行うことが効果的であると結論した。ここから、BIMが建設プロジェクトの課題解決に役立つ手法として着目されるようになった。

　さらに2005年には、米国建築家協会（AIA）がAnnual BIM Awardsを創設し、情報統合活用の実践とプロジェクト遂行の業務効率向上を図った優秀なBIM利

用プロジェクトの表彰を始めた。このBIM Awardsは現在も継続されており、これまでに多くの優秀作品が表彰され、BIMの普及に大きく貢献したといわれている。

こうした流れを受け、2007年に米国連邦調達局（GSA）においてBIMによる納品要求が始まった。GSAは、日本では国土交通省の営繕部に相当するような公的発注機関で、米国連邦政府が管理する施設の発注や維持管理を担当している機関である。GSAは、この年からガイドラインでBIMによる納品を規定し、2次元図面のベクターデータに加えて、BIMの3次元建物モデルデータの納品を求め始めたのである。時を同じくして、米国建築科学学会（NIBS）も、BIM活用のためのガイドラインを策定し、建築生産のどの段階でどのようなBIMデータを作成し納品すべきなのか、詳しい規定案を発表した。

諸外国におけるBIMの普及

米国におけるBIM実用化への動きは、米国以外の各国の建築業界にもインパクトを与え、特に発注者によるBIM納品の要求の流れを一気に拡大することになる。

その中でも、現在BIM先進国と呼ばれているフィンランド、デンマーク、ノルウェーの北欧3国では、米国同様に2007年ころからBIMを用いた建築工事の発注が増え始めた。フィンランドでは民間企業である大手不動産管理会社がBIM/IFC（71ページ参照）納品を要求し、デンマークでは公共工事分野を中心にBIM/IFC納品が要求されるようになった。ノルウェーではBIMを利用した建築確認システムの活用が始まっている。さらに、ドイツでは公共工事のBIM発注へ向けIFC提出の実証実験が始まった。アジアでも2002年にシンガポールがいち早く建築確認申請の電子化を開始し、2004年にBIMによる自動建築法規チェックシステムのテストを開始している。そしてこれを機に、世界中でBIMによる納品の自動化計画が進められつつある。

発注元	BIM 要求の例
フィンランド	大手不動産管理会社 Senate Properties 社が、2007 年 10 月から BIM/IFC による納品を要求
デンマーク	公共工事分野で、2007 年 1 月から BIM/IFC による納品を要求
シンガポール建設局	2002 年に建築確認の完全電子化を実現 BIM/IFC による自動建築確認 Web サイト（e-PlanCheck）を展開
ノルウェー建設局	建築確認分野（ゾーニング計画審査）に IFC や GIS を活用 ノルウェー版の e-PlanCheck も展開
アメリカ連邦調達局（GSA）	2007 年予算のプロジェクトから、BIM/IFC による提出を義務化 沿岸警備隊（USCG）や陸軍工兵隊（USACE）、アメリカ航空宇宙局（NASA）も追従
ドイツ	バーバリア州政府の公共工事で IFC 提出の実証実験 ドイツ連邦政府レベルで BIM/IFC の活用を計画

図表㉟　BIM先進各国の状況

日本におけるBIMの普及

　一方、日本国内でのBIMの取り組みは、2010年3月の国土交通省によるBIM導入宣言が1つの大きな契機となった。この前年、日本でBIMに関する書籍が発売され、BIM利用の機運が高まったことから、2009年は「日本のBIM元年」とよばれるようになった。

　国土交通省の"BIM宣言"により、国土交通省大臣官房官庁営繕部では、建築設計における3次元データ活用の一環として、BIMを用いた建築設計の試行を決定した。この決定に基づく最初のBIM発注案件は「新宿労働総合庁舎」である。2010年6月の発注においてIFC納品が要求され、特記仕様書にも「IFC納品」が明記された。これにより、日本ではBIMとIFCの知名度が一気に向上することになる。またこの案件を受注した東京の大手設計事務所をはじめ、この工事にかかわったすべての関係者がその後BIMと深くかかわる仕事をしていくことになる。

　その後、海上保安庁海洋情報部庁舎や気象庁虎の門庁舎の入札などでプロポーザル方式（複数社に企画を提案させ、その中から優れた提案を行なった者を選定する落札方式）や総合評価方式（価格のみによる選定方式ではなく、価格とそれ以外の要素（例えば施工時の環境への影響など）を総合的に評価する落札方式）の入札が実施され、複数の設計事務所がBIMを前面に出した技術提案を行い、

それぞれ受注へと結びつけた。こうした国や地方自治体による公共建築物の発注案件を皮切りに、BIMによる技術提案を前提とした入札方式が増え始め、受注側である設計事務所やゼネコンを中心にBIMの普及が加速することになる。

　近年では、国や地方自治体だけではなく、民間のデベロッパー（開発事業などの主体となる団体や企業）においても、BIMを用いた発注方式をとることが多くなった。今後、発注者側からのBIM納品の要求が必須となっていくことは確実であると考えられている。

　逆に、発注側からBIM納品の要求がなくても、受注側の設計事務所やゼネコンで他社との差別化を狙う目的でBIMを活かした技術提案を行うことが予想され、BIMを使った提案のできない旧態依然とした受注者は淘汰されていくことになるであろう。いかに優れた建築デザインを考えても、それが恣意的なもので技術的な根拠に乏しいものであったなら、発注者の関心を得ることは難しい。しかしBIMを用いれば、建築デザインを効果的に視覚化した技術提案を行うことが可能となり、数値化された根拠データは発注者への強力なアピールとなり得る。

　BIMは発注側と受注側に共通のコンテクストを形成する役割を担い、双方の技術的な信頼性を担保する画期的なツールとして、これからの建築業界の主流となる技術であるといえるだろう。

2.3 第2章　BIMの基礎
BIMと周辺ソフトウェア

KEYWORD　法規チェック、干渉チェック、シミュレーションソフトウェア、ファシリティマネジメントソフトウェア

BIMは、設計段階での法規チェックや施工段階での干渉チェックなどで、フロントローディング効果を発揮してきた。そして近年は、建物の運営・維持管理段階でもBIMを活用する場面が増えてきた。

BIMを拡張するツール群

　BIMが登場してから10年以上が経過し、この間、様々な取り組みが模索されてきた。BIMソフトウェアやその関連ツールも進化が進み、多くのサービスやソリューションが登場した。こうしたサービスやツールとBIMが連携することによって、BIMはさらに強力なツールとなり、その活用分野も広がりつつある。

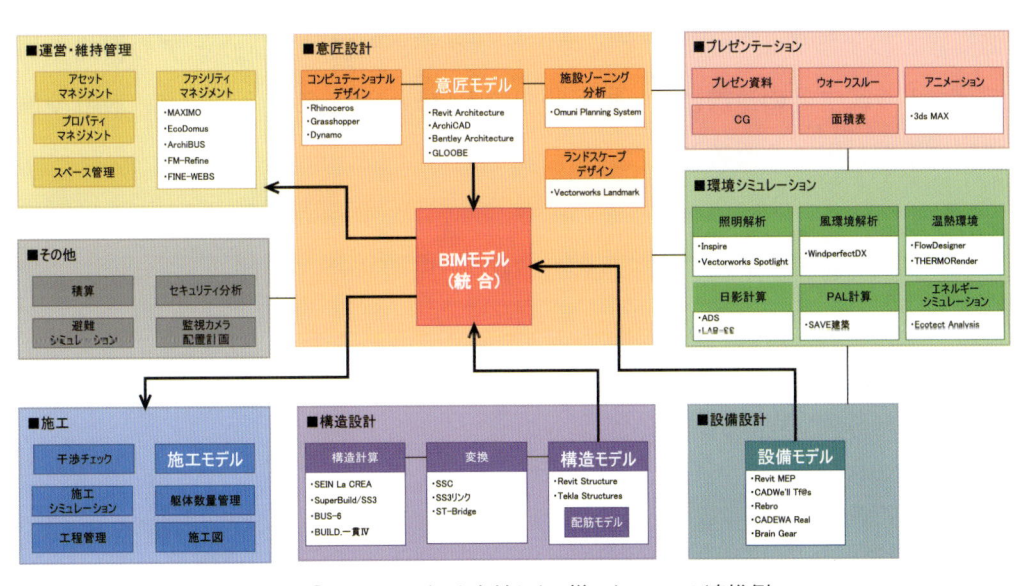

図表㊱　BIMモデルを中核とする様々なツールの連携例

　これまでBIMは、設計や施工など、建物ライフサイクルの上流段階で利用されることが多く、設計段階での法規チェックや施工段階での干渉チェックなどで、

フロントローディング効果を発揮してきた。

　そして、近年は建物の運営・維持管理段階でBIMを活用する場面が増えてきた。建物にかかわる業務の中で、もっとも多くの時間を費やすのは運営・維持管理段階である。BIMの利用によって、建物の維持管理にかかるリソース（時間や手間など）を効率化することができれば、長期にわたって建物を健全に運用することが可能となり、運用にかかるライフサイクルコストを最適化することができる。

　また、シミュレーションソフトウェアとの連携により、建物のエネルギー効率や周辺環境に及ぼす影響なども可視化して確認し、性能を評価することが可能となった。これにより、新築建物の設計時だけではなく、改修やリニューアル時の設計精度を向上させ、建物の性能を大きく引き上げることも可能となった。

法規チェックと干渉チェック

　BIMを設計段階で利用するメリットの1つに、法規チェックや干渉チェックといったBIMを活用した強力なチェック機能があげられる。これまで2次元の図面ではチェックが難しかった建築確認申請時の様々な法規チェックや、構造体と設備機器との干渉チェックなど多くのチェックが、BIMソフトウェアの機能や周辺ソフトウェアとの連携によって短時間に半自動でできるようになり、設計や施工時の手間は大きく改善された。

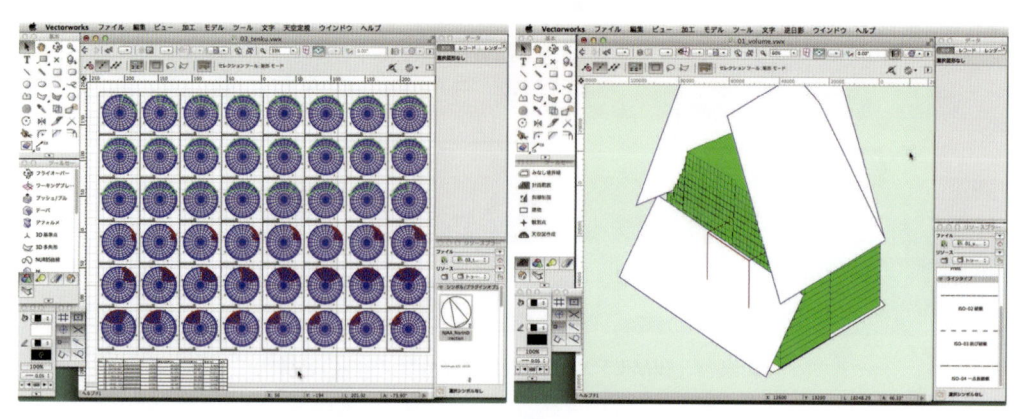

図表㊲　日影および斜線規制の法規チェック例
（資料提供：エーアンドエー株式会社）

BIMによる確認申請の自動化も検討されているなど、今後BIMソフトウェアとその周辺ソフトウェアによる各種チェック機能の高機能化と高精度化は、ますます加速するであろう。BIMによる各種チェック機能については、第2編、第2章で詳しく解説する。

シミュレーションソフトウェア

　BIMを利用すれば、実際に工事に着手する前に様々なスタディやシミュレーションを実施することができるため、早期に設計や施工計画の問題点を視覚的に把握できる。これをBIMのフロントローディング効果といい、手戻りなどによる施工計画の遅れを予防し、クライアントとの合意形成にも効果を発揮する。

　BIMを用いたシミュレーションでは、これまで平面図、断面図、立面図で進めてきた従来型の設計検討では見つけにくかった設計の不具合や不整合を視覚化することで、設計上のトラブルを未然に防止することが容易になる。また設計の初期段階から建物モデルを作成することで、基本設計モデルから詳細設計へと効率よく各種データを受け渡すことができ、設計の精度や品質を高め、データの一貫性を保つことができる。

　BIMは、建物の3次元モデルに様々な属性情報を保持していることが特徴である。建物の3次元モデルをデータベースとして活用することで、従来のCADソフトウェアでは困難であった各種シミュレーションを高い精度で実行することができるようになった。

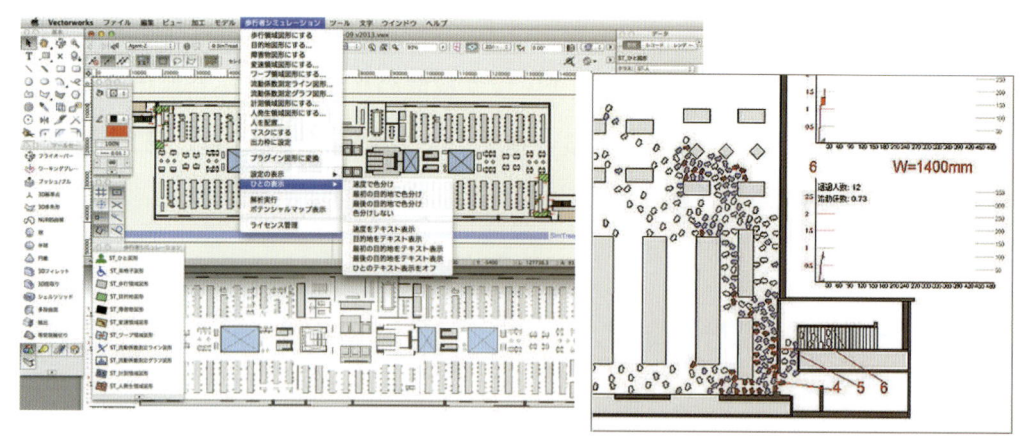

図表㊳　非常時における避難シミュレーションの例
（資料提供：エーアンドエー株式会社）

　BIMが普及する以前は、建築シミュレーションといえば専門家に依頼したり、スーパーコンピュータを利用しないと計算できないものが多く、かなりハードルの高いものであった。しかし、BIMの登場とシミュレーションソフトウェアの進化により、いまでは多くの建築シミュレーションが自分のPCでできるようになった。このようなBIMと連携したシミュレーションについては、107ページで詳しく解説する。

ファシリティマネジメントソフトウェア

　建物の維持管理業務を効率良く実施するためには、膨大な量の情報処理作業が必要となる。現在のファシリティマネジメント（FM）ソフトウェア業務における課題の1つに、この情報処理に多くの手間と時間が費やされているという現実がある。効率的な建物の運営・維持管理には、情報への良好なアクセシビリティが欠かせない。ここで改めて、BIMとFMの連携がクローズアップされるのである。

　BIMのメリットである可視化技術やシミュレーション技術を十分に活用することで、上流段階から建物の完成イメージや目指すべき性能などの情報を関係者間でリアルタイムに共有し、その結果としてプロジェクトの質を高めることが求められている。

　FM領域におけるBIMの活用を成功させるためには、まずプロジェクトの目標

や目的を定め、優先すべき課題を要件として定義することが重要である。新築物件では、過去の事例を参考にシステムの選定やデータの構築方法を具体的に策定することが不可欠であり、既存施設を対象とした場合は、現状の運営・維持管理業務プロセスにおける問題点を実務レベルで徹底的に洗い出し、改善点を明確に示しておくことが必要である。設計の初期段階から建物の運営・維持管理段階を見据えた計画を立案し、その目的に沿った情報の整理と連携を行うことで、顧客満足度を向上させることが重要である。

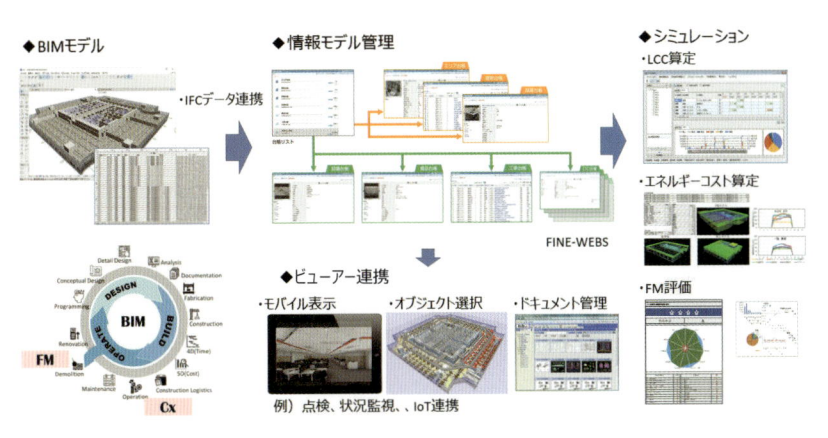

図表㊴　BIMとFMツールの連携例
（資料提供：株式会社FMシステム）

　FMを計画するうえでまず必要となるのが、建物の詳細なデータである。特にメンテナンスサイクルの短い設備機器は、機器導入時のスペックだけではなく、その運用または運転状況の把握も必要である。同じ設備機器でも、稼働時間の長いものは一般的に寿命が短くなる。またパイプスペースやダクトスペースなどの建築と設備の取り合い状況も重要である。

　ここで期待されるのが、BIMモデルに格納された形状データと属性データである。設計時に作成したBIMモデルを維持管理段階でも有効活用できれば、修繕や改修作業時にもっとも効率のよい作業計画を策定することも可能であり、計画的な作業工程によって仮設工事や入居者説明などもスムーズに実施することができる。こうしたBIMと連携したFMシステムの活用については、第3編、第2章で詳しく解説する。

第2編
BIMの実践

KEYWORD　ライフサイクル、経営判断・事業計画、企画・計画段階、設計段階、施工段階、運営・維持管理段階

建築生産の企画・計画段階から運営・維持管理段階まで、BIMは建物のライフサイクルにわたって利用されるのが理想である。現在日本では、設計者や施工者といった生産者が主体となって、建築生産の各々の段階でBIMが利用されつつある。ただ、現在のところは各段階を通したBIMデータの一元利用には至っていない。

ライフサイクルBIM

　BIMモデルは、建物の3次元形状と部材や材料の仕様・性能、室情報など多くの属性情報を含んだオブジェクトの集合体としてコンピュータ上に建物を表現したものである。コンピュータ上の電子データなので編集が容易であり、建築プロセスにおいて刻々と変化していく設計情報をその都度BIMモデルに反映させることが可能となる。

　BIMモデルは、いわばコンピュータ上の仮想の建物であり、建築生産のある特定段階だけに使用されるのではなく、設計の初期段階から施工段階、さらに建物の運営・維持管理段階に至る建物のライフサイクル全般にわたって関係者間の情報共有を可能とする。

　これまで設計者は、発注者に図面や透視図・模型などで建物の完成イメージを伝えてきたが、建築に関する専門教育を受けていない者にとって、2次元の図面から3次元のリアルな建物形状を想像することは容易ではなく、完成イメージを十分に伝えることは難しかった。

　しかし、3D CADの普及によって、コンピュータ上に建物の3次元形状モデルを構築し可視化することで、多くの関係者間で建物の完成イメージを共有することが可能となった。さらに、BIMの登場によって建物の形状だけではなく、建物内外装仕上、建具の仕様などの様々な情報の共有も可能となり、詳細部分の合意形成もこれまでより格段に容易となった。

冗長な説明から解放された設計者は、本来の業務である建物の性能向上や品質確保などの作業に多くの時間を費やすことができるようになる。これは建物の発注者側と生産者側、双方にとって大きなメリットである。こうしたBIMの可視化技術は、設計者と発注者間での意思疎通に有効なだけではなく、建物の工事関係者に正確な情報を迅速（じんそく）に伝える手段としても有効に活用できる。

　実際に工事に着手する前にコンピュータ上に仮想の建物を建てることで、部位の数量も、詳細にモデリングすれば、設計段階でも大まかに把握できるようになり、工事費用の適正値をあらかじめ俯瞰（ふかん）することも可能となった。

　また、デザイン性の高い複雑な施工形状や部材の取り合いも、意匠・構造・設備を統合したBIMデータであれば、一元化され統合された情報として工事関係者に効率良く伝達することが可能となる。これによって、現場は複数の図面を扱う煩雑さから解放され、施工時の手戻りや施工ミスを減らし、工事監理をより正確に実行できるようになる。

　今後、BIMは設計段階における限定的な利用にとどまらず、建物のライフサイクル全体にわたっての建物の統合データベースとして機能し、利害関係者間の意思疎通と合意形成を円滑にするコミュニケーションツールとして、広く活用されていくであろう。

　BIMは建物のライフサイクル全体にわたって、利用目的に従って情報が付加され、更新されつつ、利用されるのが理想である。BIMの導入によって、建築生産・運用の最適化・合理化が図れるものと期待される。

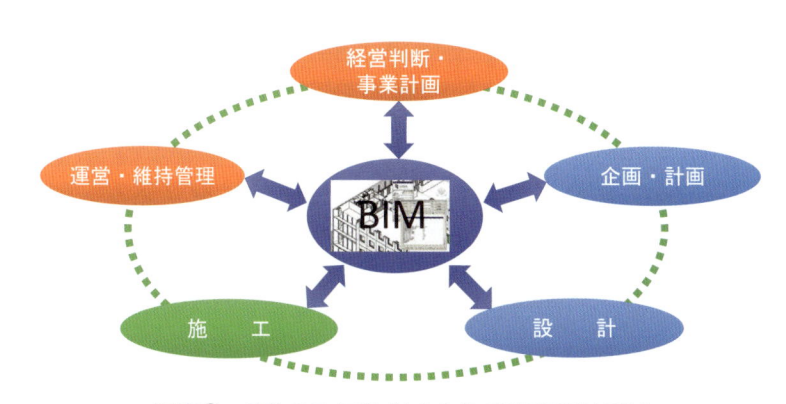

図表①　建物のライフサイクル全体で利用可能なBIM

企画・計画段階のBIM

　現在のところ、企画・計画段階でのBIM利用の主体は一般的に設計者（生産者）である。

　建築の企画・計画段階において建設プロジェクトで共有される設計情報は、計画される敷地の情報や設計条件であり、この段階でのBIM利用としては、建物のボリュームを3次元モデルとしてBIMに入力することや、BIMソフトウェアが持つ部屋の面積を自動的に算出し作表する機能を利用してゾーニングなどの作業が行われる。

　法規チェックができるソフトウェアと連携すると、斜線制限や日影、天空率といった建築基準法における集団規定の高さ制限のチェックを行いつつBIM上の建物のボリュームの検討が行える。敷地が決まった段階で、このように視覚的にボリュームスタディができることは大変有益である。

　また、建物のボリュームモデルがBIMに入力されていれば、敷地周辺の3次元モデルをBIM上に入力し、環境シミュレーションソフトウェアと連携して、建物が建った場合の周辺環境への風の影響を解析したり、建物のおおよその年間エネルギー消費量や二酸化炭素排出量などが計算できる。

　ただ、第1編でふれたように、BIMソフトウェアが扱うデータは、一般の3D CADとは異なり、単なるサーフェスやソリッド、ワイヤーフレームの幾何学情報だけではなく、壁や柱、建具、部屋といった実在する建物の構成要素と同じ振る舞いができるような仕組みになっているため、現在のBIMソフトウェアは、3次元形状のモデリングに様々な制約がある。そのためBIMソフトウェア単体では、なかなか一般の3D CADのような使い勝手で自由にモデリングすることができないことが多い。

　企画・計画段階では、ユーザが使い慣れたCADで作図あるいはモデリングして、設計の次の段階でそのデータをBIMソフトウェア内に取り込み、BIMデータと統合するというように、CADとBIMソフトウェアを連携して使うほうが効率的な場合もある。

　企画・計画段階での設計者（受注者）のBIM利用について、設計段階のBIM利用と併せて、詳しくは第2章（70ページ〜）で述べることにする。

設計段階のBIM

　建築の設計条件・設計方針などが固まり、設計が形になっていく基本設計、実施設計の段階において、日本ではBIM黎明期_{れいめい}より設計者が主体となってBIMを使用している。

　この段階では、計画している建物モデルをその時に決定している属性情報も含めてBIM上に入力していくことになるが、そのBIMモデルを用いて、室内の通風や温度の解析を行なったり、敷地周辺の3次元モデルと統合して景観シミュレーションや、入力されている属性情報を用いてコストシミュレーションを行うことが可能である。また、意匠・構造・設備それぞれのBIMデータを統合して干渉チェックも実施できる。

　従来より設計図面を書くことが設計段階の主要業務であるが、BIM利用の設計作業においては通常、図面はBIMモデルから自動的に切り出すことになる。さらに、BIMモデルの属性情報から抽出された各種リストと併せてBIMソフトウェア上で設計図書をまとめることができる。

　設計段階で詳細に作り込んだBIMモデルを次の施工段階や運営・維持管理段階に引き継いでいければ、各段階での建築情報再構築が不要となり建物ライフサイクル全体で発生する設計、施工、維持管理などの作業の効率化が図れるであろう。

　しかし、現在のところ、各段階で求められる建築情報の差異、モデル作成者の求める必要情報の差異からくるBIMモデルの責任分界点のあいまいさ、現時点におけるBIMソフトウェアの互換性の乏しさなどから、建物ライフサイクルを通したBIMデータの一元利用には至っていない。今後は設計段階で閉じて利用するのではなく、プロセス全体で利用できるように考えていくべきである。

　設計段階でのBIM利用について、詳しくは第2章（70ページ～）で述べることにする。

施工段階のBIM

日本では施工段階において施工者が主体となってBIMを使用するようになってきている。BIMが普及し始めた2009年ころは、BIMデータを「設計から施工まで一貫して使わないと効果が出ない」といわれ、設計者が作成したBIMデータをどうすれば施工者に滞りなく引き継ぐことができるかということが、BIMの普及を目指す関係者間における懸念事項であった。

しかし、設計者が必要と考え入力したBIMモデルの情報と、施工者が必要とする情報に乖離があり、なかなか先に進めない状態となっていた。そのような状況において、必ずしも前工程にはこだわらず、施工段階からあらたにBIMを使い始める際にはどうすればよいのかという検討が始まった。

この検討は議論が重ねられ、2014年12月に（一社）日本建設業連合会が、元請会社と専門工事会社、協力会社間でBIMを活用して生産性を上げるため、BIM利用の手引き「施工BIMのスタイル」を作成し公開した。

その手引きでは、施工段階で利用するBIMの手法および、プロセスを「施工BIM」と呼び、施工BIMのメリットとして、①工事関係者間の合意形成、②干渉チェック・納まり確認、③施工性検討・施工シミュレーション、④図面作成の省力化、⑤図面承認の効率化、⑥コストの透明化を挙げている。

さらにこの手引きでは施工図のためのBIMモデルの作成ガイドや、施工における元請会社と専門工事会社間でのBIMモデルを扱うための契約書の雛形、合意形成のためのBIMモデル利用のあり方、図面作成の省力化を目指して元請会社と専門工事会社がお互いにBIMモデルを活用した合意形成手法（BIMモデル合意）が紹介されるなど、実践に即した様々な仕様や取り決めが提案されている。

また、設計完了後に行われていた施工関連の検討作業を設計段階に前倒しすることが生産性を向上させるとして、総合工事業者を中心にフロントローディング（44ページ参照）が模索され始めている。そのためには、設計段階でのBIMモデルと施工段階におけるBIMモデルの垣根を崩していく必要があり、だれが、どの段階で、どのようなBIMモデルを作るのか、BIM運用体制も含めて、フロントローディングの実施には多くの検討を要する。施工段階でのBIM利用について詳しくは第3章（165ページ〜）で述べることにする。

運営・維持管理段階のBIM

建物の竣工後、建物の運営・維持管理は、建築のライフサイクルの中では一番多くの期間とコストを占める段階である。

近年では、建物の管理台帳や設備の点検記録などを電子化し、データベースを構築し、コンピュータシステムで管理することも行われている。

このような図面管理・修繕計画策定などを支援するシステムは、CAFM（Computer Aided Facility Management）と呼ばれ、以前からCADと連携させた施設管理システムも利用されていた。

BIMの究極の目的は運営・維持管理段階での活用にあるといわれるように、BIMに記録された建築設備などの属性情報を積極的に施設管理に利用し、効率化を図る取り組みも始まっている。

BIMモデルには、3次元形状や図面とともに、建物や設備に関する詳細な属性情報が含まれており、この属性情報を施設管理に転用して、施設管理の効率化を図ろうという動きである。この段階でBIMモデルを利用するのは、設計者や施工者といった生産側ではなく、建物の維持管理をするオーナーや建物の管理者が主体となる。ところが通常、オーナーや建物の管理者は、専門的なBIMソフトウェアを使うことができない。

また、生産のための詳細な情報が詰まったBIMモデルは維持管理に使うには情報が過剰で"重たい"モデルとなるため、設計や施工で使用したBIMモデルそのものを使用するわけにはいかない。

したがって建物の運営・維持管理という目的に適したBIMモデルとするため、生産者側が作成したBIMデータから、運営・維持管理に必要となるデータを抽出することや、過剰な形状データを省略するなどの作業が必要になる。

運営・維持管理段階でのBIM利用の主体は発注者（建物オーナー）ということになるので、編を改めて第3編（230ページ〜）で現在の状況をまとめて紹介する。

図表①の「経営判断・事業計画」においては、主体者は発注者（オーナー）であるが、この段階で発注者がBIMを使用するメリットもある（217ページ参照）。

第2章　計画・設計段階におけるBIM

BIMによる設計の実践

KEYWORD BIMソフトウェア、3次元形状作成、図面切り出し、数量算出、パース作成、CG、VR、IFC、BIMガイドライン、コンピュテーショナルデザイン、VPL、BIMモデル作成工数

BIMソフトウェアは、3Dモデリングや図面切り出し、数量算出などの機能をもっている。またプログラミングで形態を生成することのできるソフトウェアもある。このようなBIMソフトウェアでBIMモデルを作成するにはそれなりの工数がかかる。

　国土交通省大臣官房官庁営繕部が発表した「官庁営繕事業におけるBIMモデルの作成及び利用に関するガイドライン（2014年制定、2018年・2022年改定）」には、官庁営繕事業における設計業務においてBIMモデルを成果品とする場合に留意すべきBIMモデルの作り込みや、そのフォーマット、また作成するBIMモデルを使用してできることなどが記述されている。

　このガイドラインからは、本書の執筆段階（2022年）でICTを使うことでBIMモデルを用いて主に設計者、施工者が何をしてきたのか、あるいは何が可能となるのかを読み取ることができる。

　ここでは、そのようなBIMガイドラインを読み解き、BIMを実践するうえで知っておくべきことをBIMソフトウェアの備えている機能を中心に解説する。

　現在BIMがもつ機能でどのようなことができて、どのようなメリットがあり、うまくいかないところはどこかを考察してみたい。またBIMモデルを構築するのに、どのぐらいの工数がかかるのか、例を交えて説明する。

BIMソフトウェアの機能と仕組み

　BIMで何ができるのかを知るためには、BIMソフトウェアの仕組みを理解しておく必要がある。ここでは、簡単にBIMソフトウェアの一般的な仕組みを解説する。

　BIMの定義はおおむね定着してきているが、BIMソフトウェアの定義については、特に定められているものはなく、技術の発展とともに変わっていくもので

あるが、2022年現在のところBIMソフトウェアと呼ばれているものはおおむね以下の機能を備えている。

- ・3次元形状作成（モデリング）
- ・属性情報の付加
- ・図面の切り出し
- ・数量自動算出
- ・パース作成（レンダリング）
- ・IFCファイルの入出力

　また、レンダリング機能の発展として、日影のシミュレーションや照度解析などの光環境のシミュレーションをBIMソフトウェア内で実施できるものもある。特に上記の機能のうち、3次元形状作成と図面の切り出し、IFC[1]への書き出しができれば、BIM対応と呼ばれることもあり、BIMソフトウェアを選択する際は、そのソフトウェアで何ができるのかを把握しておく必要がある。

　またBIMソフトウェアの定義が定まっていないというだけでなく、BIMモデルの定義も今のところ曖昧であり、3次元形状だけで、属性情報は入っていなくてもBIMモデルと呼ばれることもあり、BIMモデルを関係者間でやり取りをする際には注意が必要である。どのBIMソフトウェアを用い、どこまでデータが入っており、どこまで信頼できるのか、そのデータを使用する目的などを明確にしたBIMモデルの仕様も同時に、関係者間でやり取りする必要がある（91ページ参照）。

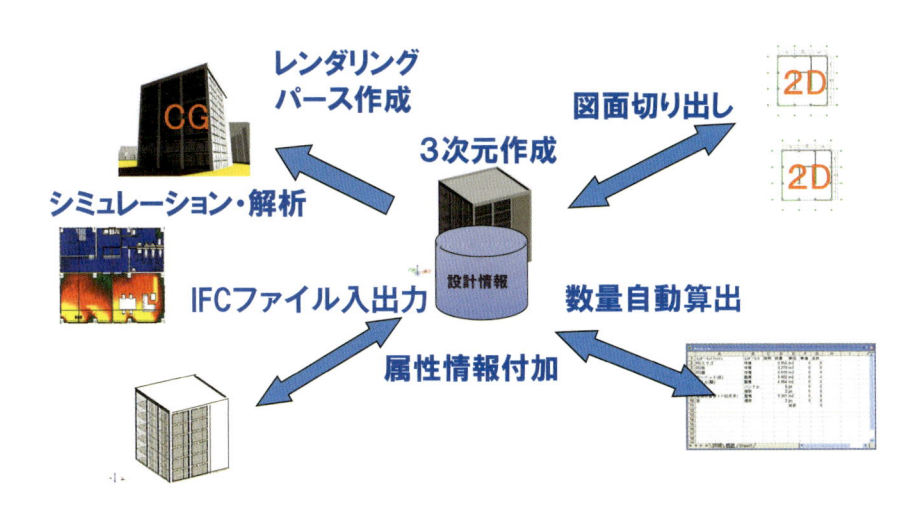

図表②　一般的なBIMソフトウェアの機能

---

1)　IFC（Industry Foundation Classes）：米国buildingSMART（旧IAI）が策定したモデルデータの規格で、建物を構成する壁や柱、ドア、窓などの要素に仕上げや価格などの属性情報を組み込むにあたってのルールと、そのルールを実現するためのデータの仕組みを定義したBIMモデルの標準規格。

図面作成ツールとしてのBIMソフトウェア

国土交通省大臣官房官庁営繕部制定のBIMガイドライン（2018年改定版）には、「発注者に提出する図面等は、BIMモデルから2次元のCADデータに変換等したのちに必要に応じて編集したものとする」と記述され、「BIMソフトウェアは、2次元出力など、成果物に求められる形式に対応できるものとする」と明記されており、図面はBIMモデルから変換することが前提とされていた。

この記述にあるようにBIMモデルから2D CADデータに変換するためには、BIMソフトウェアの機能の1つである「図面の切り出し」機能（71ページ参照）について、知っておく必要がある。

BIMソフトウェアでのモデリング作業は、あたかも図面を書くような操作で行うことが一般的であるが、実際にはモデリングに際して、あらかじめ階高やモデリングする壁や柱などのオブジェクトの高さなど3次元情報を設定している。

つまり、2次元的に入力をしながらも、実際には3次元のモデリングを行なっているのである。図面を書いているように見えている画面には、3次元の建物モデルをある面で切ってある範囲までを投影した画面が表示されているのである。

そのためBIMソフトウェアでは、このような画面を図面とは呼ばずに「図面ビュー」「平面ビュー」「断面ビュー」あるいは単に「ビュー」と呼ぶことが多い。

以前のBIMソフトウェアには、3次元モデルと切り出した図面は、別データになっていて、図面を見る場合は、その都度2次元に切り出す作業をしなければならないものもあったが、現在ではほぼすべてのBIMソフトウェアで3次元モデルを見る1つのビューとして、リアルタイムに表示することができるようになった。

また、どのビューでモデルを編集しても、扱っているのは1つの3次元モデルなので、他のビューにもリアルタイムに編集結果が反映され、BIMソフトウェア内においては図面（ビュー）間の整合性が自動的に保たれるようになった。

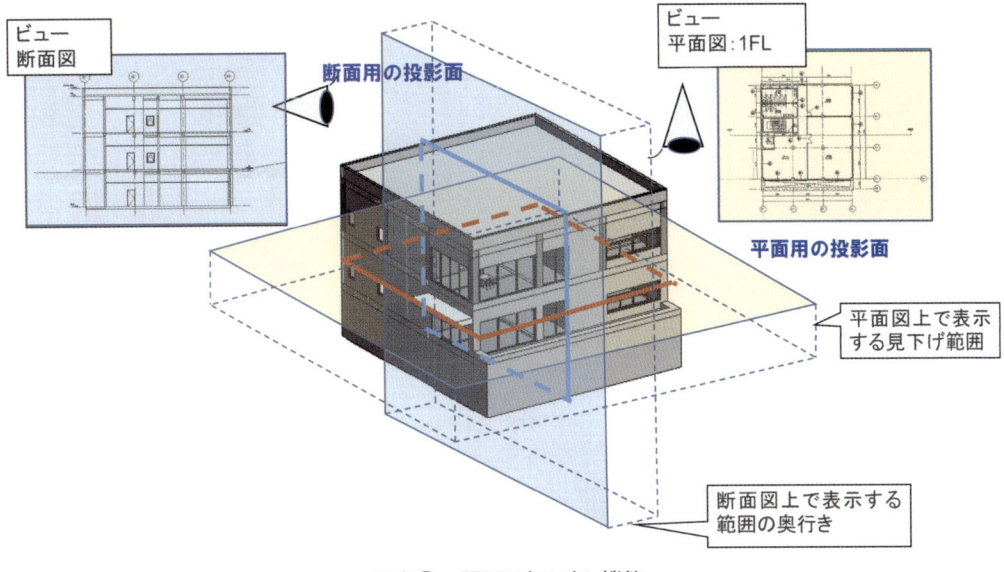

図表③　図面の切り出し機能

　3次元モデルにはない寸法線や注釈、建具符号などの2次元の要素は、この2次元表現されたビューに重ねて、手動あるいは自動で記入できるようになっている。しかし、これらビューに記入した2次元要素は、通常、他のビューには反映されないということに留意する必要がある。

　ここまで述べたように、BIMソフトウェア上の図面は、3次元モデルの見方の1つ「ビュー」であるため、そのBIMソフトウェアがないと見ることができないということになる。

　したがって、同BIMガイドラインでは「発注者に提出する図面等は、BIMモデルから2次元のCADデータに変換等したのちに必要に応じて編集したものとする」としており、3次元の1つのビューを2次元データとして定着させなければならず、そのための作業を「変換」といっているのである。

　また、現在のところBIMソフトウェアですべての図面を自動で作成することは難しく、特に矩計図や詳細図などはBIMデータから2次元にデータ変換して2D CADで加筆することが多いため、同BIMガイドラインには「変換」の後に、さらに「編集」という言葉が使われている。

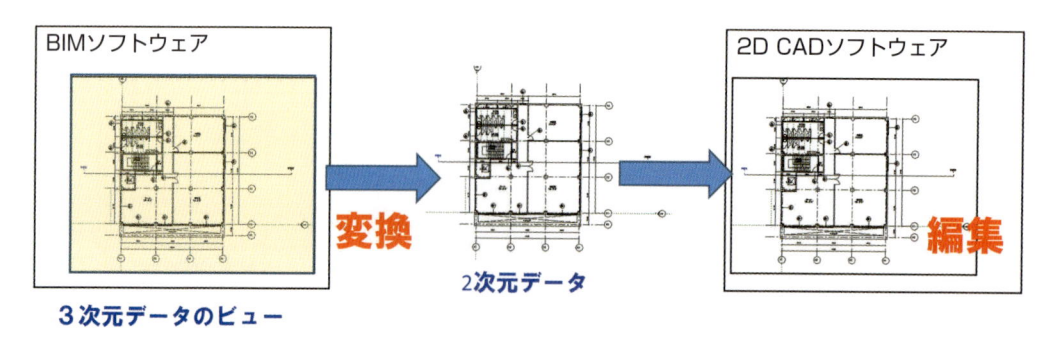

図表④　BIMモデルから切り出した図面を2D CADで編集することもある

　ただ、2D CADで「編集」し始めると、BIMモデルと情報が切り離されることになる。このような場合、BIMモデルと2D CAD上の図面の整合性を保つために、その図面データはBIMモデルからいつ変換されたのか、図面データの修正はBIMモデルにも反映されているのかなど、BIMモデルとは別に図面データの管理も必要になってくる。

　BIMモデルから2D CADでの編集なしに、いかに自動的に図面を書き出すかということは、図面作成のためのBIMモデリングルールとBIMソフトウェアが準備するテンプレート（99ページ参照）をいかに作り込むかにかかっており、現在のところは設計者や施工者の課題となっている。

　BIMを使っている設計者からは「2D CADよりも図面が簡単に書ける」という声もあり、BIMソフトウェアでは簡単な図面は汎用的な2D CADで製図するよりも効率よく作成できる。

　しかし、BIMソフトウェア内の図面は3次元モデルの1つのビューであるということや、BIMソフトウェア内でビューに2次元の要素として書いたものは他のビューには反映されないということ、さらにBIMモデルから「変換」して2D CAD上で編集している図面データはBIMデータと切り離されているということなどの特徴を理解しておく必要がある。

　BIMソフトウェアで製図作業するときは、2D CADで製図する場合には考えなくてよかった事柄（すなわち図面データの状態）について留意する必要がある。

3D CAD/CGとしてのBIMソフトウェア

BIMソフトウェアは、「3次元形状作成」と「レンダリング」の機能を有していると先に述べたが、これらは従来の3D CAD/CGソフトウェアの機能である。つまり、BIMの3次元機能を活かして、BIMソフトウェア内で建築CG（Computer Graphics）パースを作成できるようになったのである。またBIMソフトウェア内で、CGアニメーションを作成する機能を有するものも出てきた。

現在ではさらに本格的なCGを作成するレンダリングソフトウェアをアドインプログラムとしてBIMソフトウェアに組み込み、BIMソフトウェアからデータを書き出すことなしに、高品質なレンダリングを行うことができるようになってきている。また、ローカルのPCでレンダリングの計算をさせるのではなく、クラウド上で計算することができるものもあり、レンダリング計算にかかる時間を大幅に削減できるようになった。このように、BIMモデルから高品位なCGパースを高速に作成できるようになったため、パース作成の外部委託費が大幅に削減できたという建築設計事務所もある。

レンダリング（24ページ参照）の作業や機能は、3D CAD/CGソフトウェアとほぼ同じで、一般に、①太陽光や照明の設定、②マテリアル、テクスチャの設定、③レンダリング設定、④レンダリング手法の選択、⑤レンダリング実施を行いCGを作成する。

しかしCGの用途によっては、CGを作成するために家具や小物などの点景の細部を作る必要があり、通常のBIMモデルに加えてパース作成用のモデルの作り込みが必要になる。

今のところ、パース作成のために作り込んだBIMモデルは、データ量が大きくなるため、BIMモデルから派生させてパース作成用のBIMモデルを別にもっておいた方が扱いやすい場合がある。

ただ、そうすると67ページで述べたように、本来のBIMモデルとは切り離されてしまうことによる問題が発生することになり、BIMモデルへの設計情報の一元化には、まだ課題があることがわかる。

1つの方法としては、最近のBIMソフトウェアに備わっている1つのファイルで複数人が同時にモデルを扱えるコラボレーション機能を活用する方法がある。

パース作成を担当する作業者が、このBIMソフトウェアのコラボレーション機能を使い、設計者が行うBIMモデルの更新状態を常に把握しながら、パースで表現する部分だけにBIMモデルを作り込み、CGを作成する方法である。

　BIMソフトウェアが今後さらに発展することで、このBIMモデルが作業ごとに分かれてしまうという問題は解決されるかもしれない。

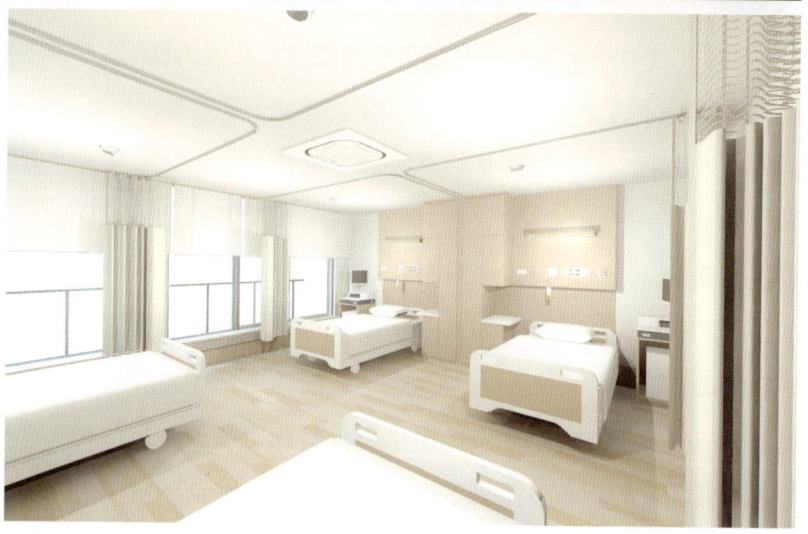

図表⑤　BIMソフトウェア上からクラウドサービスでBIMモデルをレンダリング
　　　（資料提供：株式会社安井建築設計事務所　使用ソフト：オートデスク株式会社　Revit）

近年では、コンピュータゲームのグラフィック描画エンジンを取り入れ緻密な CG を高速で作成することに特化したソフトウェアが普及してきており、BIM モデルを取り込み、これまでの CG ソフトウェアの常識を覆すスピードで高品質なレンダリングやアニメーションが作成できるようになった。

　これまで専用の本格的な CG ソフトウェアが必要であり、外部委託するしかなく、完成までに時間がかかっていた CG アニメーションの作成は、BIM モデルさえあれば CG 製作についての特別な知識がなくても、半日程度の短時間で内製できるようになった。

　さらに、PC の高性能化や VR（Virtual Reality）関連の機材の低価格化により、BIM モデルを VR 作成ソフトウェアに読み込み、VR 用のヘッドマウントディスプレイで没入型の VR を表現することが比較的簡単になった。

　また BIM ソフトウェアのレンダリング機能に 360 度のパノラマ CG を作成する機能も付加され、特別な機材やソフトウェアをそろえなくても、スマートフォンと安価な 3D ゴーグルや 3D メガネで簡易な VR を体験できるようになった。

　これらの VR 技術は、発注者への設計のプレゼンテーションにおいて利用が進んでいる。

図表⑥　スマートフォンで360度パノラマ画像を立体視
（資料提供：株式会社安井建築設計事務所　使用ソフト：オートデスク株式会社　Revit）

BIMモデルからの概算数量算出

　BIMソフトウェアには「属性情報の付加」と「数量自動算出」の機能があることで、BIMモデルに付加されている属性値をリアルタイムに集計することができる。

　BIMソフトウェアには、建築要素の種類ごとのオブジェクトに属性を入力できるフィールドが複数用意されており、かつユーザがある程度自由にフィールドを追加定義することができるようになっている。BIMソフトウェアでは、このようなフィールドのことを「パラメータ」「プロパティ」「属性」などと呼ぶ。

　また、そのフィールドには、属性情報を入力するだけでなく、オブジェクトの形状からその長さや幅などの寸法値や、面積、体積といった数値が自動的に入る性質のものもある。

　フィールドに情報が適切に入力されていれば、同じ種類の建築要素について、個々のオブジェクトのフィールドに入力されている情報が集められ一覧表として表示される。

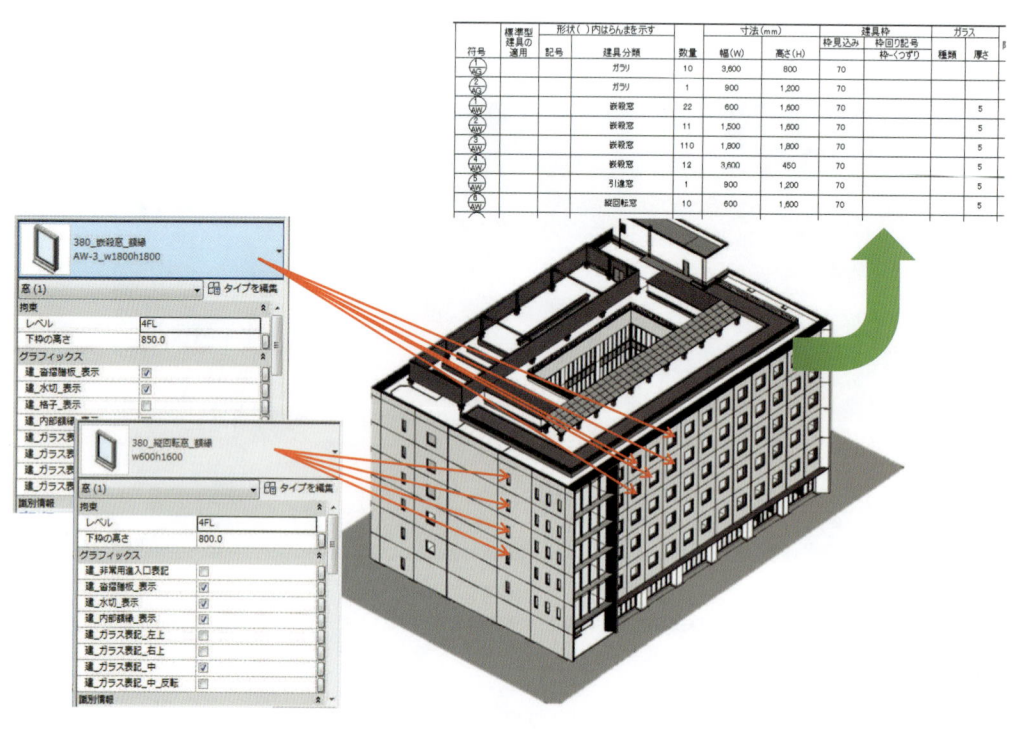

図表⑦　配置された個々のBIMオブジェクトの属性情報がかき集められて集計され、表形式で表示される

例えば壁の場合、壁の長さ、高さといった数値データが壁の種類ごとに一覧表示される。ドアや窓、家具などの場合は、個数なども集計して一覧表示させることができる。

つまり、配置されたBIMオブジェクト一つひとつがデータベースでいうところのレコードであり、建築要素の種類それぞれがテーブルというイメージである。

これをExcelなどの表計算ソフトウェアに例えると、BIMオブジェクト一つひとつが行であり、セルに属性情報が入っていて、建築要素の種類がシートというイメージである。

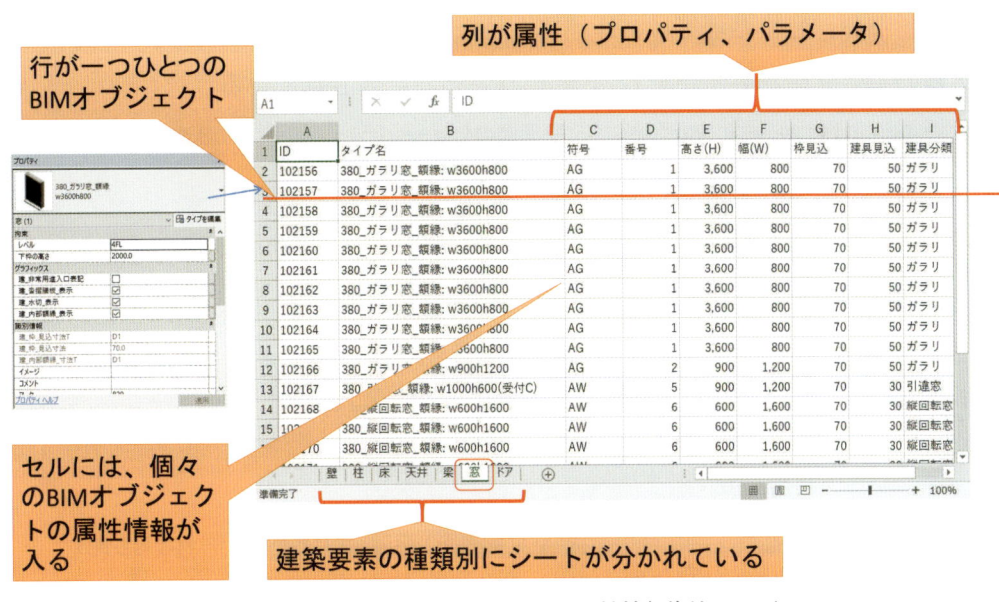

図表⑧　Excelに例えた場合のBIM属性情報格納イメージ

BIMソフトウェアによっては、この属性情報をBIMソフトウェアの外にXML形式などの外部ファイルで持っており、データベース内のオブジェクトとリンクしているものもあるが、現在のところBIMソフトウェア内部に独自のデータとして持っているのが一般的で、外部のデータベースと連携して、高度な情報処理を行うような仕組みにはなっていない。

そのため、BIMソフトウェアで決められた集計方法と表現しかできず、BIMモデルの属性情報を活用して柔軟な処理を行う場合には、BIMソフトウェアのカスタマイズ（プログラミングによるツールの開発）が必要になる。

しかし、最近ではいろいろと工夫されており、次節で説明するコンピューテーショナルデザインツールを組み込んで簡単にプログラムができるようなものや、建物の維持管理を支援するシステム（FMシステム）（242ページ参照）とBIMの属性情報と連携する機能がついているものもある。今後は、BIMの要である属性情報もオープンになっていくかもしれない。

　国土交通省大臣官房官庁営繕部制定のBIMガイドラインには、「自動算出機能の利用」に際しての注意点として、「BIMソフトウェアには、建物部材のオブジェクト同士が接合する部分の包絡処理、勝ち負け処理等のBIMモデルの作成にあたっての機能が備わっており、自動の概算数量算出機能に反映されているものがある。なお、包絡処理等は、IFCファイルに変換すると機能が無効になる場合があるので留意する必要がある。」ということが記述されている。

　これは、BIMモデルから数量を算出する際に必ず確認しておくべき事項である。

　例えば、図表⑨は、あるBIMソフトウェアで柱と壁を入力したところである。特に考えずに入力すると、このBIMソフトウェアでは平面図のビューでは包絡されているので判別できないが、3次元モデルで確認すると柱に壁が突き刺さった形になっている。

　このような状態を部材の「勝ち負け」で表すことができ、図表⑨の状態では壁が勝っていると表現することができる。この状態で数量を算出すると、このBIMソフトウェアの場合は、柱の体積は重なっている壁の体

平面図のビュー　　　**3次元のビュー**

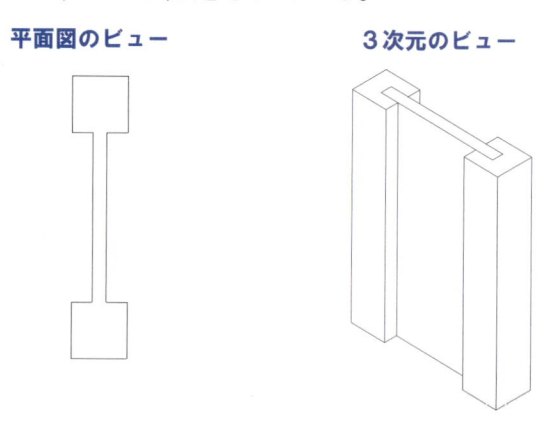

図表⑨　平面図ではわからない部材の勝ち負け

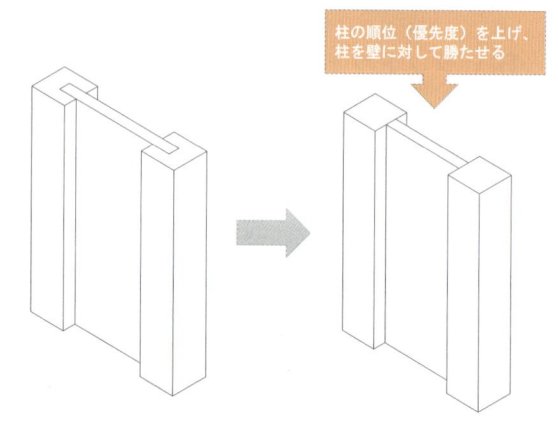

柱の順位（優先度）を上げ、柱を壁に対して勝たせる

図表⑩　部材の勝ち負けの変更

積が差し引きされて算出され、壁の体積は重なっている部分が含まれてしまう。

このような場合は、BIMソフトウェアに勝ち負けを入れ替える機能が備わっているので、柱と壁の順位を入れ替え、柱を勝たせる（優先度を上げる）ことで、正常な数量を算出できるようになる。

この勝ち負けは、柱とスラブ、壁とスラブ、梁とスラブ、梁と壁など、すべての部材の重なり部分において発生するので、数量算出を行う前に注意深く見ておく必要がある。

またBIMソフトウェアによっては、勝ち負けの機能がなく、柱は柱、壁は壁として正確にモデリングする必要があるものがある。

例えば図表⑪のように、これも平面図ビューでは判別できないが、柱の中に壁が突き刺さった状態で二重になってしまっており、この部分の体積が数量ではダブルカウントされてしまうBIMソフトウェアがある。

そのため、このようなBIMソフトウェアには、ソリッドのブーリアン演算[1] の機能が備わ

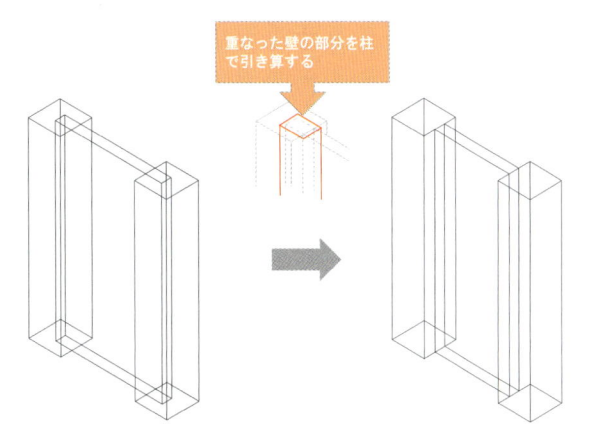

図表⑪　部材の重なりとソリッドのブーリアン演算

っており、手動で壁から柱を引き算するという機能を実行することになる。

このように、BIMモデルから数量を算出する際は、勝ち負けの機能があるのかないのか、図面上は包絡処理されているが実際のモデルに重なりはないかどうか、などを確認する必要がある。

コンピュテーショナルデザインとBIM

2007年ごろから、VPL（Visual Programming Language）が3D CAD上で形状を作成するプログラミング言語としても利用され、3次元形状のデザインに使

---

1)　ソリッドのブーリアン演算：3D CADで複数のソリッド形状を和、差、積といった集合演算により編集して、そのソリッド形状を変形すること。

われるようになってきた。

　それらのツールはパラメトリックデザインツールと呼ばれ、コンピュータで形状を生成するという意味合いから、NCカッターなどコンピュータ制御によって生産を行うデジタルファブリケーションも含めて、このようなデザイン手法はコンピュテーショナルデザインと呼ばれるようになった。

　コンピュテーショナルデザインの手法は、もともとパラメトリックに建築部材の寸法を設定できる機能をもつBIMソフトウェアにも取り入れられ、BIMモデルを制御できるようになったり、あるいは3D CADのVPLで作成した3次元形状モデルをBIMに取り込んで使用されるようになってきた。

　コンピュテーショナルデザインツールのVPLは、通常、図表⑫のようにプログラムを記述していく。

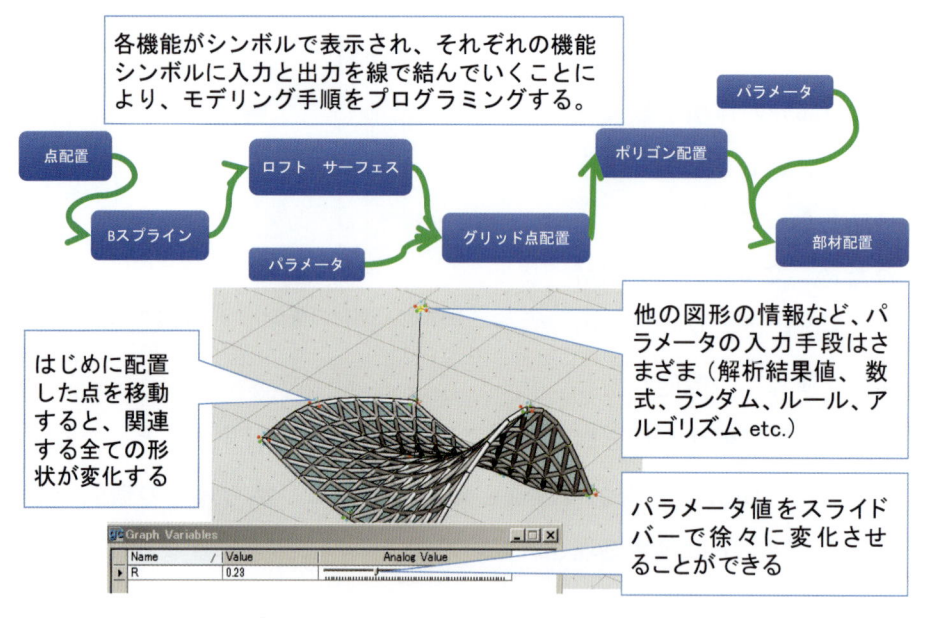

図表⑫　3D CADやBIMソフトウェアで使用されるVPL

　「点を配置する」「線を描画する」「図形をコピーする」などのCAD・BIMの機能は、コンポーネントあるいはノードと呼ばれるビジュアルなシンボルで表され、それらのシンボルを画面上に配置し、座標点やパラメータなどをそれらのシンボルの入力端子のような部分に接続したり、配置したシンボルの出力端子を次のシンボルの入力端子に接続したりしながら、シンボルと接続線をマウスでビジュアルに操作してプログラムしていく。

例えば、点から線を生成し、その線をつなげて面を作るような場合は図表⑬のようになる。

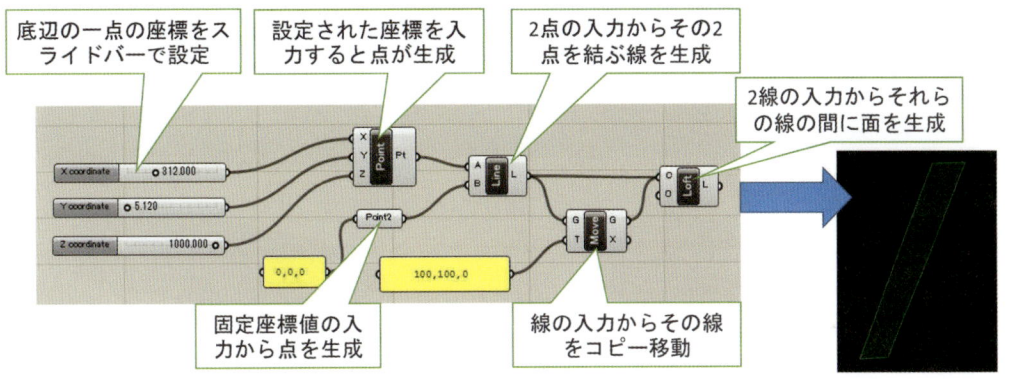

図表⑬　VPLでのプログラミング例。面を作成する過程をプログラミング
（AppliCraft社のRhinoceros/Grasshopperを使用）

　一見、普通にモデリングするよりも難しく煩雑そうに思えるこの操作であるが、一度作成してしまえば予め用意したパラメータを変更するだけで、最終的には複雑な形状であっても瞬時に形状の変更が行える。これがコンピュテーショナルデザインツールの最大の特徴である（図表⑭）。

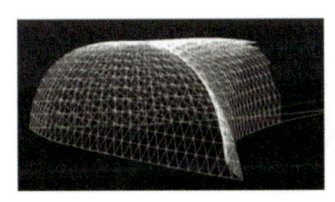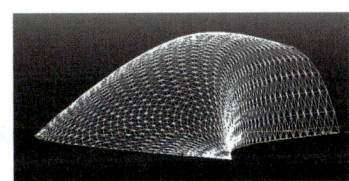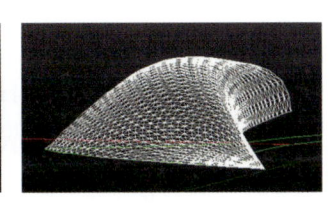

図表⑭　パラメータの数値を変更するだけで瞬時に複雑な形状が変更される
（Bentley Systems社のGenerativeComponentsを使用）

　また、その際に入力する値は、手入力することもできるし、数式などによって自動的に入力することもできる。

　このように手入力ではなく、あるコンピュータアルゴリズムに従って自動的に入力できることが、コンピュテーショナルデザインやジェネレーティブデザイン（284ページ参照）と呼ばれている所以である。

　このツールを使うと図表⑮のような形状が作成でき、しかも後から各部の寸法を簡単に変更できることで、複数の設計案をすばやく作成できるようになる。

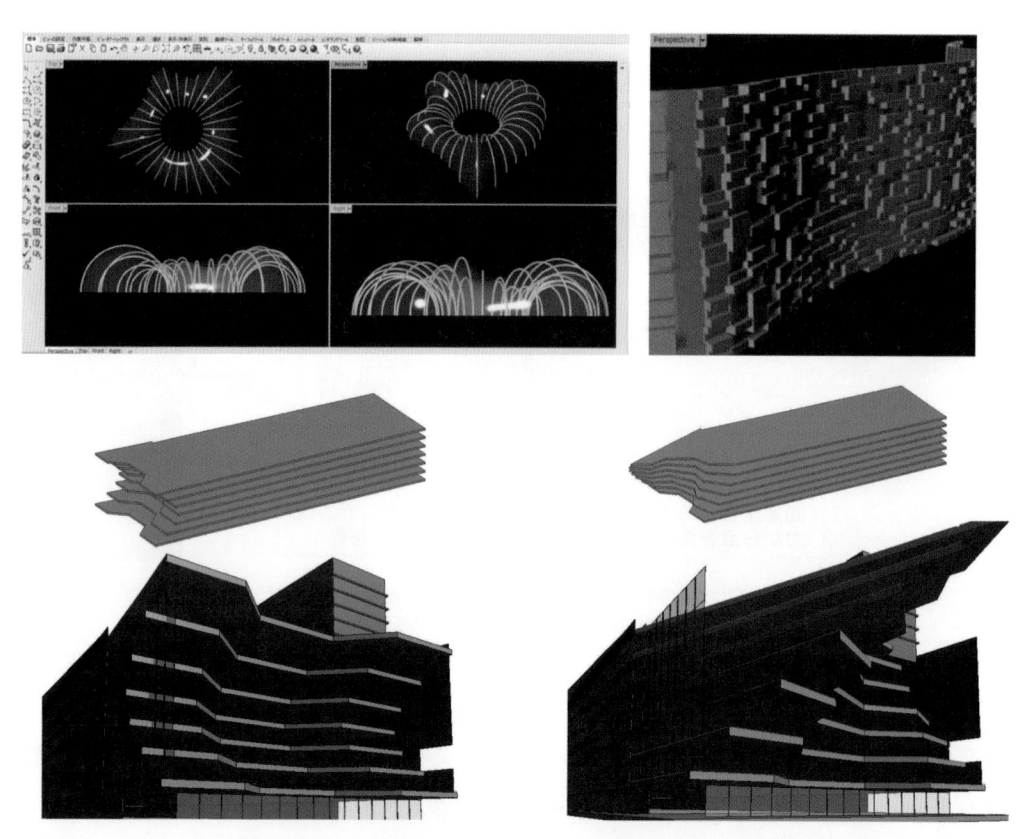

図表⑮　サインカーブに従って徐々に形状が変更されるなど、ある関数で形状の生成を制御することができる。
（AppliCraft社のRhinoceros/Grasshopper、オートデスク株式会社のRevit/Dynamoを使用）

　最近では、コンピュテーショナルデザインツール上で生成された形状モデルに
対して、自動的に照度、日射、風などの環境シミュレーションや構造解析を実行
できるアドインプログラムも開発され、広く利用されるようになった。

　また、コンピュテーショナルデザインツールで形状を作成する際に、入力する
パラメータを繰り返し自動的に入力し膨大な案を自動生成し、その中から、ある
与えられた評価関数の値を最適にする案を提示してくれるアドインもある。

　後者はいわゆる最適化ツールであるが、前者の解析機能アドインと組み合わせ
ると、ただ単に複雑な形状を作成するだけでなく、無限の形状案の中から、例えば
構造性能と環境性能を同時に満たす最適な案を提示できるようになる（図表⑯）。

　また、例えば複雑な曲面のファサードをできるだけ少ない種類のパネルで敷き
詰め、建築コストを最小にする案を提示するなど、コンピュテーショナルデザイ
ンツールで最適な設計案を提示させることも可能となっている。

　また、VPLで、BIMソフトウェアのコマンドの機能強化を行うこともできる。

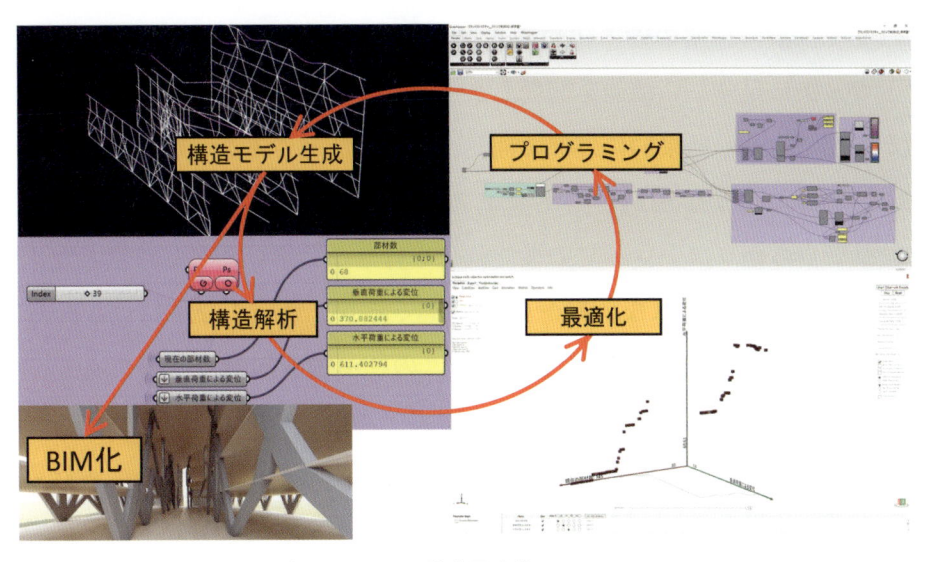

図表⑯　コンピュテーショナルデザインツールで構造最適化
（AppliCraft社のRhinoceros/Grasshopperと構造解析アドインKaramba、最適化アドインOctopusを連携）

　例えば、図表⑰は、BIMソフトウェアの数量算出機能で部屋の面積について希望面積から実際の面積の差を計算させているが、その結果の値をそれぞれの部屋にラベルとして表示させる機能がこのBIMソフトウェアには標準装備されていなかった。VPLを使うことで、それができるように、機能強化することができる。

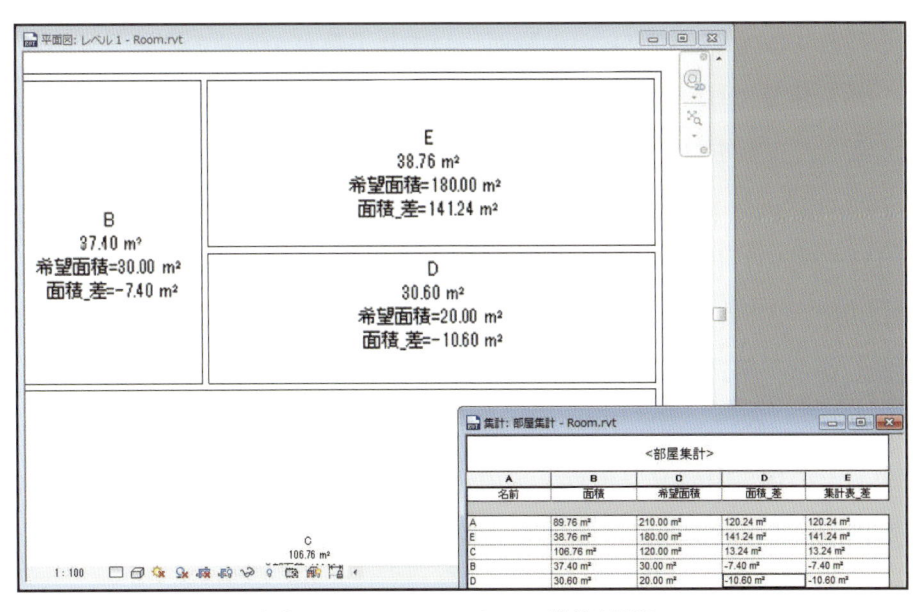

図表⑰　VPLでBIMソフトウェアの機能を拡張
（オートデスク株式会社のRevit/Dynamoを使用）

これまで、設計作業の効率化や繰り返しの非生産的な作業の削減を目指して、ソフトウェアに足りない機能を開発しようとしても、プログラミングの専門的な知識が必要であり、結果的に外部の開発会社に委託せざるを得なかった。

しかし、このようなBIMソフトウェアの機能をプログラムで改造できるVPLは、設計者自らがソフトウェアの機能強化を行うことを可能とした。ただ、VPLといってもこれまでにはない概念のツールであり、使いこなすには、BIMソフトウェアや3D CADの知識と、プログラムの初歩的な知識が必要であり、習得するためにそれなりに時間がかかるのも事実である。また、常に使用するツールでもないため、いったん修得したとしても操作を忘れることが多く、設計業務を行なっている設計者にとってはまだ習得にはハードルが高いソフトウェアであるといえる。

そのため、現在のところVPLはCADオペレーターやBIMオペレーターの中でも、多少コンピュータプログラミングについての知識をもつ数名が設計者の要望を聞きつつ操作（プログラミング）するということが多いようである。

BIMモデルの作成工数（事例）

ここまでBIMソフトウェアでできることを述べてきた。それではそのBIMモデルを作成するのにどのぐらいの時間、つまり工数がかかるのだろうか。参考として、ある建設プロジェクトで著者が関わったBIMモデル作成業務について実際にかかった工数を見てみる。

このプロジェクトは延べ床面積約20,000 ㎡の医療研究施設の設計業務であった。BIMモデルは、国土交通省大臣官房官庁営繕部制定のBIMガイドライン（2014年3月初版）の「基本設計図書作成のためのBIMモデルの作成の対象及び詳細度の目安」から、構造、電気設備、機械設備を除いた図表⑱の詳細度でBIMモデルを作成した。

作成したのは、BIMソフトウェアの使用歴4年のBIMオペレーター1人で、2次元の図面がある状態から、BIMモデルの完成まで112時間、15人日を要した。

	BIM モデルを作成する対象
周辺敷地	周辺道路、隣地建物（ボリューム）
意匠	(1) 空間（室、通路、ホールなど（階数、階高、各室の面積共）） (2) 構造体：柱、梁、床（スラブ）、 (3) 構造耐力上主要な部分に含まれない壁 (4) 屋根、階段、庇、バルコニー (5) 外装、外部建具 (6) 内部建具 (7) 天井
構造	−
電気設備	−
機械設備	−
敷地・外構	(1) 舗装仕上げ、植栽など（整備部分）

※ 平面図、立面図および断面図は 1/200 の尺度を標準とする。

図表⑱　設定したBIMモデルの詳細度

　本来は、設計しながらBIMモデルを構築していくのが理想であり、この例のように、設計が終わってからBIMモデルを作成することはBIM利用の本来の目的からは外れるが、1つの目安としては参考になるであろう。

　また、図表⑲は、著者がBIMモデル作成に関わったもう1つの事例であり、大規模な総合医療施設での改修工事のためのBIMモデルの作成工数である。

　図表⑲を見ると、窓ファミリ作成、ドアファミリ作成という項目があるが、これらはBIMソフトウェア特有のBIMオブジェクト（部品）を作成する作業である。

　先の医療研究施設の例では、もともとある建具オブジェクトを転用していたため、このBIMオブジェクト作成作業は発生していないが、この事例では独自にBIMオブジェクトを作成しているため、その分工数が多くなっている。全体の約半分の工数がBIMオブジェクト作成に使われており、このBIMオブジェクト作成という作業が、BIMモデルを作成する際には、工数を左右する大きな要因になっているのが分かる。

　つまりBIMオブジェクトを既存のものを使うのか、あるいは新規で作成するかによって、BIMモデルの作成の工数が大きく変わっていくということを理解しておく必要があり、次節で述べるBIMライブラリ・テンプレートの整備の重要性につながっていく。

最後に、著者がBIMモデル作成を外部委託した際のある会社の費用見積もり例を挙げる。延べ床面積10,000㎡のオフィスビルを基本設計終了時相当の情報量でBIMモデルを作成する場合、この会社は、建物意匠モデル作成（柱・梁・壁・床・天井・屋根・建具）に約100万円、既存の家具・備品の配置に15万円、配管・ダクト・設備機器の配置に約110万円かかるという試算を提示した[1]。

項番	項目	日数
A-1	外壁作成	4 日
B-1	天井作成	4 日
B-2	内壁作成	8 日
B-3	垂れ壁作成	1 日
C-1	窓ファミリ作成	6 日
D-1	ドアファミリ作成	6 日
E-1	特殊建具作成	4 日
F-1	家具作成	2 日
G-1	モデルチェック・修正	1 日
	総工数	36 人日

図表⑲　ある総合医療施設の改修工事用BIMモデル作成にかかった工数

<hr />

1)　上記の3つの事例は、あくまでも参考としてBIMモデルを作成した後に工数を割り出したり、大まかに試算したものであり、実際のBIMモデル作業の工数は、プロジェクトのBIMモデル作成の目的やプロジェクトの規模、モデルの詳細度、作成者のスキル、使うことのできるBIMオブジェクトやテンプレートなどによって大幅に異なってくる。したがって、ここで挙げた工数や費用は、建設プロジェクト一般で標準的に適用されるものではないことに留意する。

2.2 BIMモデルを構築する前に考えるべきこと

KEYWORD BIMガイドライン、BEP、EIR、CDE、BIMモデル取扱いに関する覚書、BIMオブジェクト、BIMライブラリ、テンプレート、標準化、互換性、IFC

発注者の合意を得ながら、BIMを使用してスムーズに設計を進めるためには、設計の関係者の間で、どの時期に、どのような目的で、だれが、どこまでBIMモデルを作成するのか、そのBIMモデルをどういう方法でどこまで共有するのか、BIMを用いて業務を実施する前に取り決める必要がある。また、BIMライブラリ・テンプレートの整備、およびBIMを使った設計業務の標準化を行うべきである。

BIMガイドライン

　BIMモデルを作成して運用するには、BIMモデルの適用範囲やデータの品質、詳細度、納品データ形式など、様々なルールを明確にし、関係者間で共有する必要がある。

　そのため、BIM先進国である欧米諸国などでは、主に建物の発注者によってBIMモデルを構築する際に必要なルールを明記したガイドライン（図表⑳）が整備されている。

　日本では、BIMソフトウェアのベンダやBIMソフトウェアのユーザ会によって作成されたガイドラインがあるほか、2012年7月に（公社）日本建築家協会（JIA）、2014年3月に国土交通省大臣官房官庁営繕部もBIMガイドライン（2022年3月第2回改定）を制定し、公表している。

　JIAのガイドラインは、BIMを活用する場合に設計者が考えるべき事項についてまとめられたもので、BIMを活用することで設計者の業務を拡大し、コストや施工の情報を取り入れた設計を行うべきであることを示唆している。

　国土交通省大臣官房官庁営繕部制定のBIMガイドラインは、官庁営繕事業における設計や施工の受注者がBIMモデルを作成および利用する際の基本的な考え方、留意事項を示したものである。

　このBIMガイドラインは、「発注者が発注者情報要件（EIR）を作成する場合」と、

国	ガイドライン	組織
シンガポール	Singapore BIM Guide	シンガポール建築建設局(BCA)
米国	National BIM Standard	米国建築科学学会(NIBS)
	BIM Guide Series	米国連邦調達庁(GSA)
英国	AEC(UK) BIM Protocols	The AEC(UK) Initiative
韓国	建築BIM適用ガイド	韓国国土海洋部
	施設事業に対するBIM基本ガイドライン	韓国公共調達庁(PPS)
デンマーク	CAD Manual 2008	bips
フィンランド	BIM Requirements	Senate Properties
日本	官庁営繕事業におけるBIMモデルの作成及び利用に関するガイドライン	国土交通省官庁営繕部
	JIA BIM ガイドライン	(公社)日本建築家協会
	ファシリティマネジメントのためのBIMガイドライン	(公社)日本ファシリティマネジメント協会(JFMA)
	施工BIMのスタイル	(一社)日本建設業連合会
	建築分野におけるBIMの標準ワークフローとその活用方策に関するガイドライン(第2版)	国土交通省　建築BIM推進会議
	設計BIMワークフローガイドライン 建築設計三会(第1版)	建築設計三会

図表⑳　各国のBIMガイドラインの例

「受注者がBIM実行計画書（BEP）を作成する場合」などに参照するものとしている。この「発注者情報要件（EIR）」と「BIM実行計画書（BEP）」については次項で解説するが、このBIMガイドラインには発注者が受注者にBIMの使用を求める場合に、EIRに記載すべき事柄と、記載に当たっての留意事項が書かれている。

　また、そのEIRにそって具体的にBIMで何ができるのか、BIMの活用が想定される項目について、「設計方針や設計内容の検討での利用」（設計段階）と「施工段階におけるBIM活用に関する事項」（施工段階）に分けて、発注者及び受注者が参照する留意事項などが記載されている。

　つまり、建設プロジェクトにおいて、BIMを活用する場合に、どんな用途でBIMが利用できるのか、またその用途ごとに、BIMモデルの作り込み度合やBIMモデルを作成する際の留意すべき点が記述されており、発注者、受注者双方がBIMを活用する際のガイドとなるものである。

　このガイドラインは、官庁営繕事業におけるBIM利用とはされているが、BIMに取り組む際の基本的かつ重要な事柄が記載されているので、民間の建設

プロジェクトにおいても、BIM利用の際に、十分に活用できるガイドラインである。

　以上が同BIMガイドラインの要点であるが、実際にBIMモデルを作成し利用するプロジェクトを行うには、国土交通省大臣官房官庁営繕部やJIAのBIMガイドラインのような既存のガイドラインを参考に、BIMを導入する組織ごと、または建設プロジェクトごとにBIMデータの取り扱いや連携方法、BIMモデルの詳細度（LOD[1]）、契約上のルールなどを明記したガイドラインや手順書などを整備し、遂行していくことが望ましい。

BIM実行計画書（BEP）と発注者情報要件（EIR）

　BIMは、個人のツールとしてではなく、設計組織、プロジェクト組織として活用することにメリットがあり、そのメリットを最大限に活かすためには、あらかじめBIMをどのような目的で、そのためには誰が、どのような情報を、どの時期に、どういう手順で、どこまで入力し、どの範囲に、どれだけ共有するのかなど、BIMを使用する関係者間で取り決めをしておく必要がある。

　そのような関係者間でのBIMを使用するための取り決めを「BEP（Building Information Modelling Execution Plan）」と呼んでいる。日本語では「BIM実行計画」あるいは、「BIM実施計画」とする場合が多い。

　一般に、前項で述べたBIMガイドラインが、発注者やその発注者が属している組織、関係省庁、国といったもっと広い範囲の組織が、プロジェクトを特定せずに、BIM活用のメニューやBIM活用の用途と実施に当たって考慮すべき事項などが記述されているもので、一方の「BEP」は受注者がある特定のプロジェクトにおいて、どのようにBIMを利用するかを発注者を含む関係者で取り決めるものと捉えられる。

　さらに、BIMガイドラインは、どのプロジェクトにもあてはまるBIMの使用に関する仕様をまとめたものであるので、海外ではプロジェクト固有の具体的なBIMの要件を発注者情報要件「EIR（Employer's Information Requirements）」

---

1)　LOD（Level of Development）：BIMモデルの詳細度やBIMモデルに含まれる建築モデル要素の情報量、情報の信頼度などを数値化し、定量的に表す指標。

として受注者に提示される場合がある。つまりBIMガイドラインに基づき発注者が要望や条件をまとめたBIM発注者情報要件「EIR」を受注者に提示し、その要件に応える形で受注者が「BEP」を提示するという流れである。

この流れは、2019年に国土交通省に設置された「建築BIM推進会議」（16ページ参照）の「建築BIM環境整備部会」で検討され、日本おいても、建設プロジェクトの契約前に発注者が「EIR」を提示し、それを受けて受注者が「BEP」を提示して、双方でBIMの活用方針について合意を得ることが提案された。

国土交通省大臣官房官庁営繕部制定のBIMガイドライン（2018年改定版）には「BIMガイドラインが適用となる場合において、受注者はBIMモデルの作成及び利用をする内容、実施方法、実施体制について発注者と協議する」と記述されていたのが、2022年3月の改定で、前項で述べたように、「BIM実行計画書（BEP）」と「発注者情報要件（EIR）」が明示されるようになり、それらEIR、BEPを策定する際にBIMの活用について留意事項がまとめられる形式となった。

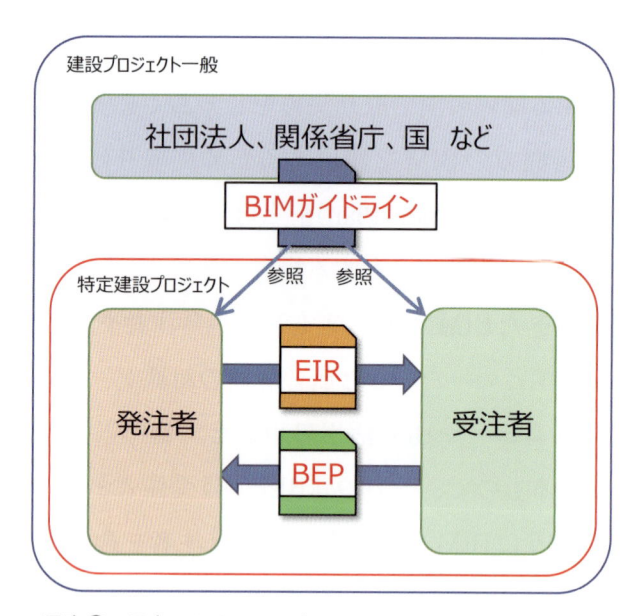

図表㉑　日本におけるBIMガイドライン・EIR・BEPの関係

このことからも、日本においてもEIR、BEPはBIMを取り組むうえで、標準で取り決めるべき事項となっていくことが予想される。

ここで、BEPについて、どんな内容を記載すべきなのか海外や日本の事例か

ら見てみたい。本章2.4で、BIMを設計で使用するときの課題をいくつか挙げるが、このような課題となりそうな事柄をあらかじめ明確にし、解決するための取り決めをBEPに記載しておくことになる。いうまでもなくBEPは、後から生じる問題を最小限にするために、プロジェクトの開始前に関係者間で取り決めておくことが望ましい。

英国規格協会（BSI）が発表しているPublicly Available Specifications（公的仕様）（PAS 1192-2:2013）では、BEPについて「plan prepared by the suppliers to explain how the information modelling aspects of a project will be【プロジェクトにおいて情報モデルがどのように進められるのか説明するために受注者が準備する計画である】」と定義されている。またプロジェクトの受注者がBEPで取り決めるものとして、以下の項目を挙げている。

a BIM execution plan（BEP）shall be developed by the supplier containing:

1）assigned roles, responsibilities and authorities;

2）standards, methods and procedures; and

3）a resourced master information delivery index, aligned with the project programme;

【訳：1）割り当てられた役割、責任および権限。

2）基準、方法および手順。と

3）プロジェクト進行に合わせて配信する設計情報の項目。】

一方、日本国内では、2010年前後までは、BIMを利用する際に、どんな用途でどこまでBIMを使用するのか、BIMを使用する各社が個別にBIM実施計画やBIM計画として作成していた。そのような状況で、2013年に（一社）buildingSMART Japanが、2016年に（一社）日本建築学会が、それぞれ日本仕様のBEPの雛形をWebサイト上で提案し、BEPを建築業界で標準化する動きが出てきた。

そして、「建築BIM推進会議」（16ページ参照）の「建築BIM環境整備部会」で検討され、設計段階においては建築設計三会（日本建築士会連合会・日本建築士

事務所協会連合会・日本建築家協会)[1] が、施工段階においては、（一社）日本建設業連合会が、それぞれ詳細なBEPの雛形を作成してWebサイトや書籍で公開している。

　BEPは、基本的には、以下の事項などについて関係者間で取り決めをして、あらかじめ決められた期間やフェーズ、マイルストーン毎に見直していくというのが一般的な考え方である。

- ・誰が（関係者）
- ・どの時期に（フェーズ（段階）、マイルストーン、プロジェクトスケジュールなど）
- ・どの様な目的で（BIM活用目的）
- ・何のシステムを使って（ハードウェア、ソフトウェア）
- ・何を（BIMモデルなど）
- ・どこまで作成し（詳細度、LODなど）
- ・何をどういう手順で実施するのか（シミュレーション実施、図面作図、パース作成など）
- ・作成された情報をどの範囲に共有するのか（情報の共有、配信）
- ・コミュニケーションの頻度と方法は（会議スケジュールなど）

　米国では、大学や地方自治体などの発注者が独自のBIMガイドラインを策定し、BEPのテンプレートを作成して、受注者にBEPの記入を求めている。

　一方、日本では、BEPを建設段階ごとに作成することが多く、各建設段階の初めに策定したとしても、実際の進捗において点検し、見直し、変更していくことが大切であろう。そのためには、第3編で詳述するが、プロジェクトでBIMを管理する能力のある関係者がその責務を負うことになる。

　BEPで取り決める「データの共有環境」については、関係者の内のだれがどの範囲のデータを扱えるのかデータ利用の権限、ファイルのアクセス権限（パーミッション）などを設定できる環境が必要であり、またさらにデータ仕様の履歴保存、そのデータが正しいかどうか承認するような機能も必要になる。このよう

1）「設計BIMワークフローガイドライン建築設計三会（第1版）」国土交通省Webサイトより　https://www.mlit.go.jp/jutakukentiku/content/001429639.pdf

なデータの共有環境はCDE（Common Data Environment）と呼ばれている。CDEについては、226ページで詳しく解説する。

このように日本では「BEP」はBIMが普及しだして間もない時期から検討が始まっていたのに対して、「発注者情報要件（EIR）」の方は、日本で本格的に検討されるようになったのは2020年ごろからである。

BIMが生産者側から普及し始めたが、これまで発注者からBIMの要求はほとんどなく、要求されたとしてもBIMモデルを作成する目的が明確には示されないことがほとんどであったため、発注者がEIRで明確にする必要があると考えられるようになったことから、EIRの検討が始まったととらえられる。

発注者が提示するEIRの中では、受注者に実施してほしい事柄をBEPとして回答するように求められている。つまり、以前は受注者との間で、BIMにどのように取り組むのかを共有するのがBEPの目的であったが、EIRが検討されるようになってからは、BEPは発注者が提示したEIRに対する回答として発注者に提示するのが目的になってきているようである。

そのため、本書執筆時点（2022年）においては、BEPはEIRの回答として受注者が作成し、発注者の合意を得るという方向になってきているが、EIRとBEPがどういう位置づけになるか今後も注目しておくべきであろう。

用語	解説
BEP	BIM実行計画書（BIM Execution Plan）の略。 特定のプロジェクトにおいてBIMを活用するために必要な情報に関して、受注者（設計・施工・維持管理など）が提示する取決め。BIMを活用する目的、目標、実施事項とその優先度、詳細度と各段階の精度、情報共有・管理方法、業務体制、関係者の役割、システム要件などを定め、文書化したもの。
EIR	発注者情報要件（Employer's Information Requirements）の略。 特定のプロジェクトにおいて、発注者として求める、BIMの運用目的、納品するBIMデータの詳細度要求、プロジェクト実施中のデータ共有環境の要求など、受託者がBIMに関わる業務を実施する上での必要事項を示したもの。

図表㉒　BEP/EIR用語説明
（出典：「官庁営繕事業におけるBIMモデルの作成及び利用に関するガイドライン（令和4年改定）」（国土交通省）
（https://www.mlit.go.jp/common/001247622.pdf）を加工して作成）

BIMモデルの取り扱いに関する覚書

　建設プロジェクトにおいてBIMモデルを異なる組織の設計者間で共有する場合や、建築生産プロセスの各段階で、異なる組織間でBIMモデルを流通させる場合、そのBIMモデルの責任の所在や分界点、流通の際の建築生産のプロセス間、関係者間でのBIMモデルの承認方法など取り決めるべき事柄が多くある。

　これらの事項は、あらかじめBEP（前項参照）で定めておくべきものであるが、特にBIMモデルには148ページで述べる著作権があるため、BEPを定めていなくても、異なる組織間でBIMモデルをやり取りする際には、BIMモデルの取り扱いについて契約や覚書を交わしておくべきである。

　具体的には、実施設計段階で作成した意匠のBIMモデルを建築生産プロセスにおける次の段階である施工者に渡す場合、設計者と施工者の間で以下の内容について覚書を取り交わし、後のトラブルを防ぐようにすべきであろう。

・BIMモデルの著作権
・BIMモデルの内の決定事項
・BIMモデルの責任範囲
・BIMモデルの使用範囲

　図表㉓は、実施設計段階で作成した意匠のBIMモデルを施工者に渡す場合の覚書の例である。

　BIMモデルの中の決定事項については、国土交通省大臣官房官庁営繕部制定のBIMガイドラインに書かれているように「BIMモデルの補足説明事項を示したBIMモデル説明書」を作成し、そこに決定事項を記述すべきであるが、BIMモデル内に存在する膨大な数のBIMオブジェクトのすべての属性情報や形状、マテリアルについて決定事項と未決事項を説明するのは、現在のところ困難である。

　そのため、「第4条（優先順位）」において、あくまでも決定事項は、設計図書に記載されていることであり、BIMモデルは「参考資料」という念押しをしておくのが今のところの最善の方策であろう。

BIM　モデルの取扱いに関する覚書（例）

　○○建設（以下「甲」という。）と△△設計（以下「乙」という。）は、乙が第1条記載の本業務を遂行するにあたって甲に提供するBIM モデルに関し、その取り扱いならびに甲および乙の権利・義務について次の通り覚書（以下「本覚書」という。）を締結する。

　なお、本覚書におけるBIM モデルとは、電子媒体上で作成された属性情報を持ち、3 次元の建物デジタルモデルの○○○データを指し、これを以下「本BIMモデル」という。

第1条（対象工事）
　本覚書の対象となる工事（以下「本工事」という。）は、次の通りとする。
　工事名称：＊＊＊＊工事
　工事場所：＊＊＊＊
　期間：＊＊＊～＊＊＊

第2条（目的等）
　甲は、本業務に関し、本BIM モデルを、次に示す内容を目的として利用する。
　　1）＊＊
　　2）＊＊
　　3）

第3条（目的外使用禁止）
　甲は、本BIM モデルを本工事に限り使用でき、前条に定める目的以外に使用してはならない。また、甲は、本BIM モデルを、乙の書面での承諾なくして第三者に譲渡もしくは開示してはならない。

第4条（優先順位）
　甲および乙は、本BIM モデルは○○設計図書の補助・参考資料にとどまるものであるため、○○設計図書の内容と本BIM モデルの内容が一致しない場合は、特記なき限り○○設計図書が優先されることを確認する。

第5条（データ加工に関する責任等）
　乙は、本BIM　モデルにつき、甲が何らかの加工を行ったうえで使用した場合、その内容に関し一切の責任を負わないものとする。また、乙は、本BIM　モデルに対し甲が行う操作方法や加工の手法に関し、関知しないものとする。

第6条（守秘義務）
　甲は、本覚書に関連して知り得た乙の一切の秘密および技術情報を、乙の書面での承諾なくして第三者に漏洩してはならない。なお、本条の守秘義務は、○○○の期間存続する。

第7条（権利の移転）
　甲および乙は、本覚書の締結により、乙が甲に対して本BIM　モデルに関する特許権、意匠権、著作権その他の知的財産権およびこれらに基づく権利を譲渡するものではないことを確認する。

第8条（違反に対する措置）
　甲は、自らが本覚書に違反した場合は、遅滞なく是正措置を講じるものとし、当該違反によって乙に損害を与えたときには、乙が被った通常かつ直接の損害を賠償しなければならない。

第9条（協議）
　本覚書に定めのない事項または本覚書に関して疑義が生じた場合は、甲および乙は誠意を持って協議し、その解決にあたるものとする。

第10条（成果品等）
　甲は乙に対して第1条記載の期間終了後、速やかに次に示す成果品等を提出するものとする。
1）　甲が本工事で利用した成果としての最終BIMモデル
2）　＊＊＊＊＊＊

<table>
<tr><td></td><td></td><td></td><td colspan="5" align="right">令和＊＊年＊＊月　＊＊日</td></tr>
</table>

甲	所　在　地	＊＊＊＊＊		乙	所　在　地	＊＊＊＊＊＊＊＊＊
	名　　　称	○○建設			名　　　称	△△設計
	代　表　者	代表取締役社長　○○○○			代　表　者	代表取締役社長　△△△△

図表㉓　設計者から施工者へBIMモデルを渡す場合の覚書の例

　また、図表㉔は、異なる設計事務所間でBIMデータを共有することを想定した覚書例である。

　BIMデータには、次項で説明する各社のBIMのノウハウの詰まったテンプレートも一緒に含まれているため、プロジェクトの終了後もそのノウハウを他社が流用できてしまう。

　そのようなことが起こらないように、BIMデータに含まれているテンプレートは提供した会社のものであり、他に転用できないということを確認しておく必要がある。

　また、作成されたBIMモデルの著作権についても定めておくべきであり、例では共同著作物としているが、各社の役割に応じて定めるべきである。

BIMデータの取り扱いに関する覚書（例）

　○○設計（以下、「甲」という）および○○事務所（以下、「乙」という）は、△△の業務遂行において、甲乙双方が作成するBIMデータに関し、その取り扱いならびに甲および乙の権利・義務について次の通り覚書（以下「本覚書」という。）を締結する。

第1条（目的）
　甲および乙が共同で設計業務を行う「○○○設計業務」（以下「本プロジェクト」という。）において、設計図書作成の省力化、設計検討用各種シミュレーション、設計関係者間での合意形成およびコストの概算把握の目的で、甲および乙双方が作成し提供する設計業務用BIMデータ（以下「BIMデータ」という。）の相互使用における、甲および乙の権利及び義務について定めるものである。

第2条（目的外使用禁止）
　甲および乙は、相手方が提供したBIMデータ作成のためのテンプレートや部品ライブラリー（以下「BIMテンプレート・ライブラリー」という。）および双方で作成したBIMデータを本プロジェクトに限り使用でき、第1条に定める目的以外に使用してはならない。また、甲および乙は、本プロジェクトにおいて作成したBIMデータを、相手方の書面での承諾なくして、第三者に譲渡もしくは開示してはならない。

第3条（優先順位）

甲および乙は、第1条に定める目的のため、BIMデータの全部または、一部を、互いに利用するにとどまるものであるため、設計図書の内容とBIM データの内容が一致しない場合は、特記なき限り設計図書が優先されることを確認する。

第4条（権利の移転）

　甲および乙は、本覚書の締結により、相手方に対して、BIMデータに関する著作権その他の知的財産権およびこれらに基づく権利を譲渡するものではないことを確認する。

第5条（著作権の共有）

　甲および乙は本プロジェクトのために、提供した甲・乙双方のBIMテンプレート・ライブラリーについての著作権は、第4条に定める通り提供者に帰属するが、本プロジェクトの成果物を作成するために構築されたBIMデータは、甲および乙の共同著作物とする。

第6条（秘密保持）

　甲および乙は本覚書の履行により知り得た双方の情報および個人情報、その他の秘密情報の秘密を遵守せしめるものとし、本覚書有効期間中のみならず、有効期間後も相手方の事前の承諾を得ることなく、第三者に開示・漏洩しないものとする。

第7条（有効期間）

　本覚書の有効期間は、本プロジェクトの業務期間とする。

第8条（協議事項）

　本覚書に定めのない事項および本覚書各条項の解釈に疑義が生じた場合は、甲乙互いに信義・誠実の原則に従い、協議・決定するものとする。

本覚書締結の証として本書2通を作成し、甲乙各1通を保有するものとする。

令和〇〇年〇〇月〇〇日

甲：　　　　　　　乙：

図表㉔　異なる設計事務所間でBIMモデルデータを共有する場合の覚書の例

BIMライブラリ・テンプレート

　第1編でも述べたとおり、BIMのモデルデータは従来のCADのように単に線（Line）の集まりで成り立っているわけではなく、壁や柱、梁、ドア、窓といった「建物部材のオブジェクト」（国土交通省大臣官房官庁営繕部制定のBIM ガイドライン）や部屋やスペースといった「空間オブジェクト」（慣習的に "BIMオブジェクト" と呼ばれる）で構成されている。

　建設プロジェクトにおいてBIMモデルを作成する場合は、これらのBIMソフトウェア上のBIMオブジェクトを使って建築物をモデリングしていくわけであるが、このBIMオブジェクト自体を作成するのは、従来のCADの部品を作成す

るのと比較して、そのBIMソフトウェア独自の高度な技術が必要であり、一から作成するとなると多大な労力と時間がかかる。

したがって、BIMオブジェクトがいかに準備されているかが、BIMモデル作成の作業効率に大きく影響することになる。

BIMソフトウェアを導入しても初めから必要なBIMオブジェクトが準備されているわけではないので、まずはこのBIMオブジェクトを作成したり、あるいは購入したり、インターネットで公開されているものをダウンロードするなどしてライブラリを構築し、社内で共有していくことが必要である。

また、ライブラリが充実してくるとBIMオブジェクトの数も膨大なものとなり、なかなか必要なものを探しにくい、あるいは探せずに実際は存在するにもかかわらず新たに作成してしまう場合もある。このようなライブラリをうまく活用するために、BIMオブジェクトをわかりやすいフォルダに分類して格納したり、あるいはBIMソフトウェア自体にBIMオブジェクトの管理を行う機能を追加するなど何らかの対策を講じるべきである。

例えば図表㉕は、BIMソフトウェア内から最新の社内BIMライブラリにアクセスできるようにBIMソフトウェア上にカスタマイズアプリケーションをつくり、常に更新されるライブラリの最新版を共有できるようにした例である。

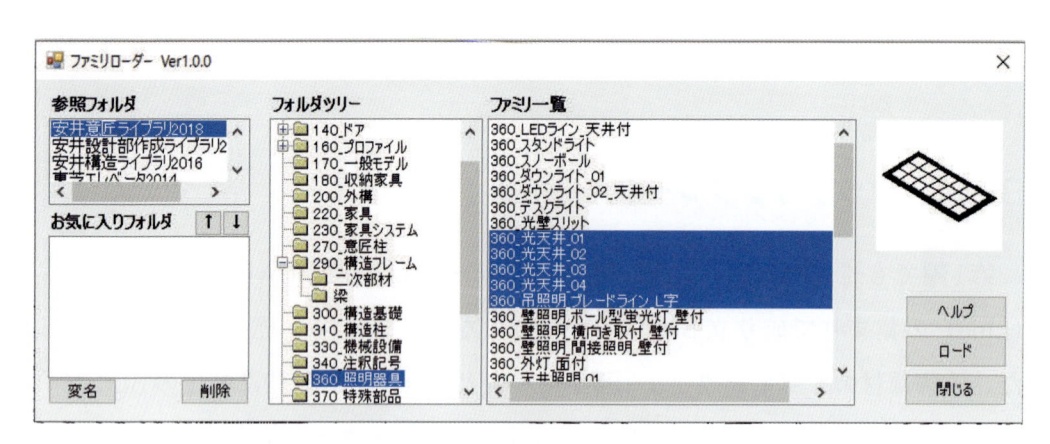

図表㉕　共有BIMライブラリにアクセスし、必要なデータをロードする
（資料提供：株式会社安井建築設計事務所）

実際にBIMを導入し、ライブラリを構築できたとしても、プロジェクトごとに新たなBIMオブジェクトを作成することもあるので、有用なBIMオブジェクトが作成されるたびに吸い上げ、常に社内でライブラリを更新していくといったようなライブラリの維持管理の仕組みやルールも必要となってくる。

　そのような仕組みやルールがない場合、ライブラリにないBIMオブジェクトはその都度、個人が作成することになり、これではいくらBIMを使用していてもいっこうに作業効率が上がらないということになりかねない。

　BIMソフトウェアでBIMモデルの作成を開始する際、あらかじめよく使う図面枠、図面表現時の記号、線種、印刷設定など、従来のCADでもあったような設定のほかに、よく使用するBIMオブジェクトや図面ビュー、集計表のフォーマットなどBIMソフトウェア独自の要素や設定も新規のBIMデータファイルに盛り込まれて（読み込まれて）いることが望ましい。

　このようなよく利用されるBIMオブジェクトの読み込みや各種設定だけ施されている雛形データファイルをテンプレートと呼んでいるが、このテンプレートもBIMオブジェクトライブラリと同時に整備し共有しておくべきである。

テンプレート・ライブラリの標準化

　社内で共通のBIMオブジェクトのライブラリをどれだけ用意できるかが、BIMモデル作成の作業効率を大きく左右する。

　このBIMオブジェクトやテンプレートのライブラリは、各社が独自のものを作成することも有効であるが、設計作業をしつつ、BIMライブラリの作成や整備、管理まではなかなか手が回らないのが実情である。

　そこで、最近ではBIMライブラリを業界で共有しようという動きが活発になっている。

　建材メーカや設備機器メーカ、家具メーカなどが、それぞれ自社の製品を設計の早い段階から検討してもらうために、各BIMソフトウェアに対応したBIMライブラリを無償で提供している。

　また、自社の製品のBIMモデルを提供し、それをBIMソフトウェアで使用すると、そこから空調熱負荷計算や省エネ計算のための情報を自動的に拾える仕組

みを提供しているメーカもある。

このようなメーカからのBIMデータの提供は、メーカ側のメリットだけでなく、設計者にとってもメリットがあり、設計中のBIMモデル内に具体的な製品のスペックを属性情報として取り込むことができるため、設計検討がより効率的になる。

発注者にとっても、設計中に具体的な設備機器が確認でき、早期の合意につながり、設計プロセス全体のフロントローディングが図れるなどのメリットがある。

メーカが自社の製品のBIMライブラリを提供している例のほかに、インターネット上に様々なメーカから提供されたBIMライブラリをまとめて公開する企業も出てきた（図表㉖）。

メーカが独自にBIMオブジェクトライブラリを構築すると、属性名がメーカ間で統一されていないことや、複数の企業のWebサイトを見て回る必要があるため、使う側としては使いづらいこともある。

また、BIMオブジェクトを提供するメーカにとっても、自社内にBIMオブジェクトを作成し管理する体制を構築する必要があり、BIMソフトウェア毎、あるいはBIMソフトウェアのバージョン毎に、BIMライブラリを更新していく必要がある。

このような使う側、提供する側の問題を解決しているのが、これらのBIMライブラリをまとめて公開する企業の取り組みといえる。

また、このような民間企業での動きだけでなく、2015年には（一財）建築保全センターを事務局としてBIMライブラリーコンソーシアム（2019年8月から

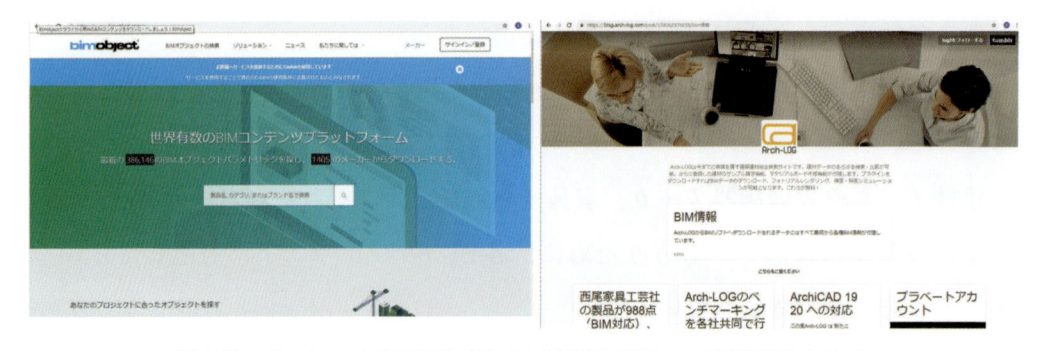

図表㉖　様々なメーカのBIMオブジェクトを検索しダウンロードできるWebサイト
（出典：BIMobject社のWebサイトより　https://www.bimobject.com/ja、
Arch-LOG社のWebサイトより　http://www.arch-log.com/01-Top.html）

国土交通大臣認可「BIMライブラリ技術研究組合」として組織再編）が設立され、メーカが特定されないジェネリックなBIMオブジェクトの作成や、共通のBIM属性情報の取り決めなどを行なっている（261ページ参照）。

もともと設備機器に関しては、業界で2D CAD用の標準ライブラリをつくる動きがあり、（一財）建設業振興基金の設計製造情報化評議会（C-CADEC）がStem（設備機器ライブラリ標準）と、BE-Bridge（部材属性を伴ったCADデータ交換仕様）を運用して、設備機器の標準ライブラリ化を進めてきた。

そしてBIMに対応した「Stemデータ配信サービス（StemBIMライブラリ）」の試行運用が2019年3月31日まで行われていたが、その後をBIMライブラリーコンソーシアム（BIMライブラリ技術研究組合）が吸収する形で引き継ぐことになっている。

BIMテンプレートについては、BIMソフトウェアベンダが用意しているものがあり、4号建築物の建築確認申請テンプレートや、実施設計用のテンプレートなどが無償で提供されている。

BIMモデルの互換性

①BIMソフトウェアの互換性とIFC

2020年現在、BIMソフトウェアが扱うそれぞれのオリジナルファイルは他社のBIMソフトウェアとは互換性がない。

したがって、99ページで述べたBIMオブジェクトやテンプレートも、BIMソフトウェア間での互換性はないため、通常、作成されたBIMソフトウェアでしか使用できない。

もし、1つの会社でBIMソフトウェアを複数種導入する場合は、それぞれのBIMソフトウェア用のBIMオブジェクトのライブラリやテンプレートを作成することになり、構築とその管理に非常に労力がかかることになるので、注意が必要である。

BIMソフトウェア間でのオリジナルファイルの互換性がないため、国土交通省大臣官房官庁営繕部制定のBIMガイドラインには、BIMモデルを成果物として提出する場合、「IFC形式のファイル及びBIMオリジナルファイル」の2

つのデータを提出するように記されている。

　IFC（Industry Foundation Classes）形式とは、米国buildingSMART（旧IAI）が策定したモデルデータの規格で、建物を構成する壁や柱、ドア、窓などの要素に仕上げや価格などの属性情報を組み込むにあたってのルールと、そのルールを実現するためのデータの仕組みを定義したBIMモデルの標準規格となっている（251ページ参照）。

　IFCに対応したソフトウェアであれば、異なるソフトウェア間でもデータを変換して閲覧することができる。

　IFCは、単なる形状データではなく、属性情報を扱うことができるため、他のソフトウェアにデータを移した後でも、例えばドアの種類ごとに数量を数えたり、その概算数量を算出することもできる。あるいは構造体と空調ダクトの違いも認識できるので、それらが互いに干渉していれば、干渉チェックの機能（114ページ参照）で干渉箇所を自動的にチェックすることができる。

　ただし、例えば窓の幅を変更するなどの操作においては、窓枠の見付幅を変更せずに、窓の幅だけを変更するといったようなパラメトリックな変形はできず、色や素材といったマテリアルの画像情報を保持することができないなど、BIMソフトウェアのオリジナルファイルと比べて、編集や表現に制限がかかる。

　BIMソフトウェアで独自にデータの階層構造を持ち、独自の振る舞いをするBIMオブジェクトは、今のところ完全にIFCのような中間ファイルで保持することができず、いったん中間ファイル形式にしてしまうと、その中間ファイルから元のデータを完全には再現できないという不可逆性が存在する。

　同BIMガイドラインに「現状のIFC形式は、BIMソフトウェアによっては、建物情報の基本的な部分を受け渡すことは可能であってもすべての属性情報をIFC形式として出力できない場合がある」と記述されているように、現状ではIFCを使用してデータを受け渡したとしても、あるBIMソフトウェアで作業していたことが他のBIMソフトウェアでそのまま作業が続けられるというわけではない。

　現状のIFCは、BIMモデルを別のソフトウェアで属性情報も含めて閲覧する読み取り専用の形式と考えた方がよい。

　ただし、BIMモデルの連携プロセスを定義するIDM[1]の策定と、IDMを実

現するため、IFCの3次元形状の表現や属性などをどうするか定義するMVD[2]などのIFCのデータ連携仕様が整備され、それらがソフトウェアで実現できているか認証するIFC検定[3] が進むことや、IFCを読み込むソフトウェア側の機能強化などで、将来的にはこれらの課題も解決されることが期待される。

②IFC概要

1995年に非営利国際組織のbuildingSMART（旧IAI）が米国で発足し、建物の電子データを相互利用できるように標準化を推進しており、その具体的な手段としてIFCを策定している。

このIFCは、適用範囲の拡張などにより、1997年のIFC Release1.0からバージョンアップを重ね、2013年3月、IFC4が公式に国際標準（ISO 16739:2013）として登録された。

IFCは、建物を構成するオブジェクト（ドア、窓、壁などの要素）の仕様をそれぞれ「エンティティ」として定義する。オブジェクトはいずれかのエンティティに属し、そのエンティティ共通の特性をもつものとして扱われる。壁や窓、配管などのような実体のあるエンティティもあれば、空間や単位などの形状として実体のないエンティティもある。

IFCは、建物の様々な部位の属性や空間的な配置、部材同士の接続関係を表現することができるため、専用解析ソフトウェアにIFCを取り込むことで、構造計算、避難経路計算、空調熱負荷計算、熱流体解析、積算などを行うことができる。

---

1) IDM（Information Delivery Manual）：BIMモデルを誰から誰へ、どのような情報を含むBIMモデルをやり取りさせるか、実務上の効果、BIMソフトウェアへの実装可能性なども考慮して作成するBIMデータ連携のシナリオやプロセスをエンドユーザの立場で記述するドキュメント。
   データ連携に関する要求分析、データフロー分析などをPM（Process Map）、ER（Exchange Requirements）などの表現で定義する。PMにより、誰から誰へどのような情報が伝達されるかが表現され、ERにより情報内容が定義される。
2) MVD（Model View Definition）：データ連携仕様をIFCに基づいて記述するドキュメント。通常はIDMで定義されたデータ連携要求に基づいて作成される。MVDコンセプトという単位でIFCのデータ連携仕様が記述されている。ソフトウェア開発者がIFCデータ入出力機能をソフトウェアに組み込む際のデータ連携仕様の主要な情報となる。
3) IFC検定：IFCデータ連携の精度向上と国内の実務におけるIFC普及を促進するために、国際IFC認証の枠組みをベースとして、buildingSMART Japanが実施しているソフトウェアのIFC入出力機能検定。IFC検定では、出力されたIFCデータの内容が、MVDと一致しているか、幾何形状に関しては複数のIFCビューアーによって正しく出力されているかなどが検証される。検証結果は公開され、ソフトウェアの利用者および開発者両者がIFCデータ連携の技術的内容を客観的に確認できる仕組みの構築を目指している。

つまり、現在のところ、BIMモデルから解析を行いたい場合、ダイレクトにデータをやり取りできないのであれば、BIMソフトウェアからデータをIFCに書き出し、他の解析ソフトウェア上で上記の解析計算を行うことになる。

BIMと解析ソフトウェアの連携を考えた場合、解析ソフトウェアの選定時には、IFCの読み込みができるかどうかが1つの選定基準となる。

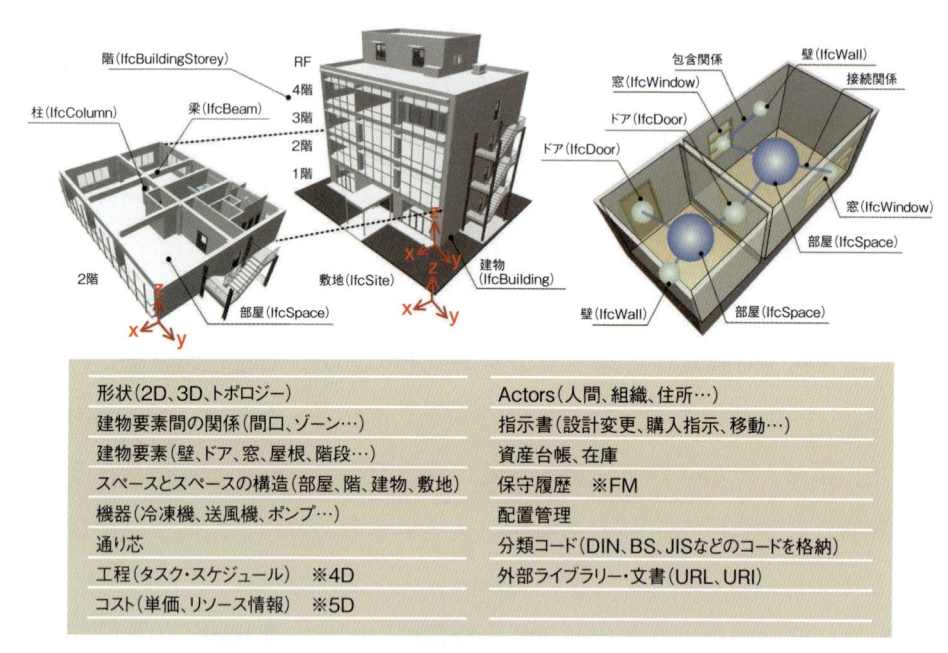

図表㉗　IFCがもつ属性情報の例
（出典：（一社）buildingSMART Japan 技術検討分科会資料）

2.3

BIMモデルを上手に活用するための知恵と知識

KEYWORD BIM連携、法規チェック、干渉チェック、避難シミュレーション、エネルギー解析、熱流体解析、CFD、日影シミュレーション、照度解析、環境シミュレーション、構造解析、数量積算

BIMモデルを設計業務で活かすには、BIMソフトウェア単体では不十分である。BIMモデルと連携するソフトウェアによって、法規シミュレーションや環境シミュレーション、構造解析などが、より効率的に実施できる。

　本章2.1では、BIMを実践する際に使用されるBIMソフトウェアについて、どのような機能があり、何ができるのかを紹介した。しかし、設計業務において構築するBIMモデルを活かすには、BIMソフトウェア単体では不十分であり、現在のところ他のソフトウェアと連携することが不可欠である。

　そのようなソフトウェアには、58ページでも述べたが、「法規チェック、干渉チェック」ができるものや、風、熱、光、音などの「環境シミュレーション」ができるもの、建物の維持管理業務を支援するファシリティマネジメント（FM）ソフトウェアなどが挙げられる。

　本節では、そういったBIMモデルと連携して使用する「法規チェック、干渉チェック」と「環境シミュレーション」ソフトウェアへのBIMデータの転用について、どのようなソフトウェアで何ができるのか、主なものを挙げて解説する。

BIMモデルを利用した技術的な検討やシミュレーション

　BIMモデルは3次元形状と建築属性情報が組み合わされた電子データであり、それらのデータを活用して、各種のシミュレーションを行うことができる。

　国土交通省大臣官房官庁営繕部制定のBIMガイドライン（2018年8月改定版）から読み取れる「BIMモデルを利用した技術的な検討」やシミュレーションを、記述されている項目順に書き出してみると図表㉘のようになる。

　その他に同BIMガイドラインには記述されていないが、図表㉙の解析もBIMモデルを活用してできるようになってきた。

これらのシミュレーションは、BIMソフトウェアが備えている機能を用いて行う場合もあるが、現在のところ、BIMソフトウェアとは別にシミュレーション用のソフトウェアを使用して実施することが多い。つまり、これらのシミュレーションを内製化するためには、BIMソフトウェアとは別にシミュレーションソフトウェアを導入する必要がある。

上記のシミュレーションを行うために、従来からCADの図面データを下絵として解析ソフトウェアに読み込み、解析ソフトウェア上で解析のためのモデルを構築することが行われていた。

一方、BIMモデルは、建物の3次元モデルに様々な属性情報を保持していることが特徴である。そのため、従来のCADソフトウェアでは手間のかかっていた各種シミュレーションを効率よく高い精度で実行できるようになった。

しかし、BIMソフトウェアとは別の解析ソフトウェアにデータを変換するために、103ページで述べたIFC以外にも、よく使われる各種データフォーマットの種類や性質を知っておく必要がある（図表㉚）。

エネルギー解析
コスト管理のための概算数量の算出
気流・温熱環境シミュレーション
建築物の環境性能の総合的な評価
建築物の防災に関する計画の作成
風環境シミュレーション
ヒートアイランドシミュレーション
建築可能範囲、建築物へのアプローチの検討
日影の検討
構造計算
内・外観の検討、ウォークスルー、部分詳細の検討
面積比較表の作成
干渉チェック

図表㉘　国土交通省大臣官房官庁営繕部制定のBIMガイドライン（2018年8月改定版）から読み取れるBIMを利用した検討項目

日射解析
照度・輝度解析
構造解析

図表㉙　その他BIMを利用してよく実施される解析

解析ソフトウェアの種類	BIM ソフトウェアから書き出す主要なデータ形式
エネルギー解析	直接リンク、gbXML
風環境シミュレーション	IFC、DWG、FBX
温熱環境シミュレーション	IFC、DWG、FBX
日射解析	直接リンク、DWG
照度解析	直接リンク、DWG
構造計算	ST-bridge
構造解析	SDNF、CIS2、DWG

図表㉚　BIMソフトウェアから解析ソフトウェアへデータを受け渡す際の主なデータ形式

　解析ソフトウェアごとに、それぞれ決まったフォーマットでデータをやり取りする必要があるため、往々にしてそのデータの受け渡しフローは複雑になりがちである。

　ただ、ソフトウェアメーカの努力によって中間ファイル経由でソフトウェア間のやり取りをしていたものが、中間ファイル形式に書き出すことなくBIMソフトウェアのネイティブファイルで受け渡しが可能になったり、さらにはファイルにも書き出すことなくBIMソフトウェアと直接メモリ上でデータ連携（リンク）できるようになるなど、データの受け渡しフローは少しずつ変化している。

　そのため、各社の保持しているソフトウェアについて、BIMとの連携を示すデータフローマップを用意し、社内で共有することが望ましい（図表㉛）。

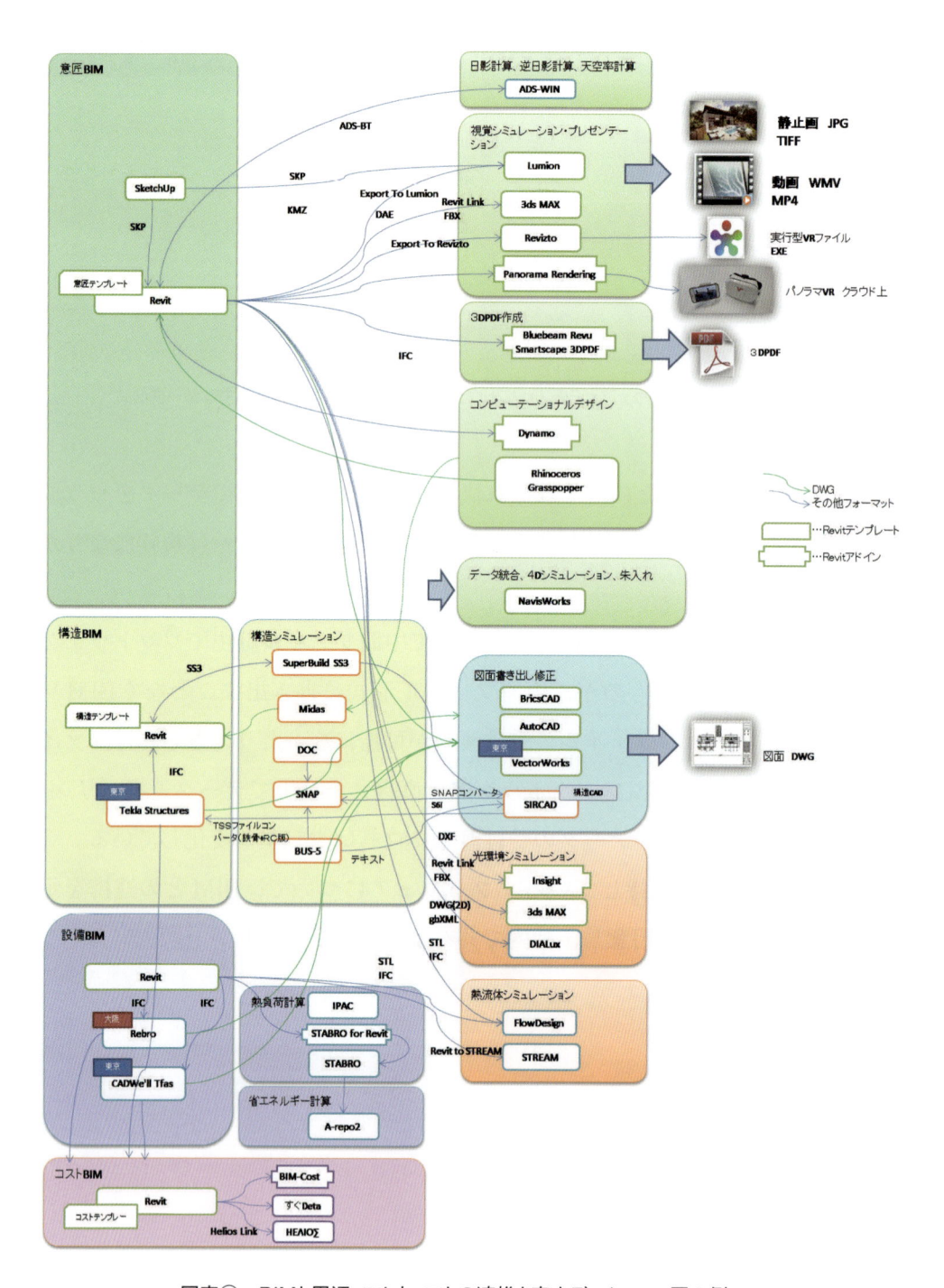

図表㉛　BIMと周辺ソフトウェアとの連携を表すデータフロー図の例

法規チェック

　建物を建築しようとする場合、建築主（建築工事の発注者）は、申請書により建築確認を受けて、確認済証の交付を受けなければ建物を建築することができない。これを建築確認申請といい、建築基準法第6条（建築物の建築等に関する申請及び確認）に定められている。

　この建築確認申請では、建築しようとする建物が、建築基準法をはじめとする様々な法律類に適合しているか、多くの項目について申請前にチェックする必要がある。用途地域ごとに定められている建ぺい率や容積率のほか、周辺建物の採光や通風を確保するための斜線制限や日影規制、天空率の検討などである。

　これまでは、設計した建物が法律に適合しているか、チェックシートや確認リストを使用して、図面を見ながら膨大な項目を1つずつチェックしていた（図表㉜）。またチェックに際し、「天空率計算」や「採光計算」など、高度な計算処理が必要となる場合もあり、建築確認申請前の法規チェック作業には、多くの時間と費用が必要とされていた。

□　法適合性チェックシート（建築確認申請用）
敷地、面積、高さ、その他の規定

項　目	内　容	チェック欄
1．建築物と敷地の関係		
用途上の可分・不可分	・敷地に複数の建築物を建築する場合（既存建築物を含む）、相互の建築物が機能上関連しているか	□
敷地面積の算定	・2項道路と接している場合、後退部分の面積を敷地面積から除いているか ・敷地内にある計画道路は、敷地面積に算入できる。法第42条第1項第4号による道路は除く ・角敷地のすみ切り部分を敷地面積から除外するが、条例等で算入できる場合を定めている（東京都等）	□
2．面積の算定方法		
建築面積の算定	外壁又はこれに代わる柱の中心線で囲まれた部分の水平投影面積として算定しているか	□
不算入部分	・地階で地盤面上1m以下にある部分は建築面積に算入しない ・軒、ひさし等で1m以上突き出しているものがある場合、その先端から1m後退した線で囲まれた部分を算入する ・高い開放性を有する建築物又はその部分の場合、その端から水平距離1m以内の部分は算入しない	□
床面積の算定	床面積の算定方法に基づき算定しているか	□
3．高さ等の算定方法		
高さの算定	道路斜線制限の場合 　①前面道路の路面の中心線から測っているか 　②塔屋がある場合の不算入部分は適切か	□
	隣地斜線制限及び高度地区の北側斜線以外の場合 　①地盤面から測っているか 　②塔屋がある場合の不算入部分は適切か	□
	北側斜線制限、高度地区の北側斜線制限及び避雷設備の設置の場合 　①地盤面から測っているか 　②塔屋を含め算定しているか	□
	第1種・第2種低層住居専用地域内の絶対高さ制限及び日影規制の場合 　①地盤面から測っているか 　②塔屋がある場合の不算入部分は適切か	□
軒の高さの算定	・地盤面から測っているか ・小屋組又はこれに代わる横架材を支持する壁、敷げた又は柱の上端までの高さから算定しているか ・道路斜線の緩和を適用する場合の後退距離の算定から除く物置等は前面道路の路面の中心線から測っているか	□
4．階数の算定方法		
階数の算定	建築物の一部が吹抜けとなっている場合等、階数が最大のところで算定しているか	□

図表㉜　建築確認申請用のチェックシート例

しかし、CADの普及によって、法規チェックのための各種計算の半自動化が可能となり、設計者の負担は大きく軽減された。そしてBIMモデルは、CADよりも多くの属性情報を保持しているため、この属性情報を使って、各種法規チェックをより正確にかつ自動的に行うことができるようになった。

　例えば、建物の高さを制限する規制の1つである日影規制（建築基準法第56条の2）を考慮し、敷地に対しての建築可能ボリュームを算出する「逆日影チャート」を使えば、画面上の指定した任意の位置において、時刻ごとの影の方向（太陽方位角）と日影時間を即座に立体的に示すことができるため、建物のボリュームをどこまで増やせるかといった検討を容易に行え、検討結果も分かりやすい立体的な表現で確認できる（図表㉝）。こうしたBIMの可視化機能は、建築主（発注者）に対してもわかりやすい設計内容の説明ができるため、設計の合意形成や意思決定の迅速化にも貢献している。

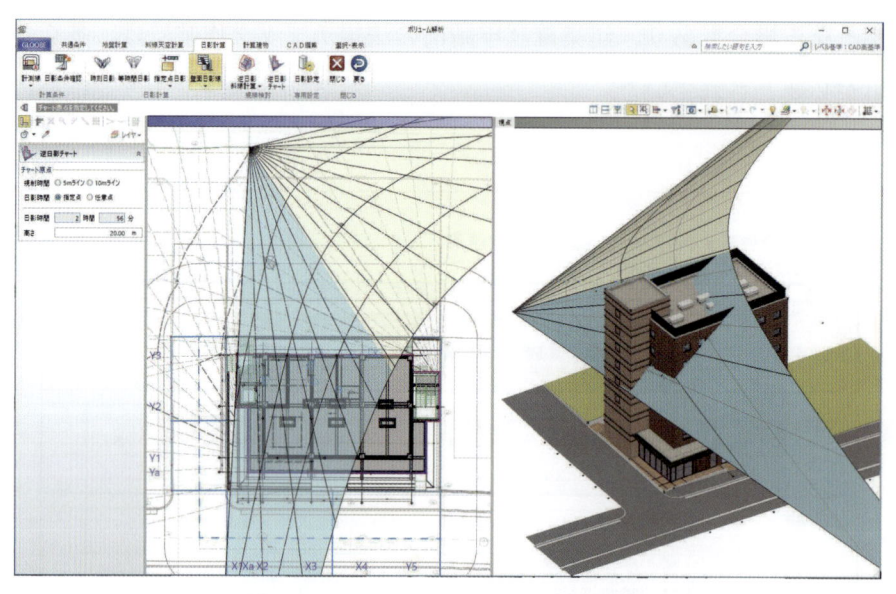

図表㉝　BIMモデル上に逆日影チャートを表示し建物高さをチェック
（資料提供：福井コンピュータアーキテクト株式会社）

　2003年1月の改正建築基準法内において追加された「天空率」規制では、従来の斜線勾配などによる仕様規定による制限が見直され、天空率という新たな指標を用いて高さ制限の緩和が可能となる性能規定の併用が可能となった。建築基準法改正当時は混乱も見られたが、CADやBIMの普及による天空率計算の自動化

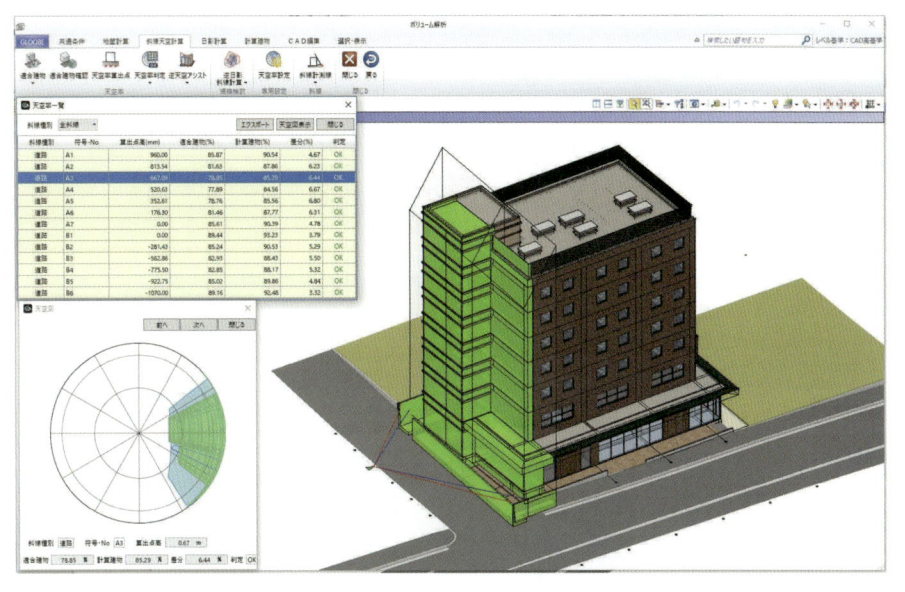

図表㉞　BIMソフトウェアを使って、リアルタイム天空率計算が可能となった
（資料提供：福井コンピュータアーキテクト株式会社）

によって、現在ではこの天空率規制も広く定着した（図表㉞）。

　また排煙計算では、BIMモデルの属性情報として必要な項目を入力することで、排煙計算が自動で行えるBIMソフトウェアもある。天井高さや窓の開口面積、窓の位置などをBIMソフトウェアが自動で読み取り、計算し、即座に判定結果を出力する。

　もし計算結果がNGだった場合は、その場で開口部の修正を行うと再び計算が実行されるなど、作業効率が上がるような工夫もされており、BIMソフトウェアを利用すれば、通常の設計業務の中で様々な法規チェックが自動で行える環境が整いつつある。

　また採光計算では、水平距離や直上点なども自動で判断し、計算することが可能なBIMソフトウェアもある。BIMデータに検討結果が付加されるため、何度も繰り返し検討する場合でも情報の欠落がなく、設計の大幅な省力化が期待できる（図表㉟）。

　計算結果をビジュアルに確認するのと同時に、計算の根拠となるデータを出力することもできるので、建築確認申請の添付資料やクライアント（発注者）あるいは近隣への説明資料としても、そのまま利用することが可能である。

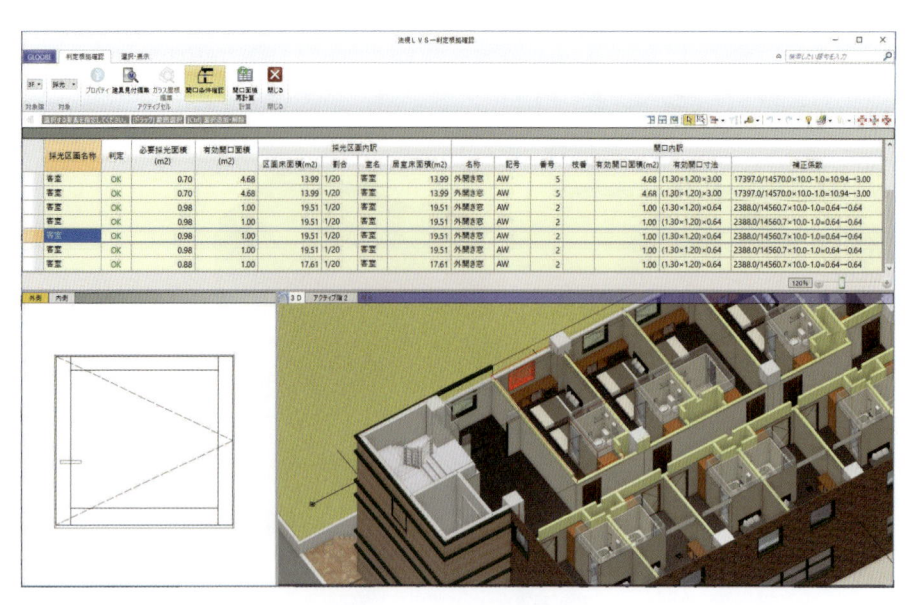

図表㉟　排煙計算や採光計算では、計算結果がBIMモデルデータに蓄積される
（資料提供：福井コンピュータアーキテクト株式会社）

干渉チェック

　国土交通省大臣官房官庁営繕部制定のBIMガイドラインには、干渉チェックとは「柱、はり、天井、ダクト、配管等の建築物を構成する部材等の重なり（干渉）を確認すること」と定義されている。

　干渉チェックは本来設計業務であるが従来より施工段階で、意匠、構造、設備の図面をまとめて総合図を作成して行なってきた。BIMを利用すれば設計段階においても、意匠、構造、設備のBIMデータを重ね合わせることにより、例えばダクトと構造部材がぶつかっているなどの不具合箇所を発見し、早い段階で設計の問題点をつぶしていくことができる。

　これは、フロントローディング（44ページ参照）効果の典型といえよう。

　干渉チェックの機能があるソフトウェアに、意匠、構造、設備などそれぞれのBIMデータを読み込み、干渉チェックの対象となるオブジェクト群（カテゴリー、部位）を指定し実行すると、3次元形状同士が重なっている、あるいは接触している箇所に色が付き、干渉箇所のリストが表示される（図表㊱）。

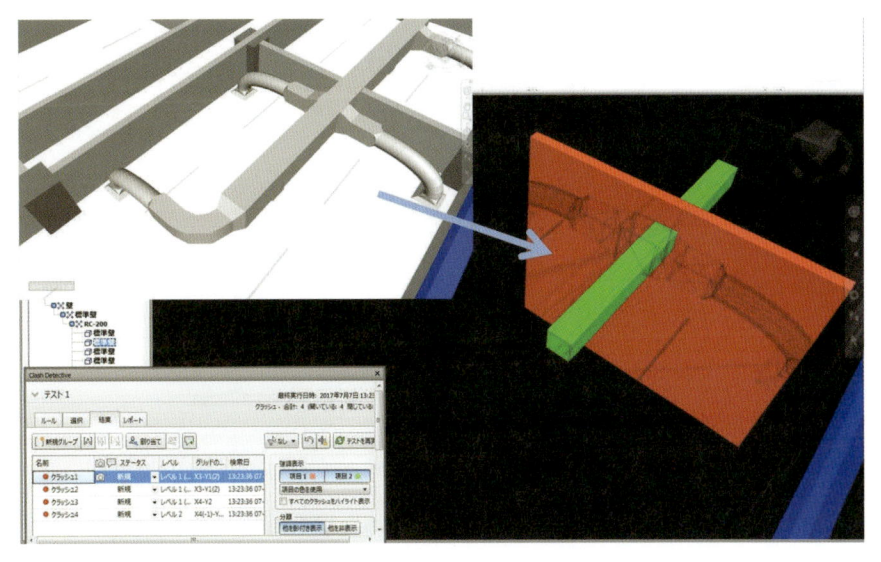

図表㊱　干渉チェック
（使用ソフト：オートデスク株式会社　NavisWorks）

　国土交通省大臣官房官庁営繕部制定のBIMガイドラインには、「干渉チェックは、各建物部材の外形寸法、クリアランス、工事における施工スペース及び維持管理スペースを考慮して行う。」と書かれているように、干渉の検出は、上記の重なりや接触の他に、接触していなくても、それらの間隔が設定した距離より狭くなると干渉として検出するように設定する機能がある。

　一般に前者のように実際にオブジェクト同士が重なる直接的な干渉は「ハード干渉」、後者のように一定の距離を持たせた間接的な干渉は「ソフト干渉」と呼ばれている（図表㊲）。

　「ソフト干渉」は、例えば設備機器の操作・点検のため人の入れる場所が確保できるように、オブジェクトから一定距離はなれたクリアランスを設けたり、配管やダクトなどの断熱材の厚さ、構造部材の耐火被覆の厚さなどを考慮する際などに用いられる。

　BIMモデルを使用した干渉チェックの実際のやり方は、まず、構造梁とダクト、壁など取り合いが問題となりそうな部位が含まれているBIMデータを干渉チェックの機能を持つ一つのソフトウェア上に統合することから始める。

　この操作を統合あるいは合成と呼び、それぞれの部位のBIMモデルが同じBIMソフトウェアのデータであれば、そのソフトウェア上で統合して干渉チェックのコマンドを実行するだけでよいが、干渉チェック対象のBIMモデルが、

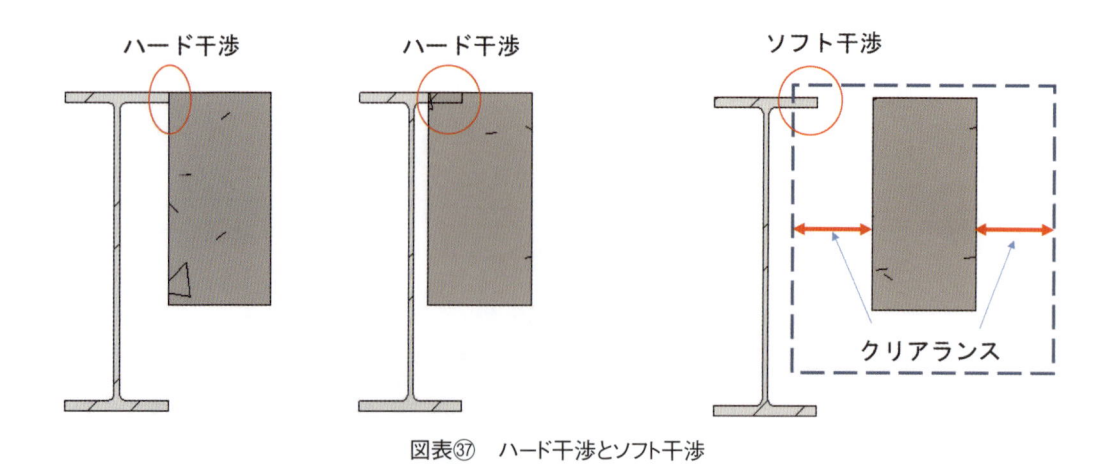

図表㊲　ハード干渉とソフト干渉

異なるBIMソフトウェアやCADで作成している場合は、BIMの国際フォーマットであるIFCに変換して、片方のBIMソフトウェアに取り込むか、BIMビューアーと呼ばれる様々な形式のBIMモデルやCADデータを統合して見ることができるビューアーソフトに、それぞれのBIMモデルを読み込んで統合する。

　統合が終わったら、次に干渉チェックの対象となるオブジェクト群（カテゴリー、部位）を指定する。例えば図表㊳のように、干渉チェックの対象となる部位のカテゴリーをAとBのグループに分けるように選択し、Aグループ対Bグループでの干渉をテストする。

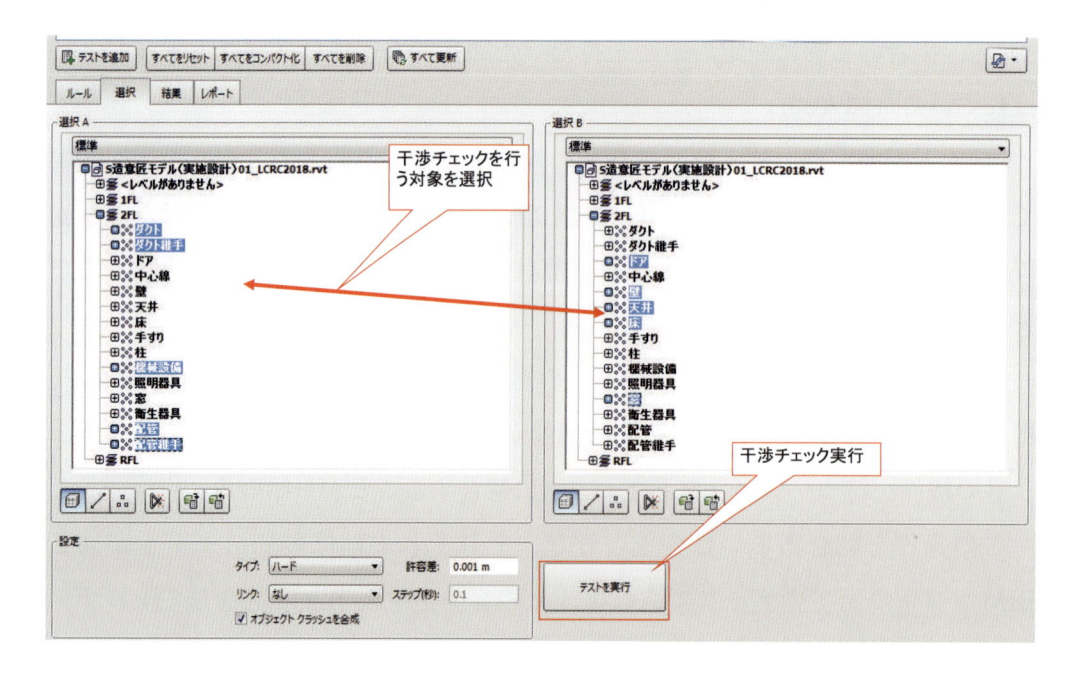

図表㊳　干渉チェックの準備。AグループとBグループにオブジェクトを振り分け、A対Bで干渉をチェックする
　　　（使用ソフト：オートデスク株式会社　NavisWorks）

　またソフト干渉のクリアランスの設定などもこの段階で行い、干渉チェックの
ルールを設定していく。干渉チェック対象のルールの設定が終われば、あとは干
渉チェックを実行する。すると3次元図形同士が重なっている、あるいは接触し
ている箇所に色が付き、干渉箇所のリストが表示される。

　この干渉箇所のリストに表示されているアイテムをクリックすると、画面上で
その箇所がズームアップしたり、その箇所だけが色が変わり、他のオブジェクト
が半透明になるなど、干渉箇所が3次元で分かりやすく確認できる（図表㊴）。

　また、干渉チェックの機能には、干渉が検出できた場所を他の人に伝え、対応
の指示を出すコミュニケーションのための機能も有しており、どの場所が干渉し
たのか朱入れしたり、コメントを残す機能がある。

　干渉箇所のリストには、承認や解決などのチェックできる欄があるなど、ただ
干渉箇所を表示するだけでなく、干渉箇所についてどのようなアクションをした
のか関係者間で共有できる機能もある。

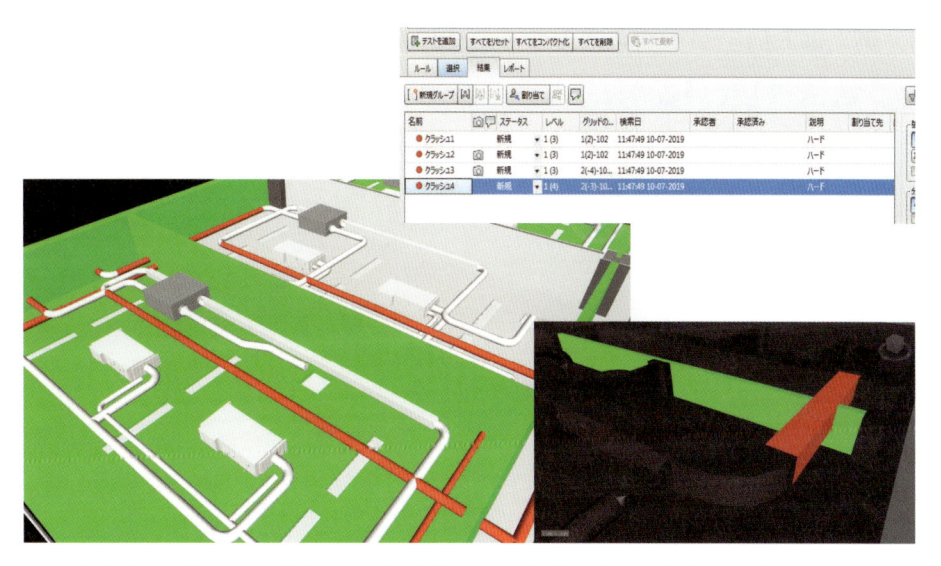

図表㊴　干渉チェック結果の画面。干渉している部材同士が、色分けして表示される
（使用ソフト：オートデスク株式会社　NavisWorks）

防災（避難）シミュレーション

　公共建築物や学校、劇場や映画館など、多くの人が集まる建築空間の設計では、災害時の避難シミュレーションなどが重要となる。多くの人が集まる空間では、それぞれの動きが集団行動となり、非常時にはその場所の空間プランやレイアウトプランのキャパシティを超え、予想もつかない結果を生む場合がある。

　BIMの持つ情報を活用することで、空間計画や誘導計画を効率よく策定することができる。

　例えば、図表⑳に示すソフトウェアは、2D CADの図面上に、歩行領域と壁などの障害物、目的地などを設定して、「人」オブジェクトを配置すると、群集の流れをシミュレーションできるものである。BIMモデルから書き出す図面を読み込むことで、BIMソフトウェアと連携することができる。

　シミュレーション結果は、設定された目的地に向かって、「人」オブジェクトが設定された歩行速度で最短ルートをたどり移動する様子が動的に表示される。その間、例えば人同士が衝突を回避するために向きを変えたり、減速している時は「青枠」で、停滞している時は「赤枠」で、ストレスなく移動できている時は「白（黒枠）」で表示されるなど、人同士の衝突や停滞、ストレスを色で分かりやすく表現されるようになっている。

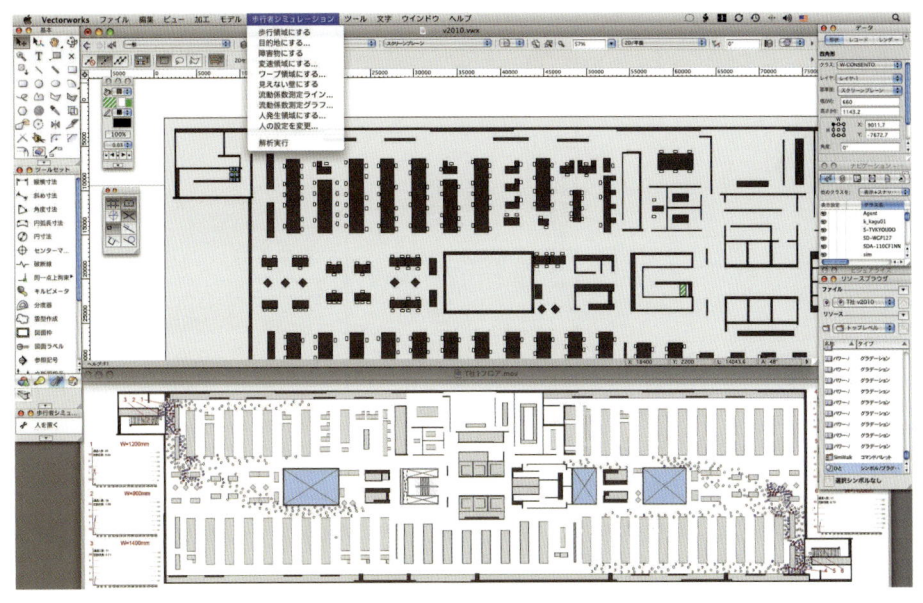

図表㊵　オフィス内の避難シミュレーション例
（資料提供：エーアンドエー株式会社）

　また、このような専用ソフトウェアを使わなくても、最近ではBIMソフトウェアの中で、廊下や部屋、壁、ドア、家具といったBIMオブジェクトを自動認識して、ある地点からある地点の最短経路を割り出す機能を備えているものもある。このような機能を使うと、BIMソフトウェア上で設計しつつ、その都度、避難動線をチェックすることができる。

エネルギー解析

①設計初期での大まかなエネルギー解析

　基本設計方針の策定の段階を想定した精度のBIMモデルを使用して、おおよそのエネルギー消費量や二酸化炭素排出量などが計算できるソフトウェアやクラウドサービスが提供されている。

　このようなシステムは、BIMモデルから敷地の経緯度や気象データ、建物形状、開口部の位置、外皮材質、部屋の空調、照明、電気の使用や利用者数などの情報を読み取り、年間のエネルギー消費量やCO_2排出量を大まかに計算し、月別などでグラフ化して表現することができる（図表㊶、㊷）。

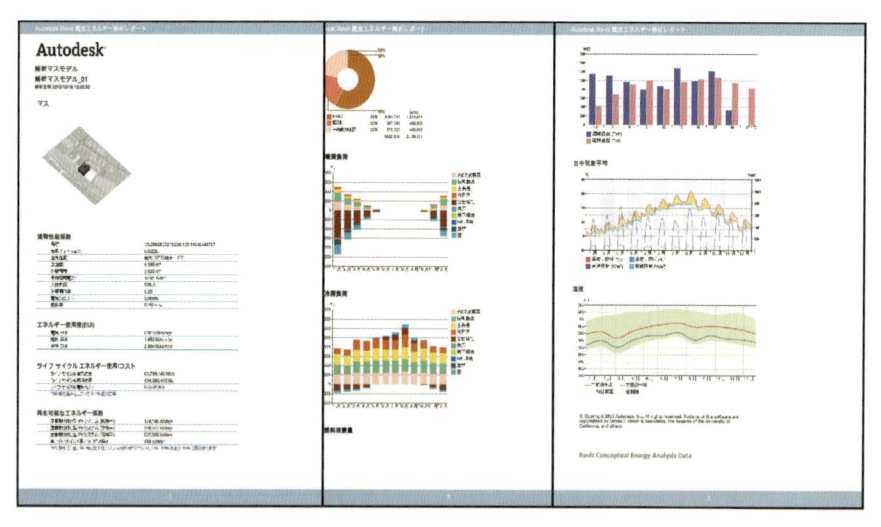

図表㊶　BIMモデルの形状と属性情報を読み取って解析し、年間のエネルギー消費量やCO_2排出量を表示
（使用ソフト：オートデスク株式会社　Revit）

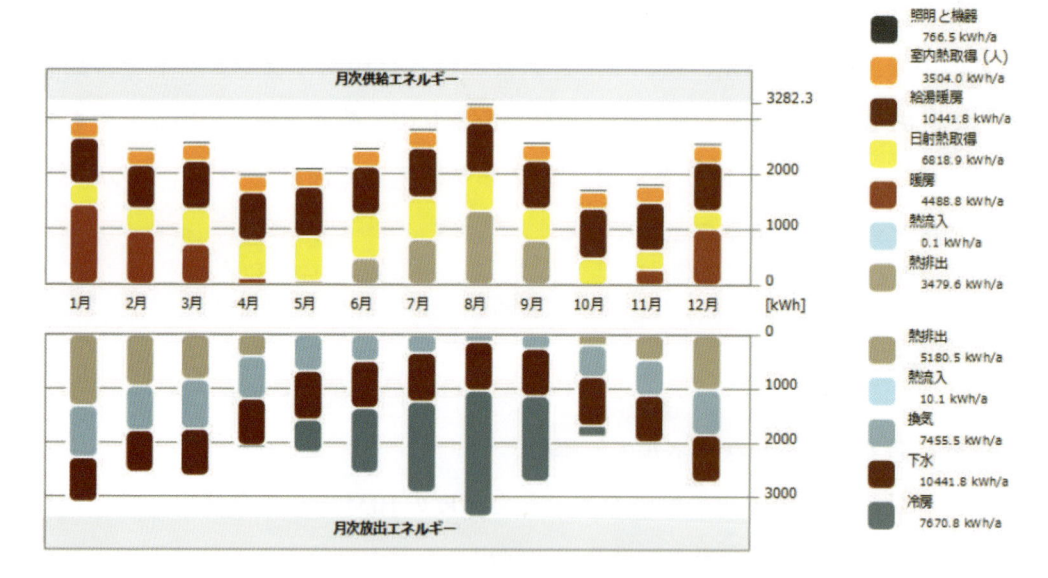

図表㊷　月別の供給、放出エネルギーの内訳
（資料提供：GRAPHISOFT社　使用ソフト：ARCHICAD）

例えば、図表㊸は、BIM モデルをもとに計算された、電気やガス、石油の使用による年間のCO_2排出量の推定値がグラフで表示されている。実際のBIM モデル上にはPV パネルを配置していないが、この解析ソフトウェア内でBIM モデルから屋根の部分の何パーセントかを自動的にPV パネルとして計算すること

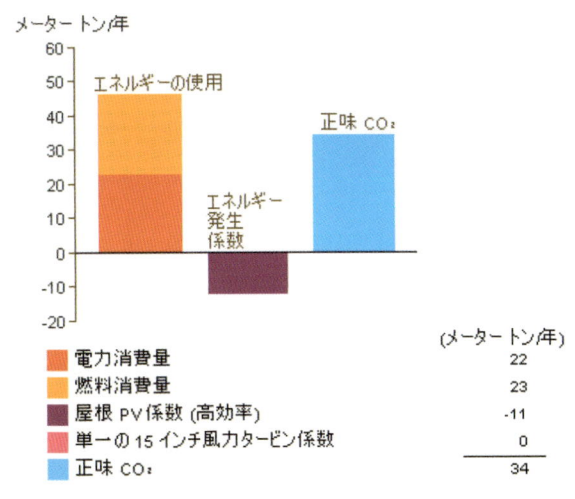

図表㊸　BIMモデルから計算された年間のCO_2排出量の例
（使用ソフト：オートデスク株式会社　Revit）

で、年間削減できるCO_2の量も表示している（図表㊸の棒グラフの「エネルギー発生係数」の部分）。

図表㊹は、壁について内外断熱を施したものと、断熱をしていないモデルについての年間エネルギー消費の比較結果を示している。この結果では、壁を断熱することで、年間のエネルギー消費を111.95kWh/㎡から97.94kWh/㎡に抑えることができると示されている。

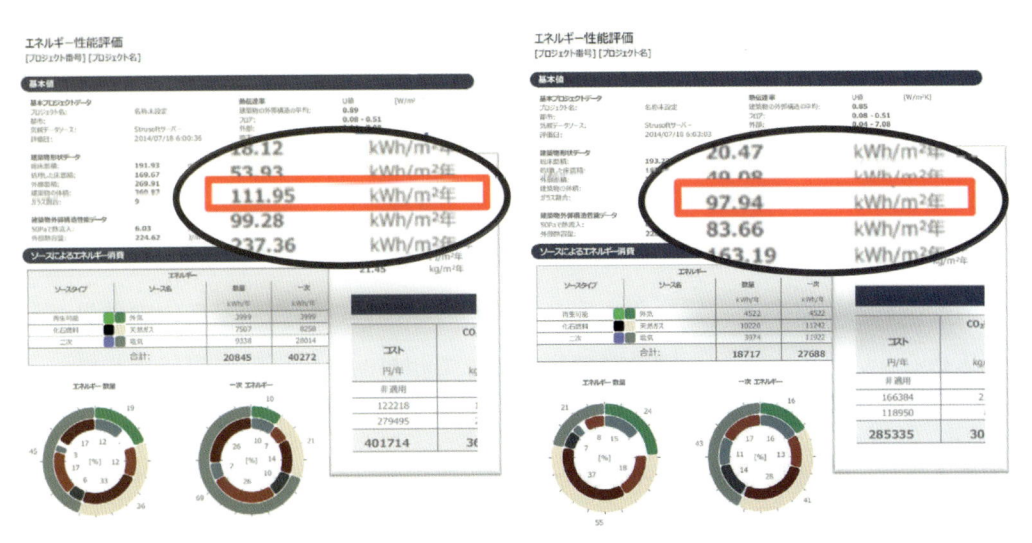

図表㊹　内外断熱モデルによるエネルギー負荷比較
（資料提供：GRAPHISOFT社　使用ソフト：ARCHICAD）

図表㊺は、BIMモデルから形状、位置（経緯度）、方位、開口部などを読み取り、クラウド上でエネルギーのシミュレーションができるシステムである。

　例えば図表㊺のBIMモデルでは窓の開口率は32％であるが、その開口率を変えることで、どの程度エネルギー消費量に影響がでるか、大まかに確かめることができる。

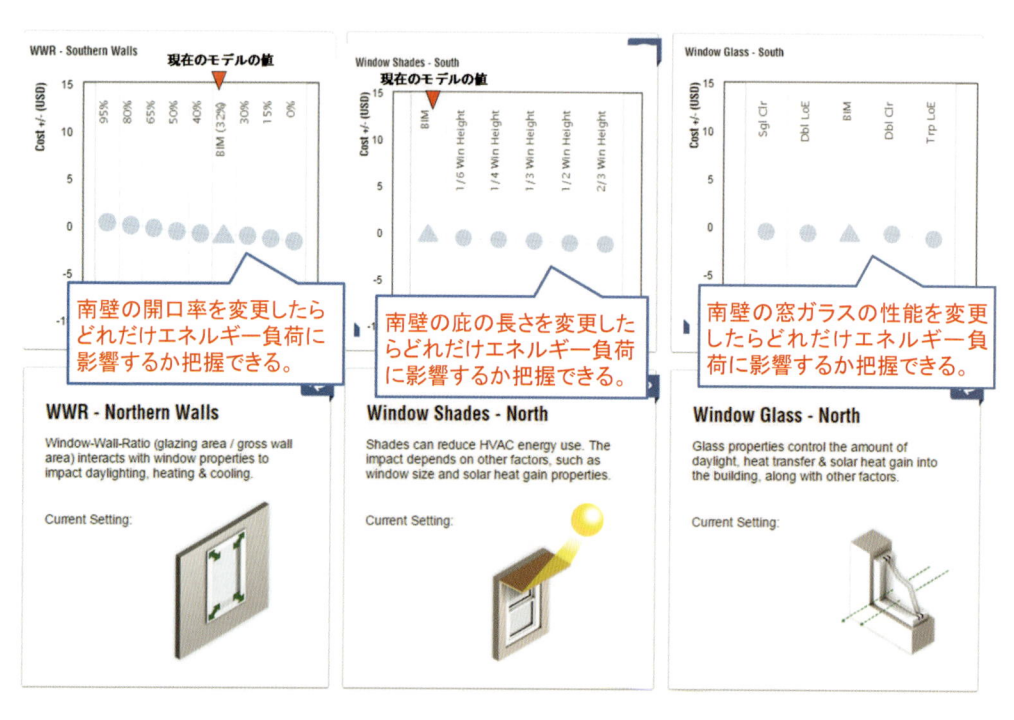

図表㊺　エネルギー感度解析
（使用ソフト：オートデスク株式会社　Insight）

　このようなシステムで計算される結果は、条件があくまでも大まかなもので、利用する際も設計の初期段階の検討用にとどめておくことが重要である。結果として提示される数値は、実際にその値になるという絶対的なものではなく、例えば窓の位置や、方位を変えると、建物の環境性能にこのぐらいの効果が見込めるといったような、設計案の比較として相対的に用いるのが望ましい。

②基本設計、実施設計でのエネルギー解析（空調熱負荷計算、省エネ計算）

　また、これまで述べたような大まかなエネルギー解析を行うのではなく、基本設計、実施設計段階において設備を選定する際などに、BIMモデルを使用

して空調熱負荷計算などを行えるソフトウェアもある。このシステムは、BIMモデルから部屋や壁、床、窓の面積・厚さと材料情報を読み取り、空調熱負荷計算を行い結果を表示するものである。

また、BIMモデルから、部屋の情報や外皮情報を取り出し、（国研）建築研究所がウェブサイトで提供している「建築物のエネルギー消費量計算プログラム」に渡せる形式の情報を抽出するツールなどもリリースされつつある。

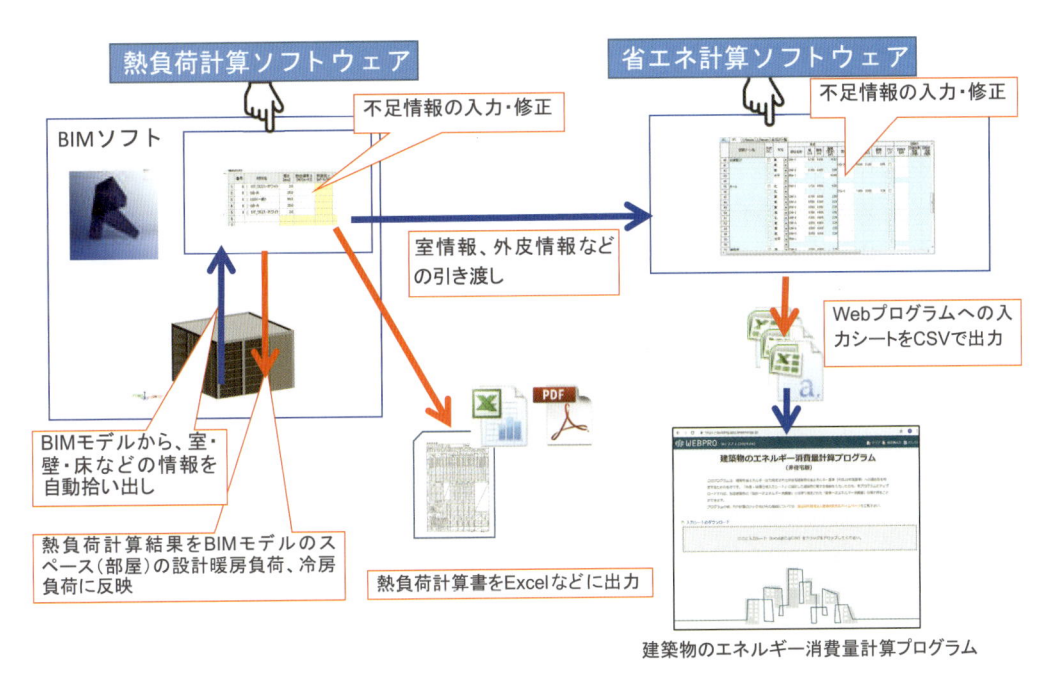

熱負荷計算ソフトウェア

不足情報の入力・修正

BIMソフト

省エネ計算ソフトウェア

不足情報の入力・修正

室情報、外皮情報などの引き渡し

Webプログラムへの入力シートをCSVで出力

BIMモデルから、室・壁・床などの情報を自動拾い出し

熱負荷計算結果をBIMモデルのスペース（部屋）の設計暖房負荷、冷房負荷に反映

熱負荷計算書をExcelなどに出力

建築物のエネルギー消費量計算プログラム

図表㊻　BIMモデルを空調熱負荷計算、省エネ計算に利用
（使用ソフト：イズミシステム設計社　STABRO for Revit、A-Repo）

ただし現状では、空調熱負荷計算ソフトウェアにBIMモデルを渡す場合のBIMモデリングの方法や情報入力の仕方など細かなルールがあり、そのルールに則ってBIMモデルを作っていないと連携が難しく、その他の目的、例えば図面作成や数量算出のためにBIMモデルを作成する場合と相いれないことが多い。

BIMモデルを利用して、空調熱負荷計算ソフトウェアにデータを渡すことが決まっている際は、関係者間で綿密な協議のもと、BIM実行計画にあらかじめ盛り込んでいくことになる。現在のところは、空調熱負荷計算に使える部分だけBIMモデルから抽出し、その他の設定は空調熱負荷計算ソフトウェア

上で手入力したり、あるいは図面作成や数量算出のためのBIMモデルとは別に、空調熱負荷計算用のBIMモデルを派生して作成するという割り切った使い方も必要である。

気流・温熱環境シミュレーション

①熱流体解析（CFD）

近年の建築設計においては、風環境や外部熱環境、風荷重や空調、自然換気などの環境条件が重要な検討課題となることが多い。こうした諸条件をシミュレーションするには、熱流体解析などの専門性が高く、難度も高い解析技術が必要であるが、BIMを用いることによって高度な専門知識がなくても効率よく環境評価を実施することが可能となりつつある。

気流シミュレーションや、温熱環境シミュレーション、つまり「風」「熱」の解析は、数値（計算）流体力学（CFD：Computational Fluid Dynamics）の理論を取り入れた熱流体解析ソフトウェア（以下CFDソフトウェア）で行う。

近年のパソコンの高性能化で計算時間が早くなり、設計者（受注者）自らがCFDソフトウェアを導入して実施できる環境が整ってきている。

CFDソフトウェアを使用した敷地周辺を含む外部の広範囲の解析では、風速や風圧を解析したり、ビル風の影響（図表㊼）や日射解析、汚染物質の拡散解析、また洪水や津波のシミュレーション（図表㊽）が可能なソフトウェアもある。

また、室内においてもCFDソフトウェアを使用すると、窓からの通風、換気、空調などによって、室内の温度分布や気流がどうなるのか、BIMモデルをもとにしてシミュレーションすることが可能である（図表㊾、㊿、(51)）。

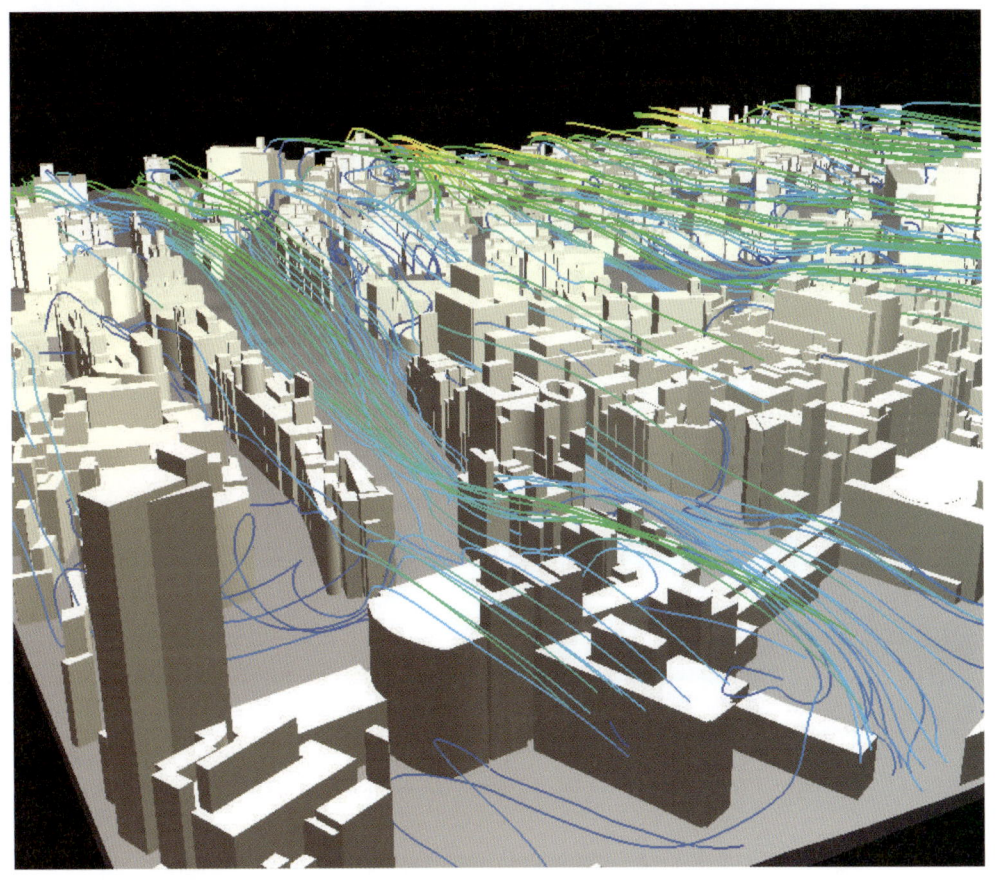

図表㊼　CFDによる屋外風シミュレーション
（資料提供：株式会社ソフトウェアクレイドル（https://www.cradle.co.jp）　使用ソフト：STREAM）

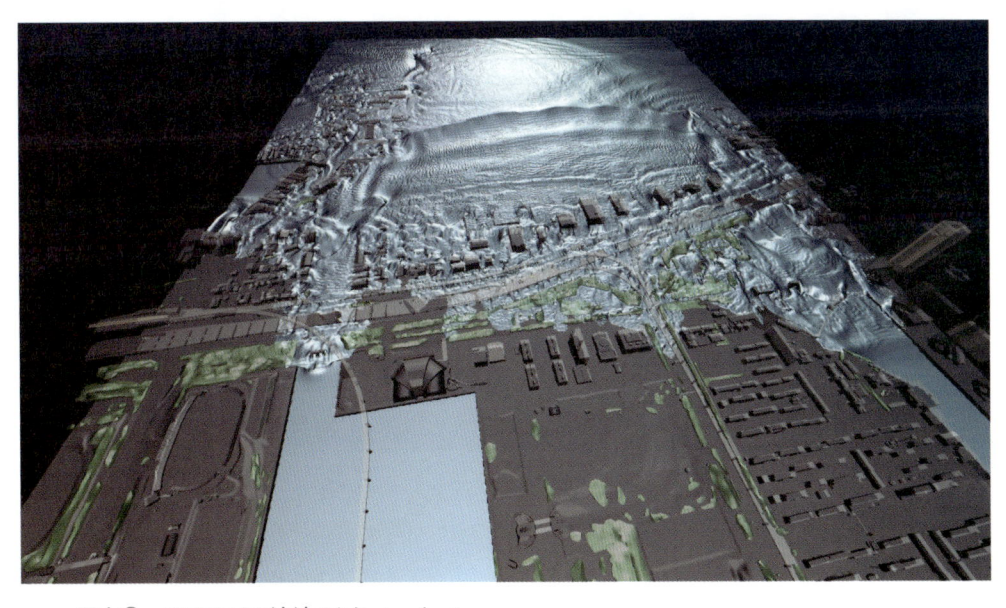

図表㊽　CFDによる津波のシミュレーション
（資料提供：株式会社ソフトウェアクレイドル（https://www.cradle.co.jp）　使用ソフト：STREAM）

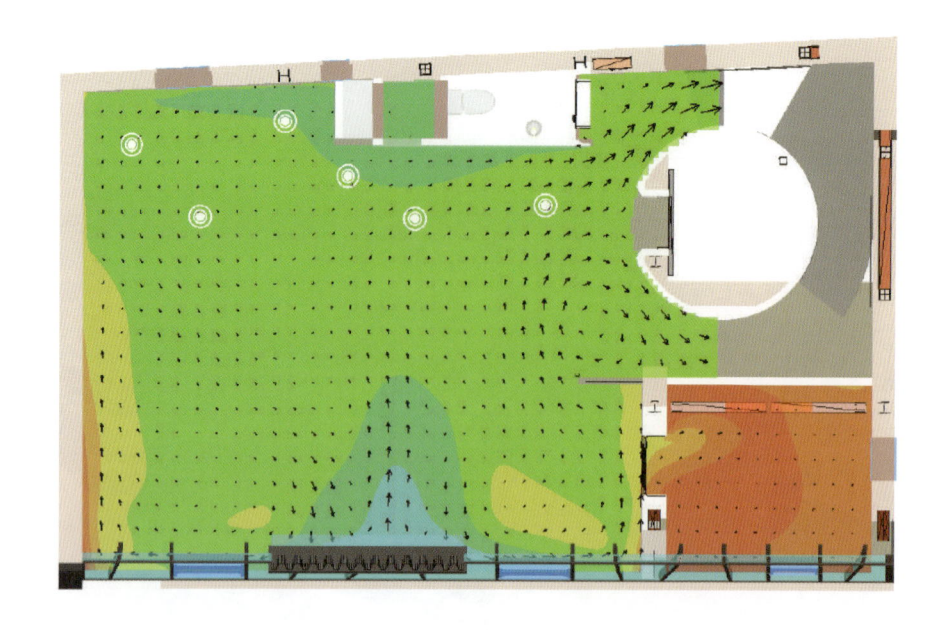

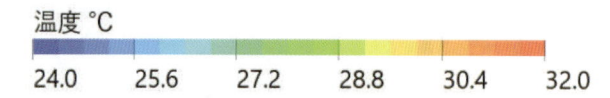

温度 ℃

24.0　　25.6　　27.2　　28.8　　30.4　　32.0

図表㊽　CFDによる室内の温度、風解析
（資料提供：アドバンスドナレッジ研究所　モデル提供：GRAPHISOFT社　使用ソフト：FlowDesigner）

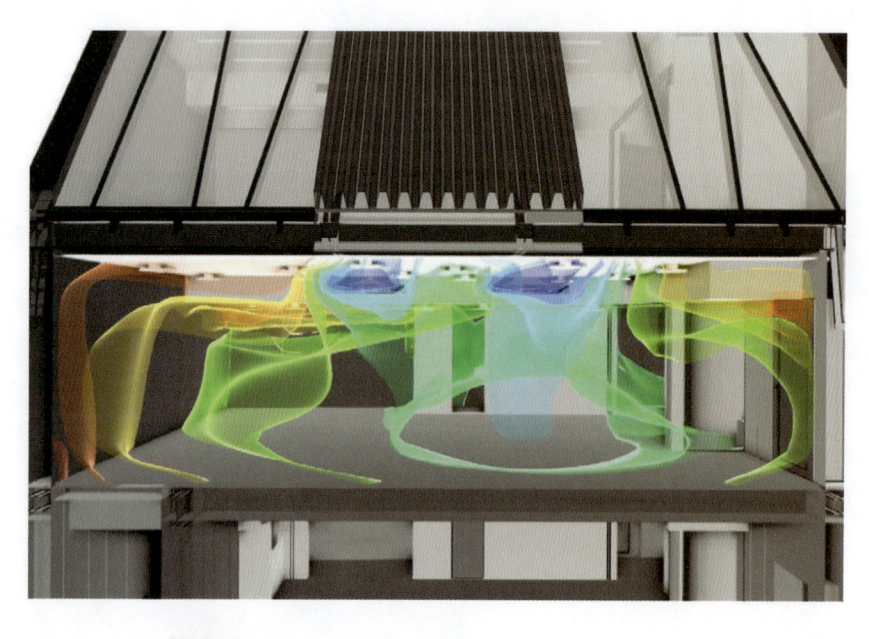

温度 ℃

24.0　　25.6　　27.2　　28.8　　30.4　　32.0

図表㊾　CFDによる室内の3D温度分布
（資料提供：アドバンスドナレッジ研究所　モデル提供：GRAPHISOFT社　使用ソフト：FlowDesigner）

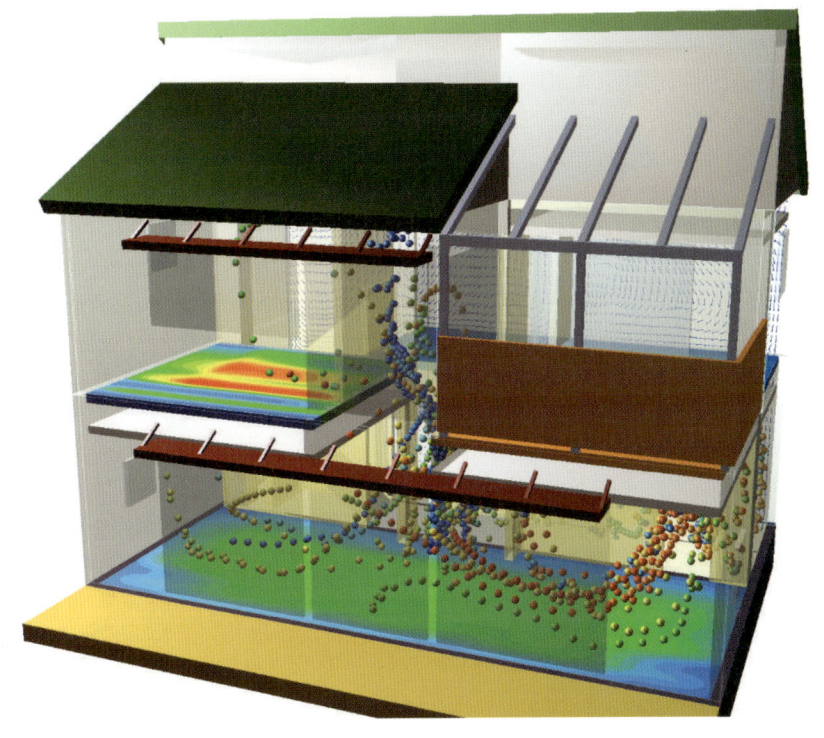

図表㉛　CFDによる住宅の自然換気シミュレーション
（資料提供：株式会社ソフトウェアクレイドル　使用ソフト：STREAM）

②熱流体解析の手順（メッシュ分割）

　CFDソフトウェアでは、解析計算を実行する前に、まずユーザが解析のための3次元形状モデルを構築し、そのモデルに物性値を入力し、そして、その他に環境の風速、温度などの情報を入力するなど、解析のための属性と条件を設定する。この3次元形状モデルや物性値をBIMモデルから転用するというのがBIMモデル連携の理想形である。

　CFDソフトウェアでは、構築した3次元形状モデルをメッシュに分割し、その単位での熱の収支を計算する仕組みとなっているため、解析計算を実行する前に、この3次元形状モデルをメッシュに分割する処理が必要である（図表㉜）。

　CFDソフトウェアにはメッシュ分割をある程度自動で行なってくれるものが多いが、メッシュ分割は解析時間や精度にもっとも影響が出てくる部分であり、解析対象によってこのメッシュの粗密をいかに適切に設定するか、CFDソフトウェアを扱う経験が問われる部分でもある。

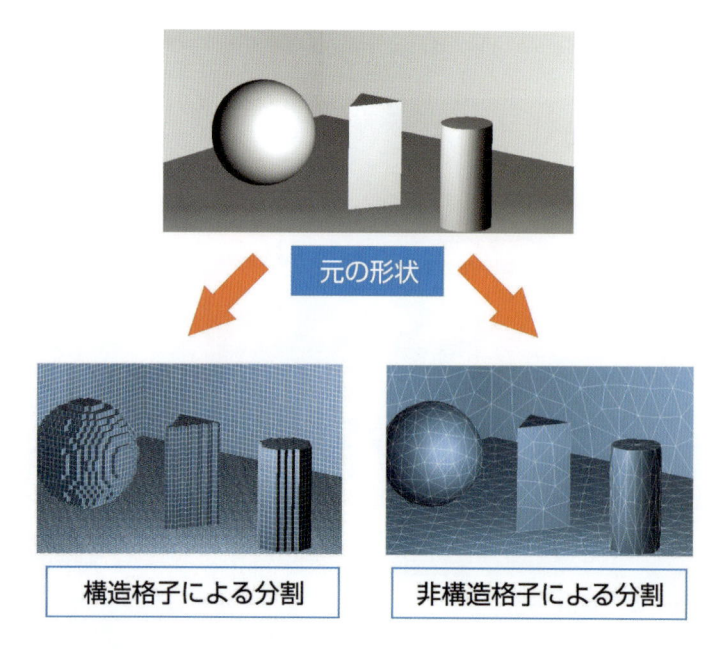

図表⑤　CFDの中では、メッシュ分割によって新たに生成される解析用の形状で計算される
（資料提供：株式会社ソフトウェアクレイドル）

③解析条件の設定

　CFDソフトウェア上で、風向、風速、気温などの外部環境の設定を行なった後、「境界条件」と呼ばれる流体の吹き出し口や吸い込み口、熱の発生源の温度や発熱量などを設定する。

　BIMモデルから読み込まれた解析対象のオブジェクトについては、窓の開口率や熱貫流率、壁の熱貫流率、必要であればその他の物性値を割り当てていく。

　現在のところCFDソフトウェアには、BIMモデルからIFC形式で渡すことが多く、本来であればBIMモデルから3次元形状のみならず属性情報として物性値も引き継げるはずだが、現時点ではBIMモデルが持っている物性値は引き継げないことが多い。ただ、BIMモデルからの属性情報の引き継ぎに関しては、今後は改善される傾向にある。

　上記「境界条件」の設定において、流体の流入量と流出量を同じにしないと解析できないため、テストで解析を実行しつつ、条件を調整していく必要がある。また次に述べる「定常解析」において、繰り返しの収束計算（イテレーション）でも数値が一定にならずに発散していくような場合は、解析条件を見直す必要がある。

解析結果を発注者に提出する際には、その根拠や妥当性を示すために、解析結果と同時にどのような条件で解析したのかを添えて提出する必要がある。解析条件と解析結果は関連づけて整理して保存しておくのが望ましい。

④定常解析と非定常解析

メッシュの設定や解析条件の設定が終わると、後はコンピュータに計算をさせることになるが、基本的に解析計算は、あらかじめ設定している状況になるまで何回も繰り返すことになる。

一般的に解析計算の方法には、「定常解析」と「非定常解析」の2種類あり、「定常解析」は設定した精度になるまで解析結果が収束するように繰り返し計算する解析計算方法であり、収束（安定）した状態が解析結果として表示される。

「非定常解析」は、実際の経過時間ごとに計算を繰り返す解析計算方法である。「定常解析」が時間の概念がないのに対して、「非定常解析」は、1分後や10分後、1時間後の状態など、実際の時間ごとの変化が結果として表示できるのが特徴である。

「定常解析」と「非定常解析」は、解析対象に応じて選ぶ必要があり、例えば室内に発熱要素がない場合で、窓を開けてからの室温分布を知りたい場合、「定常解析」を行うと、安定した状態になった状態を結果として出すため、外気と室温が同じになって終了してしまい、解析結果にあまり意味がないことが想像できる。したがって、このような解析を行う場合は、「非定常解析」を使って、窓を開けてから何分後にどのような温度分布になるかその変化を表現するのが望ましいといえる。

⑤BIMモデルの連携における課題

結局CFDソフトウェアは、3次元形状をそのままで解析するのではなく、メッシュ分割によって新たに生成される解析用の形状で計算されるため、BIMモデルを解析に転用する場合、詳細にモデリングされたBIMモデルはいたずらに解析時間（メッシュの作成時間）を長くするだけで、解析では逆効果となる場合もあることを理解しておく必要がある。

特に室内の気流・温熱の解析においては、BIMモデルで家具や建具などがつくり込まれているとメッシュ作成の処理時間が長くなったり、面が重なっていたり、開口部がふさがっていたりなど解析モデルとしては不整合となり、そのままでは正常に解析できないこともある。

現在のところBIMソフトウェアが用意している空調機や換気装置などの機械設備系のオブジェクトとCFDソフトウェアが用意しているそれらのオブジェクトに互換性がないため、BIMソフトウェア上の機械設備系オブジェクトもその形状だけがCFDソフトウェアに渡ることになり、単純なモデル化で解析を行うCFDソフトウェアではかえって邪魔になる場合がある。そのモデルの修正に時間がかかるなど、BIMと連携しようとしてかえって作業が増えることもあるため注意が必要である。

これに対し、BIMモデルから解析で必要な建物躯体や開口部位置だけ抽出したり、あるいはCFDソフトウェア内で新たにモデルを作成するほうが作業効率がよい場合があり、このあたりは、BIM実行計画でBIMモデルの作成とあわせて手順を定めておく必要がある。

CFDソフトウェアを使用した解析は、解析メッシュの粗密や、境界条件の設定によって、大きく解析結果が異なってくる。CFDソフトウェアを適切に使用するには、BIMモデルの利用を考える前に、ある程度の環境工学の知識とCFDソフトウェアの操作経験が必要になることにも留意する必要がある。

日影シミュレーション

国土交通省大臣官房官庁営繕部制定のBIMガイドラインには、日影などの検討にBIMモデルを利用することが記述されている。

BIMモデルを利用して、日影計算、天空率計算を行うことができることは先に述べた。このような法規に則った計算をするまでもなく、ある場所のある日時の日影を表示するだけであれば、一般の3D CADでも可能であり、むろんBIMソフトウェアにもそのような日影を表示する機能は標準で備わっている。

また、時間経過による日影の移動のアニメーションが作成できるBIMソフトウェアもあり、汎用の動画ファイルフォーマットに変換すると、BIMソフトウェ

アがなくても動画を再生することで日影シミュレーションの結果を見ることができる。

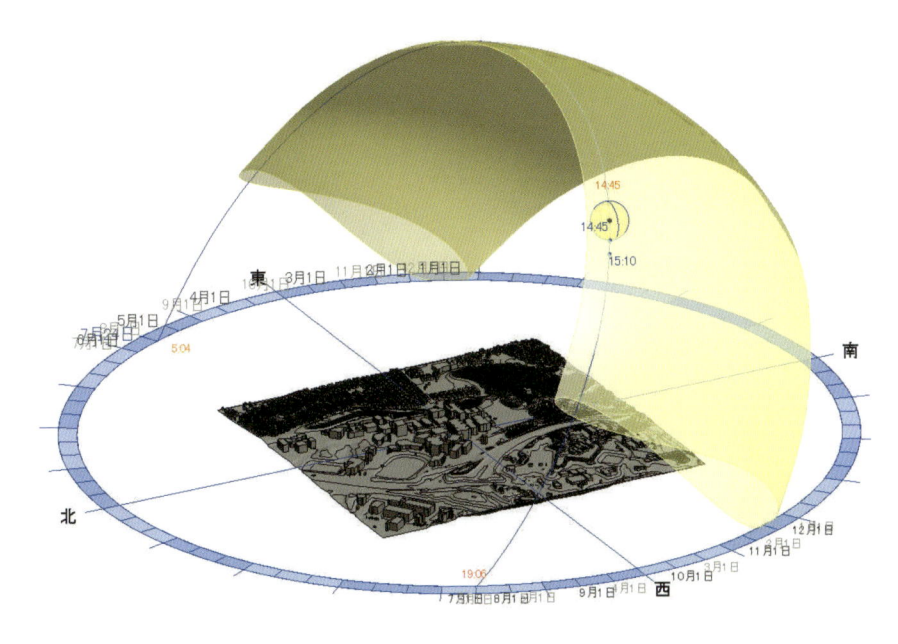

図表㊾　BIMソフトウェア上で太陽を動かして日影シミュレーションを実施
（使用ソフト：オートデスク株式会社　Revit）

図表㊿　BIMソフトウェア上でルーバーの角度や長さを変更して、日差しがどのように部屋に入るか検討
（使用ソフト：オートデスク株式会社　Revit）

照度解析

CGソフトウェアには、高品位でリアルなレンダリングができるだけでなく、詳細な光の計算をもとにした照度計算、輝度計算、昼光率計算などができ、それらの結果を分布図として表現できるソフトウェアもある。BIMモデルをそのようなCGソフトウェアに渡すことで、図表(55)のような照度解析を行うことができる。

BIMモデルを利用する場合は、3次元の形状データをCGソフトウェアに渡すことになるので、データフォーマットはDWGなどの属性情報がない3次元形状で行うことになる。

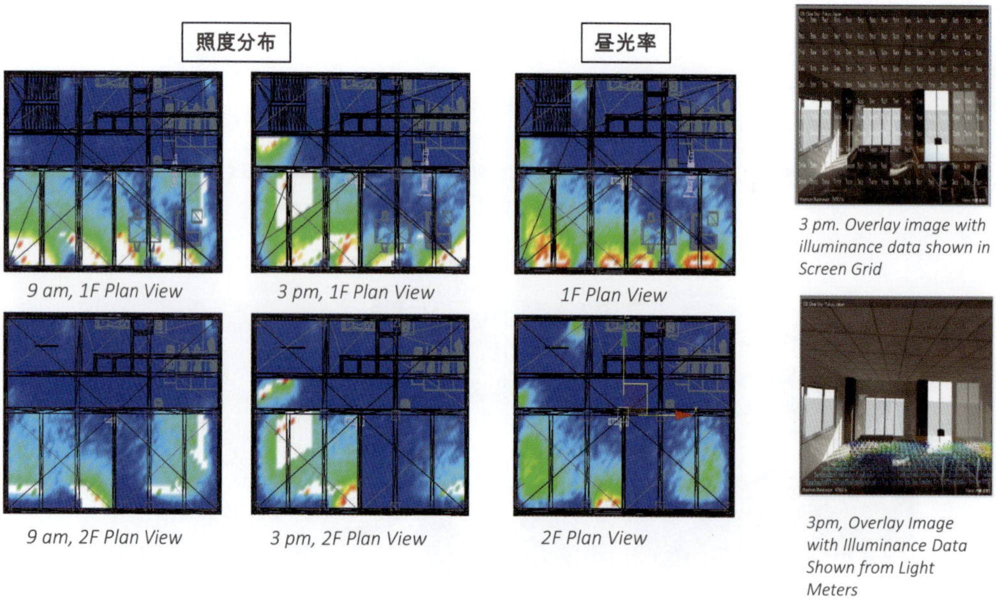
照度分布
昼光率
9 am, 1F Plan View
3 pm, 1F Plan View
1F Plan View
3 pm. Overlay image with illuminance data shown in Screen Grid
9 am, 2F Plan View
3 pm, 2F Plan View
2F Plan View
3pm, Overlay Image with Illuminance Data Shown from Light Meters

図表(55)　3D CADによる照度解析
（使用ソフト：オートデスク株式会社　3ds Max）

さらに、最近ではBIMソフトウェア上からCGソフトウェアのアドインプログラムやクラウドサービスを用いて照度解析を実行できるものがあり、そのような場合は、データの変換作業とモデルの修正作業が必要なく、その都度シームレスに照度解析ができる（図表(56)）。

その他BIMソフトウェア上で、通常CFDソフトウェアで実施するような日射量解析ができるものもある（図表(57)、(58)）。

図表㊱　BIMソフトウェアから利用できるクラウドサービスを使用した照度解析
（使用ソフト：オートデスク株式会社　Revit）

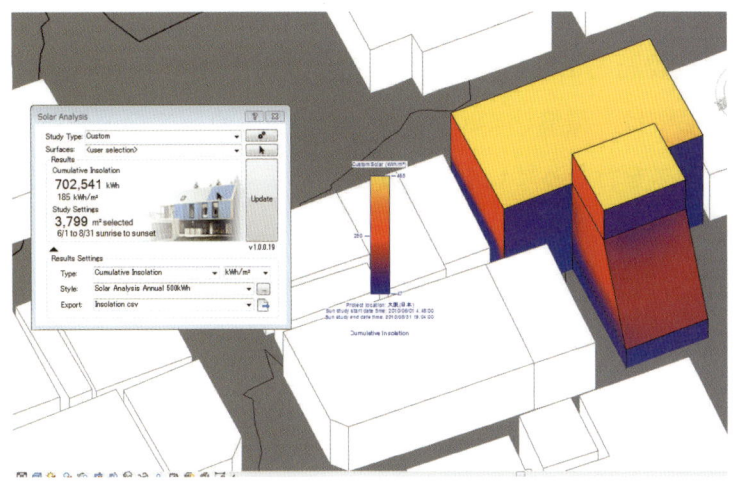

図表㊲　BIMソフトウェアによる日射量解析
（使用ソフト：オートデスク株式会社　Revit）

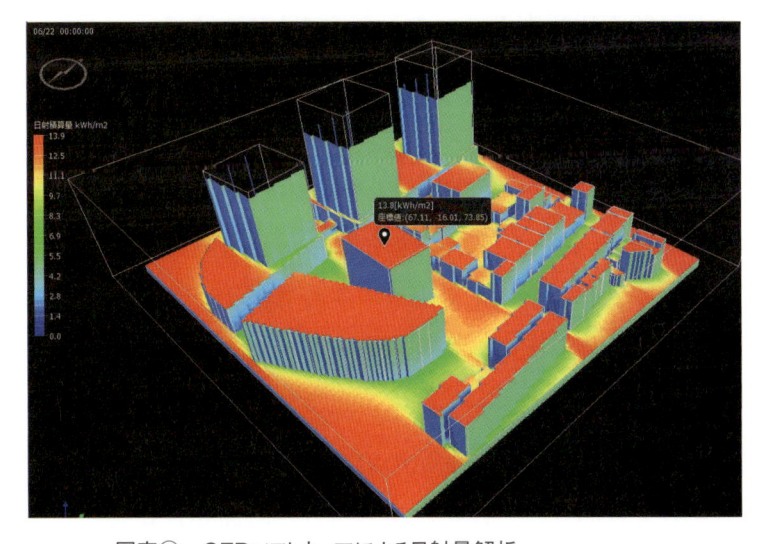

図表㊳　CFDソフトウェアによる日射量解析
（使用ソフト：アドバンスドナレッジ研究所　FlowDesigner）

環境シミュレーションの外部委託

BIMソフトウェアを導入してBIMモデルを作成しても、前述した風、温度などのシミュレーションを行うには、別途高価な専門の環境シミュレーションソフトウェアが必要な場合が多い。それらのソフトウェアは常時使用するわけではないので、費用対効果を考えて、購入するよりも環境シミュレーションの作業の外部委託を選択することも考えられる。

その際、BIMモデルを渡すこともあるが、あまり費用削減にならない場合があり、解析目的、解析条件、3Dデータの有無、解析回数など、諸条件をあらかじめ綿密に外部委託先と打ち合せて、見積もりをとっておくことが重要である。外部委託先としては、環境シミュレーションソフトウェアを開発している企業が受託解析サービスを行なっていることが多く、まずはそのような企業に相談することになる。

例えば、2018年に、7階建て約10,000㎡の規模の建物のBIMモデルについて、風と温度の環境シミュレーションを行なった場合の外部委託費を調べたところ、図表㊴のようになった。表の中で、1件とは1つの解析モデルで1種類の解析を行う場合を指し、同じモデルで条件を変えて同じ解析を行う場合の1回の条件変更を1ケースとしている。まとめると、あくまでこの事例に限った場合ではあるがBIMモデルから1つの解析モデルを作成し、1種類の解析を3つの条件でそれぞれ解析すると、60万円程度かかったということがわかる。

また、その作業時間であるが、環境シミュレーションはCGパースを外部委託するのと異なり、外部委託するからといって作業が早くなるわけではないことに留意する必要がある。

CGと異なり、シミュレーション結果をあらかじめイメージすることが難しいため、シミュレーションのトライ&エラーを繰り返すことになる。そのため、社内でモデルの修正と解析の実施を行うことができるならば、作業時間の面では内製したほうが速いことが多い。

環境シミュレーションソフトウェアの価格が年間数十万から数百万円かかることと、操作できる人材の有無、作業にかけられる時間から判断して、内製するか外部委託するかを決めることになる。

解析受託 A 社	
①モデル作成	10 万円
②条件設定、計算調整	10 万円
③計算	5 万円
【2 ケース目＋ 3 ケース目】	
④条件変更	5 万円
⑤計算	10 万円
⑥報告書作成	10 万円
⑦一般管理費（10%）	5 万円
1 件、3 ケース解析実施の合計：55 万円	

解析受託 B 社	
① 1 条件の解析で 30 万円～ 40 万円	
②工数：1 週間～ 2 週間（モデリングも含む）	
③ 1 条件変更（ケース）あたり、15 万円～ 20 万円の追加。	
1 件、3 ケース解析実施の合計：30 万円＋ 15 万円 ×2 ＝ 60 万円	

図表(59)　環境シミュレーション外部委託費の例[1)]

一貫構造計算、構造解析ソフトウェアとの連携

BIMソフトウェアには、一貫構造計算ソフトウェア[2)]や構造解析ソフトウェア[3)]とのデータ連携の機能が備わっていることが多い。

この場合のBIMソフトウェア側の役割としては、構造計算ソフトウェアでの計算に基づいて作成された構造部材を取り込み、自動的に構造図を作成することや、意匠や設備のBIM上の3次元モデルと構造モデルを重ねて、干渉チェックをすることなどである。

このようなBIM連携により、一貫構造計算ソフトウェアから作成される構造

1)　図表(59)の事例は、あくまでも参考として外部委託費の見積もりから作成したものであり、実際の環境シミュレーションの費用は、解析の範囲、解析条件と解析解像度の詳細度合、解析の種類や解析回数などによって大幅に異なってくる。したがって、ここで挙げた費用は、環境シミュレーション一般で標準的に適用されるものではないことに留意する。

2)　一貫構造計算ソフトウェア：建物の形状や大きさ、部材の材質などを入力すると、各種荷重に応じた応力度を計算し、建築基準法に規定される構造計算書に必要な項目を自動作成するソフトウェア。計算過程を追跡できるため、日本における建築確認検査や構造計算適合判定などで使用されている。

3)　構造解析ソフトウェア：任意のフレーム解析が可能なソフトウェア。一貫構造計算ソフトウェアが、標準的な形の建物にのみ対応するのに対して、構造解析ソフトウェアは、自由な形状の建物の構造解析が可能。世界で使用されている。

計算書と、BIM 上の構造図やリスト図などとの整合性が自動的に保たれることになる（図表⑩）。

　通常構造解析ソフトウェアは、構造部材の軸線と、節点の状態、支持条件、構造断面形状、そこにかかる荷重条件などから解析計算を行う。そのため、BIM ソフトウェア上で作成した鉄骨の架構の3次元形状をそのまま解析ソフトウェアに渡してしまうと、部材の形状そのものを表現するソリッドもしくはサーフェスデータとなり、解析ソフトウェア側では、解析に必要なデータとして扱えない。

　そのため、通常は BIM ソフトウェアから梁や柱といった構造部材のモデルの軸線データを抽出し、構造解析ソフトウェアに渡す。構造解析ソフトウェアに取

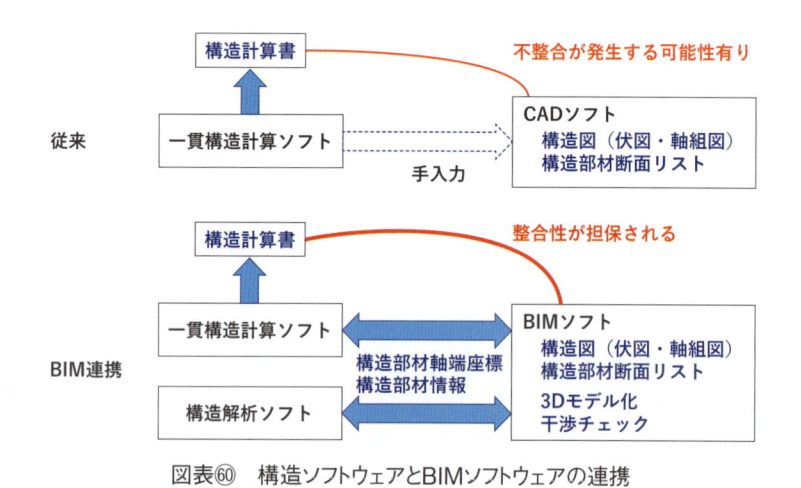

図表⑩　構造ソフトウェアとBIMソフトウェアの連携

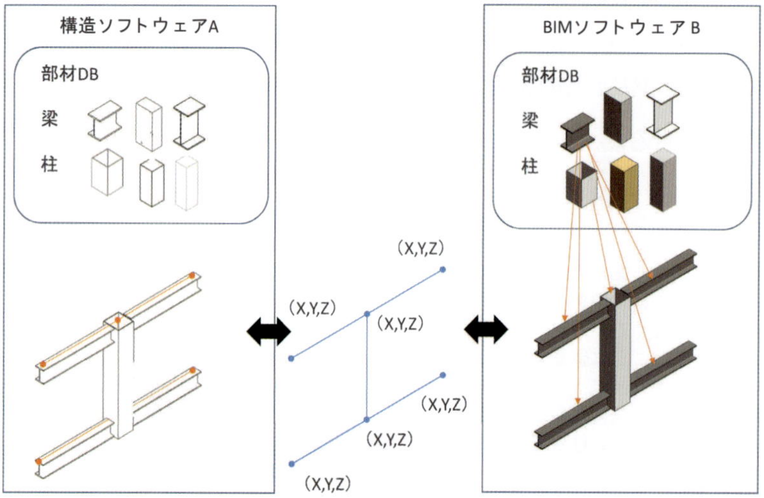

図表⑪　構造ソフトウェアとBIMソフトウェアのデータのやり取り

り込まれた軸線（座標の数値）データと構造解析ソフトウェアが持っている部材情報とあわせて、はじめて解析が正常に実行できる。

このやり方は一見稚拙に見えるが、3次元形状で直接データをやり取りする方法と比較して、その変換後のデータの有効性を考えると大変合理的な方法であり、ソフトウェア間でのデータの劣化を防ぎ、それぞれのソフトウェアの機能を最大限に利用できる方法である。

このように、構造計算・構造解析ソフトウェアとBIMソフトウェアを連携する際は、一般に、構造部材の材端座標を結んだ3次元の軸線（座標の数値）データとその構造部材断面の種類や寸法などの構造部材情報（文字情報）のみをやり取りする。

そのため、各種構造計算・構造解析ソフトウェアが持っている構造部材のライブラリと、BIMソフトウェアが持っている構造部材ライブラリを属性情報の項目も含めて、一対一で対応できるようにしておく必要がある。例えば、構造計算・構造解析ソフトウェアから書き出されたデータにあるAという構造部材とそれが持っている属性情報の項目が、BIMソフトウェアが持っている構造部材ライブラリの中のBという構造部材のどの属性情報の項目に対応しているかということがわかると、取り込まれた材端座標値にBという構造部材を配置することで、BIM上で形状と属性情報を再現できる（図表62）。

通常、構造部材は、その都度ユーザが追加更新していくことになる。その時、AとBの対応を固定するとソフトウェアの中で汎用性がなくなってしまう。そのため通常はAとBを対応させるマッピング情報を持っており、ユーザが自由に追加・編集できるようになっていることが多い。

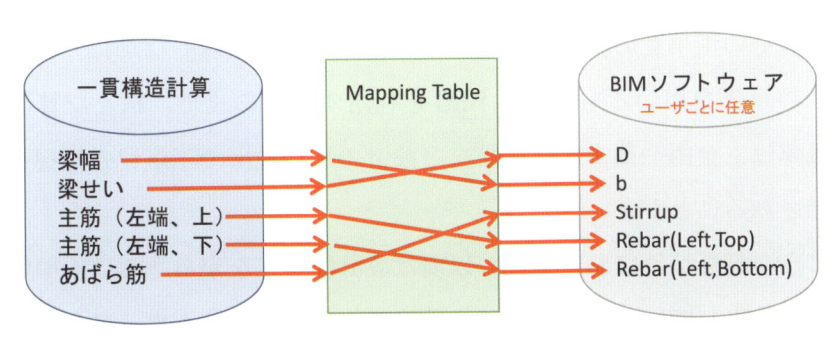

図表62　異なるソフトウェア間で構造部材データをやり取りするための部材情報のマッピングの仕組み

とはいえ、この部材情報のマッピングの手法も、常にマッピングテーブルを管理する必要があり、問題がないわけではない。そのため、現在では中間ファイルに書き出さずに、ダイレクトにBIMデータに構造部材として取り込む機能がBIMソフトウェアのアドインプログラムとして提供されている例もある。

そもそも日本でも共通のコード体系が整備されていれば、マッピング情報などは必要がなく、構造解析ソフトウェアとの連携もスムーズになると想像される。構造部材にも標準化されたコード体系の確立が望まれるところである。

また、最近では81ページで述べたコンピュテーショナルデザインと構造解析を連携させ、形状を変形しつつリアルタイムに構造解析を行うことができるようになってきた。さらに、最適化のツールと組み合わせて、構造の最適解を見つけることも可能となっている。

概算、積算ソフトウェアとの連携

建築積算という業務は、企画書や設計図、仕様書などから材料や数量、工数を算出して、その合計金額を計算し、建物の工事に要するあらゆる費用を推定算出していく仕事である。その仕事は、図面を見て必要な工事を洗い出し、各工事に必要な数量を算出する「数量積算」が基礎となっている。数量積算によって算出された項目別の数量をもとに、それぞれの単価を設定し、数量×単価の積み上げで工事費を算出する。「積算」は設計の各段階で得られる数量とそれに該当する単価により、各段階の工事費を把握する業務であるともいえる。

特に企画計画・基本設計など、設計の早い段階では、まだ材料などが明確になっていないことが多いため、建築費を大まかに算出する方法である概算積算を行い、おおよその工事費の把握が行われる。この「概算積算」は単に「概算」とも呼ばれ、坪単価を用いるものからBIMを利用するものまで、様々な算出方法がある。概算は、企画や基本設計段階など設計の早い段階で工事費の把握を行うために利用されることが多い。

このような概算積算においては、以前は設計図を見ながらそろばんや電卓を使って数量を算出していたが、現在では建築積算専用のソフトウェアを使うことも多くなった。そして近年では、BIMと連携する建築積算ソフトウェアが登場し

たり、BIMソフトウェアの「数量自動算出」機能を利用して、概算数量を算出する試みも始めている。

　BIMで概算積算を行うには、図表⑥の2通りが考えられる。

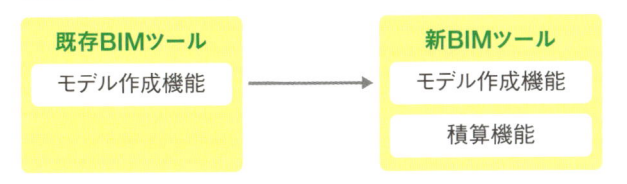

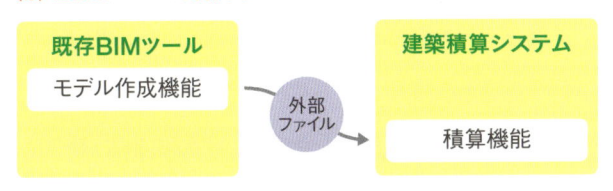

図表⑥　BIMと他システムの連携方法

①BIMソフトウェアの機能を拡張（a）

　図表⑥の（a）の方法では、78ページで述べたBIMソフトウェアに備わっている「数量自動算出」の機能をカスタマイズし対応させたり、新たな専用のアドインプログラムを開発することになる。BIMソフトウェアの「数量自動算出」機能がそのまま使えない理由は以下の3点の問題に由来している。

　1.　現在のところ、BIMソフトウェアの「数量自動算出」機能は、BIMモデルの各部材の面積、体積をあるがままに抽出して集計するため、例えば建築数量積算基準にある「開口部の面積が0.5㎡以下の場合は、コンクリートの体積から開口部分の体積を差し引かない」、「巾木の高さが50mm以下であれば、内装壁材の面積から巾木の面積を差し引かない」など、積算基準に適合した数量との差が大きくなる。

　2.　そもそも土工、仮設、地業に関する部位の数量については、基本的にはBIMモデルでデータ化しないため拾えない。

　3.　BIMソフトウェアの「数量自動算出」機能から集計される項目は、BIMオブジェクトの種類ごとになっており、実際の数量内訳書の部位や科目とは一致していないことが多い。さらに次項で述べる "代用入力"（笠木を壁オブジェ

クトで入力するなど）もあるため、BIMソフトウェアから出力された数量集計表をいったん表計算ソフトなどに書き出し、内訳書の項目にあわせて、再度集計し直す必要がある。

　以上のようなBIMソフトウェアの「数量自動算出」機能の問題をすべて解決するようなアドインプログラムを作成するのは難しく、開発するにしても大規模なプログラムになることが想像される。

　そのため、概算、積算で必要なすべての数量を拾うのではなく、躯体、屋根、外装など部分的にBIMモデルから確実に拾えるものだけを最大限に抽出して、概算、積算の効率化につなげるという考え方がある。

　図表㉒は、BIMオブジェクトの種類ごとにしか集計できない既存のBIM「数量自動算出」機能を拡張し、実際の概算フォーマットの項目で集計できるようにしたアドインプログラムである。あくまでも概算数量の集計の範囲において、上記課題のうち　3.　を自動化したものであるが、これだけでもこれまで図面に定規をあてて数量を拾っていたことに比べると、作業効率は飛躍的に改善された。このツールでは、意匠設計者が作成したBIMモデルを建築コスト担当者が開き、ツール上に表示される定型の概算フォーマット内の項目をクリックすると、どこからその数量が拾われているのか3次元上のモデルがハイライト

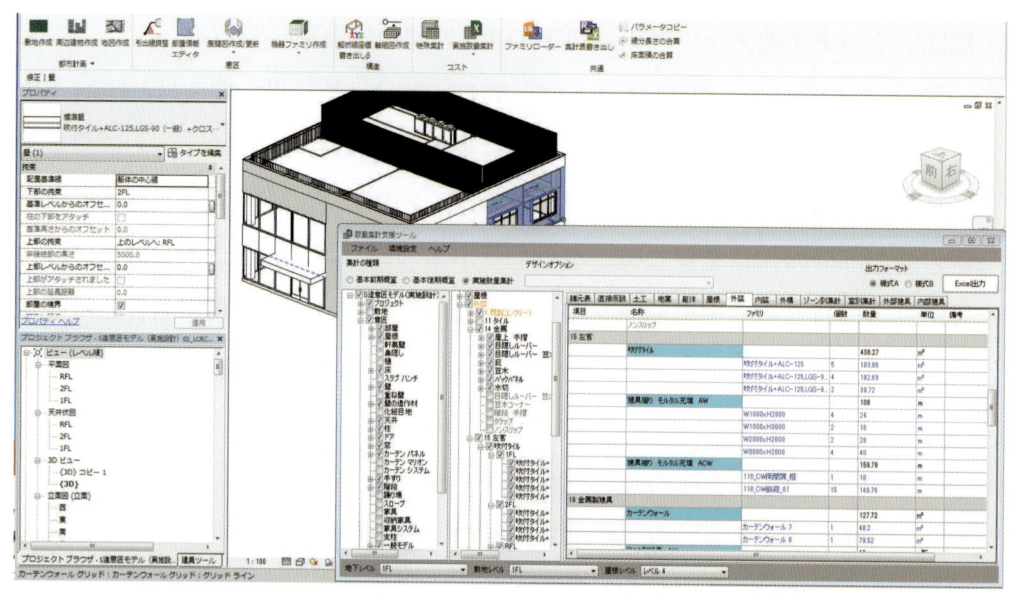

図表㉒　BIMソフトウェア上で建築コスト概算数量を計算するアドインプログラム
（資料提供：株式会社安井建築設計事務所　使用ソフト：オートデスク株式会社　Revit）

することで確認ができる。そこで拾い漏れがあれば、コスト担当者が判断して、設定を付け加えて拾えるように修正することができる。

このように、BIMの利用範囲も、積算全てを精緻に行うのではなく、ある一部の部位や科目の概算を把握するにとどめるなどの利用のガイドラインを決めておくことも重要である。

②積算システムと連携（b）

図表㊿の（b）の方法については、従来開発されていた積算ソフトウェアをそのまま利用することが可能であり、スムーズな導入が期待できることなどから、（公社）日本建築積算協会ではBIMツールと積算ソフトウェアとの連携に、中間ファイル（外部ファイル）を用いたデータ連携を提案している。

当初、中間ファイルにはBIMモデルの国際標準であるIFC（71ページ参照）の利用が検討された。しかし、積算ソフトウェア側からみたIFCは仕様が複雑なためIFCの利用は見送り、新たな中間ファイルによる方法が既存システムを有効利用でき、時間、コストの低減につながると同協会は判断し、その中間ファイルを策定することとした。

最近の積算ソフトウェアには、BIMモデルとのデータ連携機能をBIMソフトウェアのアドインプログラムとして提供し、BIMデータから必要な情報を直接積算ソフトウェアに取り込めるようにした製品も登場している。

ただし、現在のところ①で述べた通り、BIMモデルから数量の算出に制限があるため、積算ソフトウェアとBIMソフトウェアと連携する場合でも、積算ソフトウェア側でBIMデータから取り込んだ情報に対して算出できる項目

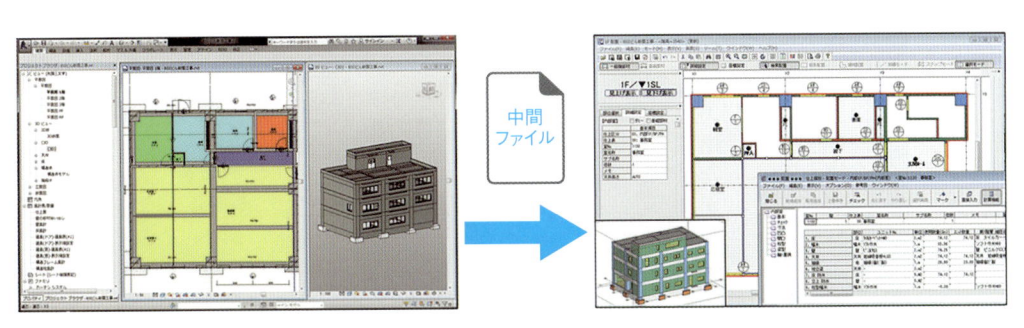

図表㊿　BIMソフトウェアと積算ソフトウェアの連携例
（資料提供：株式会社日積サーベイ）

を限定している。

　例えば、土工、地業、コンクリート、型枠、鉄骨、内装、建具などの数量は
BIMソフトウェアからの情報を利用して算出できるが、仮設、屋根、外装な
どは、積算ソフトウェア上で情報を入力して数量を算出するなど、部位、科目・
工種に応じて使い分けられている。

BIM連携概算、積算のメリット

①ルーチンワークの減少

　BIM連携によって、紙図面を見ながら人の手で入力する単純作業の大幅な
時間削減が可能となる。BIM連携特有の業務として、連携設定作業や連携後
のデータ確認・訂正作業が発生するが、それらを差し引いても大幅な効率化が
図られる。これによって、概算、積算業務の生産性は大きく改善することが期
待される。

②ケアレスミスの減少

　入力の繰り返しなどで作成したデータは、項目数に比例してミスもまた多く
発生してしまう。また、図面通りに正しくデータ入力されているか否かのチェ
ックも困難である。BIM連携においては、人の手による入力が削減され、連

図表⑯　BIM連携積算の導入によって、ルーチンワークが減りケアレスミスも減少した

携時のエラー表示・確認も行えるなど、ケアレスミスの減少効果が期待できる。

③BIMの利用による若手技術者の参加

　積算ソフトウェアでの作業は、図面を作成する（部材を置いていく）CAD入力と、手計算のイメージで表形式の入力を行う作業方法に大別されるが、BIM連携では、前者のCAD入力との連携が主となり、その連携技術は現在も進化を続けている。

　近年、積算業務に携わる若手技術者は、学生時代に授業の実習などでCADソフトウェアに触れてきており、慣れ親しんだソフトウェアとの連携や、CAD的な入力インターフェースを有する積算ソフトウェアによって、若手技術者が参加しやすい環境整備が可能となってきた。

④概算の算出に有効

　BIM連携は、BIMソフトウェアから積算ソフトウェアへのシームレスなデータの受け渡しが可能となることから、概算の特性として、基本計画〜基本設計〜実施設計とBIMモデルが詳細になっていくにつれて、前のデータを活かしながら多段階での概算の算出が可能になるというメリットがある。

　また、建物の性能や価値を下げずにコストを抑えるVE（Value Engineering）案などに対応したコストシミュレーションが容易になるため、コストコントロールを行ううえでも有効といえる。

⑤積算技術者のビジネスモデルの拡大

　BIM連携による業務効率化は、積算技術者に新たな時間的余裕をもたらす。この時間とBIM連携業務で得た知見は、積算技術者がLCC（Life Cycle Cost）、CM（Construction Management）、FM（Facility Management）など、新たな業務拡大へのチャンスととらえることができる。積算技術者にとって、BIMは従来のビジネスモデルを大きく変革する可能性を秘めているといえる。

BIM連携概算、積算の課題

このように多くのメリットを生み出すBIM連携概算、積算であるが、残念ながら現状ではいくつかの課題点も存在する。この課題点を以下に整理してみたい。

①モデリングのルールと代用入力

BIM連携概算、積算において、最大限にBIMデータを活かすためには、周到な事前準備とモデリングルールが必要となる。事前準備とは、壁厚や、室名、建具リスト符号などBIMオブジェクトごとに入力する項目・内容を取り決めることである。

これらに関係した問題点の1つに代用入力がある。代用入力とは、本来使用すべきBIMオブジェクトの用途を越えて他の用途のためにそのBIMオブジェクトを使用している場合のことを指す。例えば、梁のオブジェクトを使用してカーテンボックスやノンスリップを表現している例などが挙げられる。これらのデータから、正しい数量を算出するには、工夫や対策が必要となってくる。

以下に、BIM連携概算、積算をスムーズに進めていくために、事前に設計者と積算技術者が打ち合せに利用するすり合せシートの例と、よくある代用入力の例を挙げる。

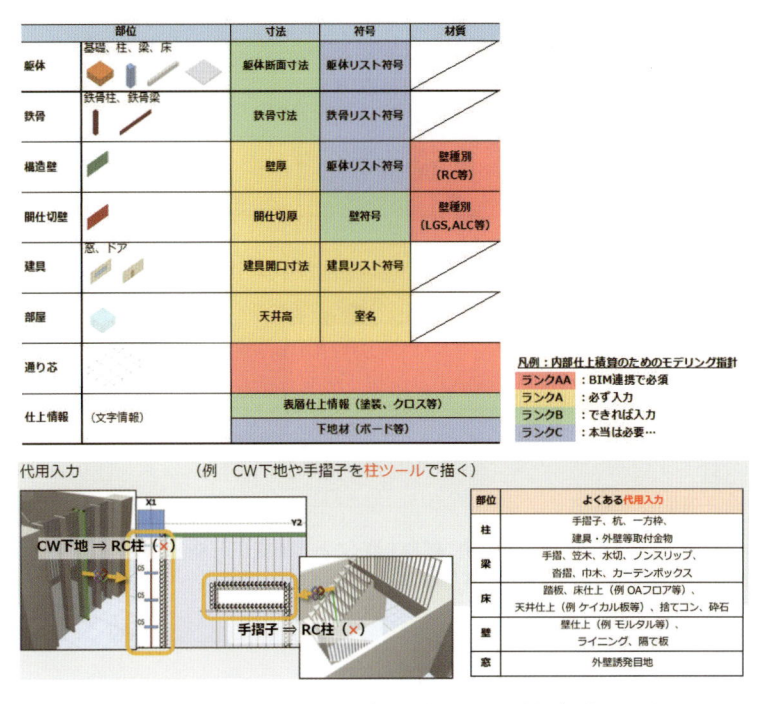

図表⑰　すり合せシート例およびBIM連携積算を妨げる代用入力例
（資料提供：株式会社日積サーベイ）

②材料データの未統一

　BIM連携概算、積算においては、モデリング以上に材料データと連携することが難しい。それは、材料データが文字情報のみであったり、コード項目が各社ごとに異なっているからである。日本国内には、現在のところBIM連携概算、積算に利用可能な材料データなどを統一的に管理できるような標準コードが存在しない。

　このような状況に対し、現在、共通材料マスターを採用するなど、様々な工夫や手法で材料連携が試みられている。あえて材料データは連携させないという方法もあるが、どちらの手法も連携精度としてみると不十分であり、その解決には各社が使用できるコードの標準化が必須となる（256ページ参照）。

　上記に関して2019年に国土交通省に設置された「建築BIM推進会議」（16ページ参照）の「BIMによる積算の標準化検討部会」で検討されることになっている。そのような場の中でコードの標準化が実現することにより、従来の制約を飛び越え、BIM連携精度が飛躍的に向上することが期待される。

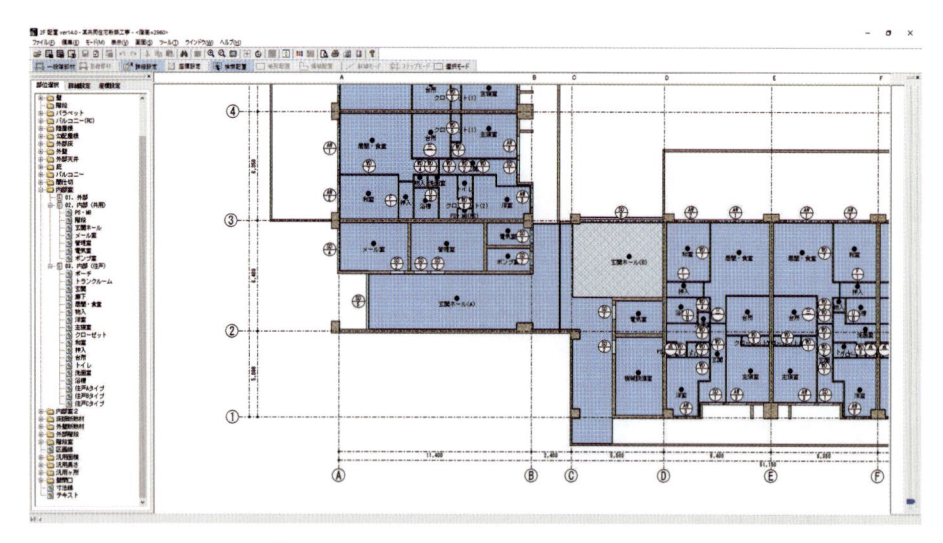

図表⑱ 図面通りに部材を置くことで積算が可能となる
（資料提供：株式会社日積サーベイ）

③設計技術者と積算技術者の関係と役割

　従来の見積もり作成作業では、設計変更やVEなどによるコストの修正が生じた場合、部分的な拾い直しなどの作業が発生し、大きな手間と時間が必要となっていた。またこうしたやり直し作業が繰り返されることが、見積もり作成作業時のミスを誘発する原因にもなっていた。

　そもそも、設計者が作成した図面から部材の材料や寸法を拾い上げ、数量を計算し、単価を掛けてコストを算出することが積算技術者の業務である。しかし、設計図面が必ずしも施工を考慮した内容になっていないことも多く、設計者との質疑応答、施工を意識した部材（仕上げの下地材など）の選定などにより、施工に近い情報を付加しなければならない。欧米では、スペックライターという職種が存在し、こうした諸問題の解決に当たることもあるが、日本ではまだこうした専門職種は一般的ではない。

　不完全なフロントローディングは設計BIMと施工BIM（165ページ～参照）が分断されている1つの要因でもあり、今後BIMツール化された概算、積算ソフトウェアがその課題も解決すると考えられる。そのためには設計者、積算技術者双方の意識改革と部材識別情報の標準化（コード化）、標準単価の設定が必要になる。

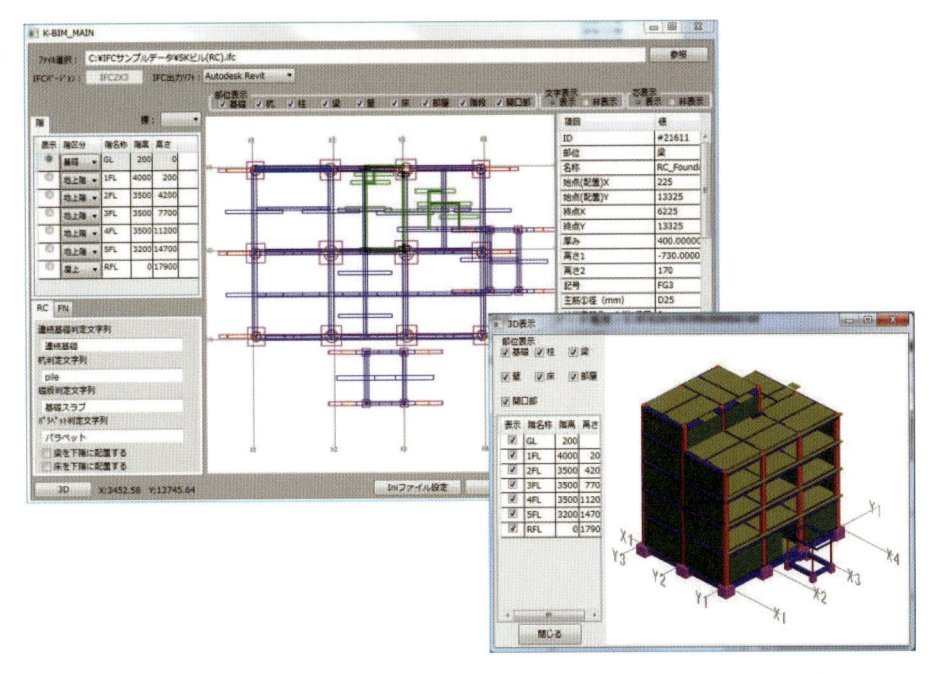

図表⑲　IFCデータ・積算システム・インポート画面と積算システムにおける3D表示
（資料提供：協栄産業株式会社）

BIMを利用する際には、作成されたBIMモデルの著作権、他社とやり取りする際の方法・手順などについて検討する必要がある。さらにBIMを普及させるには、発注者の利益を引き出せるようなBIMの利用を示していくべきである。

　ここまでは主に、実際にBIMモデルを作成する際に知っておくべき事柄や特徴的な技術などを説明してきた。

　第1編、48ページには「BIMが抱える課題」として、①BIMモデルの著作権、②BIMモデル作成の費用負担、③BIMモデルの承認、④BIMモデルの運用環境、⑤BIMモデルの運用体制、⑥BIMモデルの精度、⑦BIMモデルの標準化とコード分類体系を挙げた。

　これらは、すべてBIM実行計画（BEP：Building Information Modelling Execution Plan）（91ページ参照）において、あらかじめ問題とならないように取り決めをしておくべきことである。

　本節では、さらに「BIM運用上の課題」として、BIMモデルの著作権と、BIMモデルを流通させる際の問題点、さらにBIMを普及させるための課題を解説する。

BIMモデルの著作権

　48ページでも述べたように、BIMモデルは多くの専門家の手を経て作成することになるため、作成されたBIMモデルは、いったい誰のものなのか、BIMモデルの著作権について押さえておく必要がある。本項では、このBIMモデルの著作権について考えてみたい。

①CADデータの受け渡し

　建設プロジェクトは、様々な組織に属するメンバーでチームを構成することになるため、プロジェクトでBIMを利用する場合、プロジェクトの関係者間でBIMデータの受け渡しに関する検討を行う必要がある。

　（一社）日本建築学会では、CADデータの権利や後工程への受け渡しに関する注意事項などについて内部の委員会で検討した結果を「建築における電子データ流通のためのガイドライン」としてまとめ、2001年12月に公開している。

　そのなかで、電子データを流通させる際はデータ受け渡しの契約書を交わし、データの利用目的の範囲、目的外利用の制限、第三者の利用、原著作権の所在、納品データの扱いなどを決めるように提案している。

　線と文字の集合であるCADデータと電子的な建築部材の集合であるBIMデータでは、データの利用目的や利用範囲が異なるが、後のトラブルを回避するためにもデータの使用に関する権利や責任などについて、あらかじめ取り決めておくことが望ましい。

②建築設計に関する著作権

　著作権法（以下、法という）第2条第1項1号において、著作物は「思想又は感情を創造的に表現したものであって、文芸、学術、美術又は音楽の範囲に属するものをいう」と定められている。建築関係では「建築物」と「建築設計図」が著作物に該当する。

　「建築物」自体は、同法第10条5号に「建築の著作物」として例示されているが、芸術的なデザイン以外の一般的な住宅やビルは著作物にあてはまらないと解釈されている。著名な建築家が設計した建物であっても、特に芸術性の高い建物でない場合は、著作物に該当しないのである。なお、建築設計図面に従って建築物を完成させることは「建築の著作物の複製」にあたる。

　「建築設計図」は、同法第10条6号の「地図又は学術的な性質を有する図面、図表、模型その他の図形の著作物」に該当する。建築設計図面を他人が複製すれば、図面の著作物の複製権侵害になる可能性が高い。

　また、同じ建築設計図面に基づいて他人が同じ建物を建てた場合、その建物が建築の著作物の対象であれば、複製権侵害になる。

著作物を創作する者を著作者といい、著作者は、その著作物およびその題号の同一性を保持する権利を有し、その意に反してこれらの変更、切除その他への改変を受けないものとされている。

しかし、「建築物の増築、改築、修繕又は模様替えによる改変」については建築主（発注者）や居住者の利便性を考慮し、適用されないことになっているため、著作者以外の別の設計者による増改築などに際しての変更は、同一性保持権の適用外とされている。ただし実際には、大規模な改築や修繕を行う場合には、原設計者の承諾を得ておくことが望ましい。

③BIMモデルの著作権

BIMモデルの著作権についての定説はいまだないが、一般的に建築設計図の著作権を有するのは設計者であり、「建築主（発注者）は設計図に基づいて1回だけ建物を建てる権利を設計者から許諾された」と解釈されている。

建築設計者がBIMモデルに対する原著作権を有すると考えた場合、その設計者は自身が作成したBIMモデルを建物のライフサイクル全体で任意に活用できるものと理解することができる。

設計者と施工者が共同で設計を行なった場合、BIMモデルは設計者と施工者の共同著作物にあたる可能性がある。しかし、設計者による設計の終了後、施工者が原設計を変更のうえBIMモデルを作成する場合は、2次的著作物になる可能性が高い。

運営・維持管理者が作成するBIMモデルは、著作権が生じないと考えるのが妥当である。著作権は創作性のある行為を行なったかどうかにより判断されるが、維持管理に必要な属性情報は創作性があるとは考えにくいからである。

なお、BIMモデルに起因する建物瑕疵問題が起きた場合は、BIMモデルの著作権を有する者の責任である。著作権を主張することは、自己の権利の保有だけでなく、責任を表明することにつながるのである。また、BIMモデルが保存されているBIMソフトウェアのオリジナルファイルには、そのプロジェクトの建物情報だけでなく、プロジェクト関係各社で作成されたテンプレートやBIMオブジェクトライブラリなど、各社のBIMモデル構築のノウハウも含まれている。これらのデータは再利用可能であり、不用意にBIMモデルを受

け渡すと、他の建設プロジェクトに転用される可能性がある。

　以上のことより、BIMデータの受け渡しや使用範囲、著作権などについては、設計者と協力事務所との受け渡し、設計者と施工者との受け渡し、施工者と運営・維持管理者との受け渡し、建築主（発注者）との受け渡しなど、ケースごとに図表⑦に掲げた事項に留意して検討し、プロジェクトの業務委託契約で定めておく必要がある（96ページ参照）。

〈基本事項〉

利用目的と対価の明確化	契約書を作成し、利用目的と対価を規定する。
目的外利用の禁止	目的外利用と第三者への譲渡・転貸を禁止する。
著作権の明示	全体および部分について、著作権の所属を明示する。
複製の制限	許可された利用目的外のコピーを禁止する。
入力基準の共有	BIMにおける入力基準を受け渡し関係者で共有する。
図面とBIMデータの扱い	BIMデータとそれを元に作成された図面には差異がある場合、見積もりや工事契約では図面を優先する。
データ変換時の問題	異なるBIMシステムでの受け渡しでは完全にデータ変換できないことがあることを明示する。

〈建築設計と著作権〉

著作物	設計図は著作物であり、設計図の著作権は設計者にある。
著作者	設計を受託した組織(法人)または設計者(個人)が著作権を所有する。
著作者の権利	著作者人格権と著作財産権がある。著作財産権はすべておよび一部を譲渡できるが、著作者人格権は譲渡できない。
複製	同じBIMを用いて複数の建築を行う場合は、別途契約する。
2次的著作物	別の設計者が行なった基本設計(BIM)をもとに作成された実施設計図(BIM)は2次的著作物となる。
共同著作物	2人以上のものが共同して作成した設計図(BIM)で、各人の寄与を個別に切り離して利用できないものをいう。設計JVでの設計も該当する。
データの著作権	BIMデータの著作権は保護対象とされる。
協力者の著作権	協力者がBIMにおいて設計行為を行なった場合は、共同の著作権が発生する。
著作権の譲渡	前項の場合、著作財産権の譲渡を受けることができる。著作者人格権については著作者人格権不行使特約を結ぶことができる。
施工者の著作権	BIMをもとにした施工図は2次的著作物には当たらない。ただし、施工者により創作的なデザインが加えられた場合は、著作権が発生する。

〈契約上の一般的注意事項〉

運用	契約書の作成基準を確立する。
別表・覚書	契約書にない事項については別表で内容を定めて契約する。契約を覚書として取り交わすことも可能である。
取り扱うデータ	BIMデータは複数のデータを内包するため、受け渡すデータの管理は契約書で詳細に規定する必要がある。
違約金	契約書のなかで違約金についても規定する。

図表⑦　BIMモデルの受け渡しに関する検討事項の例
（出典：JIAのBIMガイドライン）

BIMモデルの流通に向けて

　BIMのメリットと考えられていることの1つは、建物のライフサイクルにわたって建設データを活用できることである。しかし、設計者が設計段階で構築したBIMモデルと施工段階で必要とするBIMモデル、建物運営・維持管理段階で必要となるBIMモデルの情報精度・詳細度（154ページ参照）や内容、形態が異なるため、実際にはそのままデータを引き継ぎ利用することが難しい。

　建物の詳細な納まりは、施工段階で施工会社が作成する施工図や総合図、専門工事会社が作成する製作図をもとに決定するため、実施設計段階で作成されたBIMモデルでは、施工時の詳細情報が不足しているのである。

　そのため、実施設計段階から施工段階での連続利用を目指し、設計者と施工者が協働することで、施工のノウハウを実施設計段階のBIMモデルに取り入れる試みも始まっている。

　またさらに、BIMモデルを建物運営・維持管理段階までの効率化だけでなく、不動産流通の適正化に活用しようという取り組みも始まっている。詳しくは第4編（262ページ〜）で解説する。

BIMの理想と現実

　日本でのBIM元年といわれた2009年から10年を経た現在、建築設計・生産の現場では、BIMで作成される3次元形状を活かしたリアルタイムビジュアライゼーションによる写実的なCGパースや高品質な動画を作成することや、それをVRコンテンツに転用することが容易になった。

　また3次元形状同士による干渉チェックも、コンピュータの性能向上によって飛躍的に処理速度が速くなり、多くの場面で一般的に使われるようになった。

　しかしそれは、コンピュータの性能向上によって、3次元モデルを用いてできることが高品質かつ高速になっただけであり、理想とされていた建築生産にかかわるすべての関係者がBIMを使って意思決定を前倒しで行うという本来の意味でのフロントローディングはまだ実現されていない。

　BIM本来のメリットを活かしきれていない理由の1つに、発注者側がBIMの

メリットを十分に見いだせていないことが挙げられる。

2009年の頃と比べて、BIMという言葉は、発注者側にも知られるようになった。しかし、BIMの理想ばかりが独り歩きし、例えば「BIMモデルさえあれば、維持管理費が節約できる」といったような早計な認識から、実際にBIMの現状を知った発注者の失望を招き、それ以降BIMが使われないといったことが起こってしまう。

これは発注者側の認識不足からのみ生じる問題ではなく、生産者側が発注者の利益を引き出せるようなBIMの利用方法を示せてないことにも大きな原因がある。

設計段階、施工段階、運営・維持管理段階それぞれでBIM利用の目的が異なり、求められるBIMモデルも異なってくる。

例えば施工段階で作成した精緻な情報の入ったBIMモデルは、発注者が運営・維持管理段階で利用するには、情報過多でかつ専門的すぎるため、そのままでは利用できない。

そのため、建築プロセスの次の段階にBIMモデルを渡す場合は、それぞれの段階に求められるBIMモデルの再構築が必要で、それにはそれなりの費用がかかる。結局、その費用に見合う利益がないとBIMの利用はそれ以上進まない。

発注者のBIM利用については、本書では第3編で事例や考え方を紹介する。

・事業計画でのBIM利用事例（217ページ参照）

・IPD（発注者を含む関係者が設計初期から参画する協業体制）（224ページ参照）

・建物運営・維持管理でのBIM利用事例（230ページ参照）

KEYWORD　詳細度、LOD、モデルの詳細度、モデルの確定度、モデルエレメントテーブル、国土交通省による詳細度

建設プロジェクトが進行すると、各段階で求められる情報が詳細になるとともに、求められる情報も異なってくる。BIMモデルの要素ごとに必要とされる情報の詳細度（LOD）を明確に規定することは、プロジェクトを円滑に進めるうえでも、関係者間のコミュニケーションを図るうえでも重要な役割を果たすことになる。

　設計から施工、そして建物の運営・維持管理段階へとプロジェクトが進行すると、BIMモデルの詳細度は次第に増加していく。建物のライフサイクルの各段階で求められる情報は異なり、より詳細なモデルやデータが必要となるためである。

　しかし、生産者のプロジェクトチームが実務で求める詳細度と建物の所有者が求める詳細度には明らかな隔たりがあり、さらに、設計段階と施工段階、そして運営・維持管理段階でも、BIMモデルに求める詳細度は大きく異なるのが実情である。

　したがって、プロジェクトの各段階で必要とされる詳細度レベルを定めることは、円滑なプロジェクト進行に必要な措置であり、また、関係者間のコミュニケーション上も非常に重要になる。このBIMモデルの詳細度はLODとして定義される。

LODとは

　LOD（Level of Development）は、BIMモデルの形状の詳細度やBIMモデルに含まれる建築モデル要素の情報量、情報の信頼度などを数値化し、定量的に表す指標である。

　BIMモデルは、プロジェクトの段階やマイルストーンごとに求められる各建築モデル要素の情報量やモデル形状の詳細度、図面としてのつくり込み度合いが

異なる。LODは、どの段階でどれくらいの情報量を含んだBIMモデルを作成する必要があるか、BIMモデルに含まれる情報がどの程度確定しているかを表す指標として利用され、LOD○○○（○は数字）と表現される。

　なお、モデル形状の詳細度をLevel of Detail、モデルに含まれる情報量の程度をLevel of Informationと呼び、形状と情報量の詳細度を使い分ける場合もある。単にLODという場合は、Level of Developmentを指すことが多く、形状も情報も包含した詳細度として表現される。

Level of Detail Level of Information	BIMモデルの詳細度 BIMモデルの形状の詳細度やBIMモデルの要素に含まれる情報量を規定する。
Level of Development	BIMモデルの確定度 要素（部位）ごとに、各マイルストーンで入力すべき標準的な3次元形状および属性を詳細に規定するため、1つのBIMモデルのなかに様々なLODの要素が混在する。

図表⑦　LODの違い

モデルの詳細度（Level of Detail、Level of Information）

　モデルの詳細度（LOD：Level of Detailもしくは、LOI：Level of Information）は、BIMモデルの要素に含まれる情報量の指標であり、必ずしも情報の確定度合いを意味するものではない。一般的に建築生産の段階が進むにつれて情報が詳細になるため、基本設計における建築モデル要素はLOD200相当、実施設計や確認申請図用モデルはLOD300、施工はLOD400というようにLODが高くなる。BIMモデル作成の要件として、各建築モデル要素のLODをあらかじめ決めておくことで、発注者の要求や設計費などのコストを明示し、目指すべきモデルの完成度を明確にすることができる。

　Level of Developmentとの混乱を避けるため、Level of DetailとしてLODを使う場合は、多くのBIMガイドで別の用語が用いられている。たとえば、AEC（UK）（A unified standard for the Architectural, Engineering and Construction industry in the UK）BIM Protocols V2.0では "Component Grade" として、図表⑦のようにLevel of Detailを定義している。

Component Grade G0	**模式的** 場所を示すシンボリックなオブジェクト。
Component Grade G1	**概念的** 場所を示す包絡的な寸法をもったオブジェクト。
Component Grade G2	**定義されたオブジェクト** タイプや素材を識別することができ、関連するメタデータや技術情報を含む。 たいていのプロジェクトはこれで済む。
Component Grade G3	**レンダリングされたオブジェクト** 3D表現を除けば、G2と同様。

図表⑫　AEC（UK）BIM Protocols V2.0によるComponent Gradeの定義

モデルの確定度（Level of Development）

　LOD（Level of Development）は、BIMモデルに含まれる情報や形状の確定度合いを表し、部位ごとに各マイルストーンで入力すべき標準的な3次元形状および属性を詳細に規定する。モデル形状の細かさや情報の詳細度ではなく、BIMモデルの要素に含まれる情報の信頼性を測る指標として用いられる。

　標準的に使われているLODの仕様は、BIM Forum[1] が2013年8月に発表した "Level of Development Specification Version :2013 For Building Information Models"（図表⑬）で、LOD100〜500を6段階に区分している。このLOD仕様のうちLOD100、200、300、400、500は、米国建築家協会（AIA）のBIM議定書 E202-2013と、その改良版のG202-2013に基づいたもので、LOD350はBIM Forumによって開発されたものである。

---

1)　BIM Forum：建設業界を改善する目的で、BIMと新しいコラボレーションの技術の導入を促進し建設業におけるイノベーションを実現するための支援を行う米国の企業提携団体。buildingSMART Internationalの米支局。

LOD 100	モデル構成要素は、シンボルまたは他の包括的な表現で視覚的に表現されるがLOD 200のための要求条件を満たさない。モデル構成要素に関連した情報（すなわち、単位面積あたりの原価、HVACであれば冷凍トン数）は、他のモデル構成要素から導くこともできる。
LOD 200	モデル構成要素は、視覚的にはおおよその量、サイズ、形、場所と方向による包括的なシステム、オブジェクトまたはアセンブリーとして表現される。属性はモデル構成要素に付加される。
LOD 300	モデル構成要素は、モデル中に図形要素として数量、大きさ、形、位置と方向をもった特定のシステム、オブジェクト、アセンブリーとして表現される。
LOD 350	モデル構成要素は、モデル中に図形要素として量、大きさ、形、他のインターフェースをもった特定のシステム、物またはアセンブリーとして視覚的に表現される。属性はモデル構成要素に付加される。
LOD 400	モデル構成要素は、モデル中に形状として量、大きさ、形、位置、方向をもち、詳細情報、加工情報、組み立て情報、設置情報をもった特定のシステム、オブジェクトまたはアセンブリーとして表現される。もちろん、属性情報はモデル構成要素に付加される。
LOD 500	モデル構成要素は、大きさ、形、場所、量と方向などを実物と照合した表現となる。属性情報はモデル構成要素に付加される。

図表⑦ BIM ForumによるLOD（Level of Development）仕様の例

図表⑦の警告が示しているとおり、BIM ForumのLOD仕様では、1つのBIMモデルのなかにLOD100の要素、LOD200の要素、LOD300の要素、LOD400の要素という異なるLODの要素が混在し、LOD○○○というモデルは存在しない。また、建築生産プロセスの段階とLODは完全に一致するわけではない。

このことはLODを考える際に非常に重要なことで、日本でBIMが普及し始めた当初は、LODは基本設計でLOD=200、実施設計でLOD=300というようにプロジェクトの段階やマイルストーンにおいてBIMモデル全体の確定度としてLODをとらえる向きがあった。

これは誤解であり、プロジェクトの同じ段階、同じモデル内に、柱、梁、壁など、建築モデル要素（部材）それぞれに別々のLODが存在している可能性が含まれることを理解しておくべきである。

LODと設計段階との間に厳密な一致はない。建物システムは設計プロセスを通して異なる割合で詳細化される。例えば、基本設計段階の完了時において、モデルは多くのLOD200エレメントを含むが、LOD100エレメントも多数含んでいる。また、ある程度のLOD300エレメントや場合によってはLOD400エレメントさえも含む。
つまり「LOD○○○モデル」のようなものはなく、どのような段階のプロジェクトモデルであっても、様々な詳細化レベルのエレメントおよび組み合わせを必ず含んでいる。例えば、基本設計段階の完了時において「LOD200モデル」を要求することは論理的ではない。むしろ「引き渡し可能な基本設計モデル」は様々な詳細化レベルのモデル化されたエレメントを含むと考えた方がよい。

図表⑦ BIM ForumによるLOD（Level of Development）の警告

モデルエレメントテーブル

　前述したように、BIMモデルのLODは、建設プロジェクトの進捗段階によって決まっているわけではなく、様々なLODの要素の組み合わせで表現されるものである。

　そこで、建設プロジェクトの進捗段階によって各要素のLODを記述するための「モデルエレメントテーブル」がAIAのBIM議定書（E202-2013）で採用されている。

　モデルエレメントテーブルは、マトリックスで左の見出しに標準的なモデルエレメント、上部見出しに建設プロジェクトのフェーズやマイルストーン、そして細目にLODとモデル作成者を記入できるようになっている。

進捗段階	企画設計		基本設計		実施設計		詳細設計		施工		維持管理	
部位、モデル要素	LOD	モデル作成者	LOD	モデル作成者	LOD	モデル作成者	LOD	モデル作成者	LOD	モデル作成者	LOD	モデル作成者
壁												
床												
基礎												
給排水												

図表⑦⑤　モデルエレメントテーブルの例
（出典：AIA BIM議定書（E202-2013））

国土交通省による詳細度

　国土交通省大臣官房官庁営繕部制定のBIMガイドラインで、BIMモデルの詳細度は「BIMモデルの作成及び活用の目的に応じたBIMモデルを構成するBIMの部品（オブジェクト）の形状及び属性情報の詳細度合いをいう」と定義されている。

　建設プロジェクトの初期段階で詳細なモデルのつくり込みを行うと、データ容量が大きくなり、操作性が低下するとともに、プラン変更にともなうBIMモデルの修正作業が増大する可能性があることなどの留意点が記されているほか、同BIMガイドライン（2018年改定版）には「基本設計方針策定」「基本設計図書作成」「実施設計図書作成」「完成図等作成」におけるBIMモデルの詳細度の目安が記さ

れていた（2022年3月の第2回改定版には、これらのBIMモデルの詳細度の目安は掲載されていない）。

KEYWORD　建築確認、電子申請、BIM建築確認

2次元図面を切り出さなくても、BIMモデルのまま建築確認ができれば、申請業務が効率化できる可能性がある。2016年からBIMを建築確認に利用しようという機運が高まり、「建築確認におけるBIM活用推進協議会」が発足して、建築業界で統一して「BIM建築確認」の検討が進められることになった。

　2016年、国内で初めてBIMモデルによる建築確認申請手続きが行われ、4号建築物の確認済証が交付された。BIMモデルには建築設計のあらゆる情報を含めることができ、わざわざ2次元図面を切り出さなくてもBIMモデルのまま建築確認ができれば、申請業務が効率化できると考えられる。本節では、BIMモデルを用いた建築確認の動き、現状の課題を述べる。

BIMによる建築確認への動き

　建築確認は、建築物などの建築計画が建築基準法に基づく各種法令や規定類に適合しているか否かを建築物の着工前に審査する行政行為である。

　建築確認は、長らく図面および書面によってその手続きが行われてきたが、2014年5月に国土交通省が「建築確認手続き等における電子申請の取扱いについて（技術的助言）」を公表し、電子申請について具体的な運用方法を提示した。

　これを受け、同年12月には数社の指定確認審査機関により電子申請での受け付けが開始され、2015年2月に国内第1号となる電子申請による建築確認申請が受理され、確認済証が交付された。

　ところが、諸外国ではインターネットの普及が始まった2000年代初頭から、建築確認や建築許可の電子申請が行われており、日本は10年ほど遅れて電子申請が始まったことになる。

　従来、建築確認申請では設計図書を正副2部作成し、特定行政庁か確認検査機

関に持ち込む必要があったため、その準備だけで2〜3日を要する場合が多かった。インターネットを利用した電子申請であれば、設計図書の印刷や持ち込みが不要となり、すべてパソコン上で作業が完結する。この準備期間が短縮できるだけでも、電子申請は大きなメリットである。しかし、これらはペーパーレスを実現したに過ぎなかった。

これに対し、BIMの普及によって、BIMそのものを使って審査を行うという動きが日本でも出てきた。つまり、BIMモデルを用いた建築確認作業を実現することでペーパーレス化以上の効果を目指す動きである。

BIMモデルを使って建築審査を自動化し、確認検査業務の大幅な省力化を実現しようという取り組みは、シンガポールなどの一部の国では、すでに開始されている。

日本では、2016年、国内で初めてBIMモデルによる建築確認申請手続きが行われ、4号建築物（一般的な小規模建築物）の確認済証が交付された。続いて、2018年には、2000㎡以上の非住宅建物の事前審査にBIMが使用され、同じ年にRC造戸建て住宅の建築確認にBIMが使用された。

その後、それらの建築確認にかかわった確認検査機関である日本ERI(株)と（一財）日本建築センターが中心となり、2018年10月に「BIMを活用した建築確認における課題検討委員会」が発足し、BIMから作成される申請図面によって、各図面間の整合性確認作業の効率化や審査対象となる図面枚数の削減につながるという観点から、BIMを用いた建築確認のあり方が検討された。

この検討委員会では、仮想的な建設プロジェクトが設定され、異なる2つのBIMソフトウェアで、確認図面に明示すべき事項をまとめた「希望表現項目」を表現することがどの程度可能なのかが検証された。

その検証結果より、今後の課題点や検討すべき事柄として「BIMモデルを利用して確認申請図面を作成する段階」と「BIMモデルデータを建築確認の事前審査の際に利用する段階」の2つの段階に区切って検討内容が挙げられた。

BIMモデルを利用して確認申請図面を作成する段階においては、①確認図面の表現標準の作成と、②その作成に必要な入出力情報を定めるための解説書の作成を行うとされた。

BIMモデルデータを建築確認の事前審査の際に利用する段階では、③BIMを

活用した建築確認の円滑化を見据えた課題の検討として、例えば、計画変更への対応を踏まえた入出力情報のあり方の検討やBIMビューアーソフトウェアを活用した確認審査のあり方の検討が考えられている。また後者の検討の結果としてBIMビューアーソフトウェアの仕様検討を行うとしている。

「BIMを活用した建築確認における課題検討委員会」は、2019年7月25日に発足した「建築確認におけるBIM活用推進協議会」に引き継がれ、BIMを使用して効率的で的確な建築確認検査を実施するために、確認図面の表現の標準化と、BIMへの入出力情報を定める解説書の作成、確認審査に適したBIMビューアーソフトウェアの仕様の策定検討などが行われている。

BIM建築確認のメリット

BIMの特徴は、1つのBIMモデルに建物のあらゆる情報が集約され、図面や図書の整合性が保たれていることである。BIMのこの特徴を生かせば、これまで審査の前段階で行われていた図面間の不整合のチェックや、図書類の不備を確認する業務などを省略することができる。

また、BIMモデルに属性情報として審査対象項目が取り込まれていれば、審査側も複数の図面を参照しながら記載内容を読み取り、ミスの有無を確認するような膨大で単純な作業から解放され、且つ見落としのない正確な審査が可能となる。

さらに、建物施工中に実施される中間検査や完了検査時に、BIMモデルをタブレット端末などに入れて現場に持ち出し、設計内容と施工状況が合致しているか、あるいは設計図書どおりの架構や配筋などが行われているか、といった出来形のチェックをその場で実施するような使い方もできるであろう。

BIMの活用により、設計者も確認審査機関も双方がそのメリットを享受できるのである。

BIM建築確認への課題

　ただし、BIMによる建築確認には、まだクリアすべき課題がある。1つには審査機関の審査者にBIMモデルを扱えるスキルが要求されることが挙げられる。

　事前審査に使われる共通のビューアーが定まらない場合は、各BIMソフトウェアのオリジナルデータを用いることになるため、審査者はすべてのBIMソフトウェアをある程度使える技能が必要となる。

　また、BIMソフトウェアの仕様の問題もある。上述した4号建築物の確認済証が交付された事例では、使用されたBIMソフトウェア専用の審査用テンプレート上でBIMモデルを作成したものについて、審査が可能になった経緯がある。

　このような審査用BIMテンプレートの使用を前提として審査可能とする方式の場合は、各BIMソフトウェアの互換性がないことに加えて、同じBIMソフトウェアでも、異なるバージョン同士で互換性がないソフトウェアもあるため、ソフトウェアの種類やバージョンごとにテンプレートを用意する必要があり、BIMテンプレートの保守に大変な労力が必要になる可能性がある。

　さらに、BIMモデルを作成している途中で、テンプレートを差し替えることが難しいBIMソフトウェアがあり、そのような場合、審査機関が提示する確認申請専用のBIMテンプレートを初めから使用しなければならなくなる。これまで自社で使ってきたオリジナルのBIMテンプレートが使えなくなるため、それらのテンプレートとの整合性をどうクリアするのかという問題もある。

　これらの問題を解決するために、BIMソフトウェアからBIMデータをBIMデータの国際標準フォーマットであるIFC形式で保存し、そのIFCデータを特別なビューアーで審査者が開き、確認する方法も考えられる。この方法だと、審査者はそのビューアーの操作方法だけを知っておけばよく、求められるスキルもBIMソフトウェアを習得するよりはハードルが低くなる。

　例えば、早くからBIMを使った建築審査に取り組んでいるシンガポールでは、確認審査の際、BIMモデルのオリジナルファイルが求められていたが、BIMソフトウェアのテンプレートとそのバージョンの維持管理が大変なため、最近では事前審査にはBIMソフトウェアのオリジナルデータではなくIFCと2次元図面が使用されるようになってきているようである。

ただ、IFCの場合、建築確認で要求される詳細度の情報をいかにしてIFCに盛り込むのか、BIMデータが持っている2次元の図面情報がIFCに変換できないなどといった、クリアすべき問題もある。

　（国研）建築研究所ではBIMモデルから出力された確認審査用の図面の他に、その図面の審査対象表現の欠落をIFCに含まれるBIMモデルの属性情報を活用して効率的にチェックするという研究を進めており、「IFCプロパティ情報を審査対象項目のチェックリストとして用い、図面や図書に記載された内容や場所を検索可能とし、審査時における図面参照や記載内容の確認手間を軽減させる技術」が研究されている。

　BIMモデルで直接建築確認を行うことは、先に述べたように非常に有益なことであり、建築確認業務を根本から変革する可能性も秘めている。

　さらに、AI（人工知能）を用いて建築確認を省力化しようという検討も始まる機運があり、建築確認におけるBIM利用の取り組みは、今後の動向から目が離せない。

3.1

第3章　施工段階におけるBIM
工事関係者の合意形成、干渉チェック・納まり検討

KEYWORD　　施工BIM、BIMモデル合意、干渉チェック、CDE、設備BIM

施工段階でもBIMは有効であり「施工BIM」と呼ばれるようになった。(一社) 日本建設業連合会が「施工BIM」の導入や活用方法について詳しい解説書を公開している。施工の元請会社と専門工事会社が一堂に会する調整会議などで、BIMモデルだけで合意するようなプロセスは「BIMモデル合意」と呼ばれている。

　国土交通省大臣官房官庁営繕部制定のBIMガイドラインには、施工段階のBIM活用について、「施工計画、施工手順等の検討」「施工図、完成図の作成」「数量算出」「干渉チェック」「施設維持管理での利用に向けた資料等の作成」にBIMを利用する際のBIMモデルの作成範囲と詳細度が解説されている。

　また、同BIMガイドラインに「BIMモデルの詳細度の設定にあたり、次の資料を参照することが考えられる。『施工図のLODとBIM施工図への展開』((一社) 日本建設業連合会(日建連) Webサイトより　http://www.nikkenren.com/kenchiku/bim_lod.html)」という記述があるように、施工段階におけるBIM利用については、本編の第1章で述べたように日建連が先行して施工時のBIM利用の手引き「施工BIMのスタイル」として公開している。

　また、日建連は2017年11月に、BIMスタートアップガイドとして「施工BIMのすすめ」という冊子を上記Webサイトで公開しており、そのなかに施工段階でのBIM活用方法について具体例を挙げて解説している。ここでは、そのBIM活用方法の主な項目を解説する。

BIMによる合意形成

　BIMは設計者や施工者だけでなく、発注者などプロジェクトにかかわるすべての関係者の間でのコミュニケーションをスムーズにするためのツールであるということは、これまで述べてきた。

建築の施工段階では、設計者、施工者に加えて、多数の専門工事会社が参画する。施工の現場においては、そのような多数の関係者の間で合意がなされつつ、工事が進んでいく。この合意のプロセスがうまくいかないと、工期の遅れや、関係者の認識の違いにより、手戻りが発生し、関係者にとって損失となる。

　設計者や施工の元請会社と専門工事会社がBIMモデルを介して情報を共有し、連携することで、早期の合意形成が促進され、打ち合せ回数や製作図の作成工数などを減少させることが可能になる。その結果、各工種の調整業務に費やす多大な労力を削減でき、作業の効率化を図ることができるため、施工会社は施工品質の向上に注力することができる。

　（一社）日本建設業連合会（日建連）では、合意形成時にBIMを利用することで、「3次元モデルを好きな角度から見たり、断面を必要な箇所で切って見ることが可能」であり、「何度でも迅速な再修正と再確認が可能」「ウォークスルーができる」「VR、ARも行われ」「BIMツールに詳しくない人でも簡単に3次元の空間を体験できる」、そのため「3次元で、形状の理解が早まる」ことが合意形成の迅速化につながる、としている。

　このため、施工段階のBIM活用では、「施工関係者間の合意形成」だけでなく、「発注者・設計者等との合意形成」においてBIMがもっとも利用されているとしている。

　3次元では「複雑な納まりも一目で理解ができる」が、「基礎や柱、梁などが交差する部分の鉄筋の納まり、RC躯体と外壁建具の取り合い、スロープの納まりなど、複雑な形状の納まりを2次元の図面を見比べながら検討するのは、かなりの時間や労力を必要」とすることになる。しかも2次元の図面上で納まっている

備品配置のシミュレーション（右画像）
と利用者との確認会（左上写真）

レンダリング（Lumion）

図表㉖　発注者・設計者などとの合意形成
（出典：施工BIMのすすめ（日本建設業連合会））

ように見えても、実際は納まっていないこともあるということで、3次元上で取り合いを表すことができると、そのような誤認も防げるようになる。

　BIMを利用すると、建物の形状や部位の位置などを忠実に表現し、あらゆる方向から検証できるため、関係者の理解が早く、問題点の抽出が容易で迅速な判断ができる。

　このように、理解が容易なBIMを使った合意形成のプロセスにおいて、図面に頼らず、BIMモデルだけで合意するようなプロセスを日建連は提案しており、それを「BIMモデル合意」と呼んでいる。

　「BIMモデル合意」では、従来の2次元の図面を体裁を整えて作成する手間がなくなるため、合意形成のプロセスが効率化される。

　BIMを使って整合性の確認をしていても、合意形成の際に2次元の図面をBIMから抽出して体裁を整えていたのでは、BIMモデルの作成と図面の作成の2つの手間がかかってしまう。

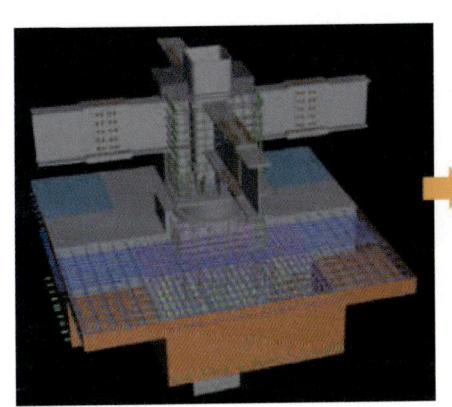

BIMモデル(TEKLA Structures)　　　3Dプリンターによる出力(3D Systems / Sinter station HiQ)

免震装置周辺の配筋納まり検討

図表⑦　施工関係者間の合意形成（納まり確認）
（出典：施工BIMのすすめ（日本建設業連合会））

167

「BIM モデル合意」は、図面の体裁を整えるために BIM モデルを細かく作り込んだり、2次元の記号や注釈を書き込んだりするのではなく、BIM モデルの3次元形状をあるがままに重ね合わせて検討し、決まった部位から2次元図面を切り出して、最後に1回だけ体裁を整えるという考え方である。

干渉チェック・納まり検討

　建物デザインの高度化や設備の多機能化にともない、2次元の図面では表現しにくい複雑な形状の納まりも、3次元モデルであれば容易に検討が可能である。

　BIM モデル合意のように、建物の形状や部位の位置などをあらゆる方向から検証する際に、3次元モデルを BIM ソフトウェアやビューアーソフトウェアで統合して、ソフトウェアの画面をプロジェクターで投影するなどして、ビューを動かしながら部材同士の取り合いを検討することができる。

　また目視による検討だけでなく、114ページの「干渉チェック」で述べたように、ソフトウェアによる干渉チェックを実施することも有効である。

　2次元図面による総合図では見落としていた不整合箇所も、BIM ツールの干渉チェック機能を利用して自動的に取りこぼしなく発見することができるため、手戻りを省き、作業の効率化を図ることができる。

　このように、施工の早い段階で意匠、構造、設備の各分野の BIM モデルを統合し、干渉チェックを行うことで、分野間の不整合の解決に大きな効果が期待できる。

　設計者や施工の元請会社と専門工事会社が情報を共有し、連携することで、早期の合意形成を促進し、打ち合わせ回数や製作図の作成工数の減少などを図ることが可能になる。

　各工種の調整業務に費やす多大な労力を削減し、作業の効率化を図ることができるため、施工会社は施工品質の向上に注力することができる。

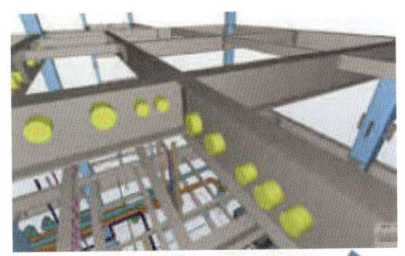

鉄骨・スリーブのモデル
（鉄骨ファブが作製：Real4）

IFC形式

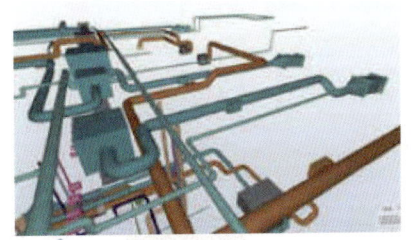

IFC形式

設備のモデル
（サブコンが作製：CadWe'll Tfas）

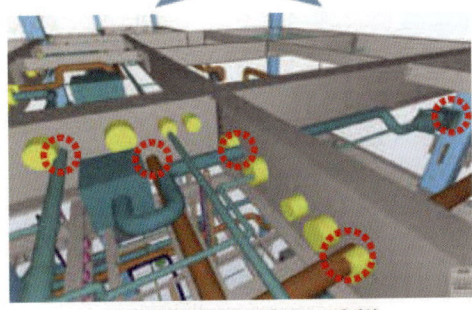

建築・設備モデルの
重ね合わせ
（ゼネコンが作製：
　Solibri Model Checker）

鉄骨と設備の干渉チェック例

図表⑱　干渉チェック
（出典：施工BIMのすすめ（日本建設業連合会））

必要なシステムと人材

　干渉チェックや納まり検討を行うには、専門工事会社が作成し持ち込んだ3D
モデルを取り込んでビューイングする機能が必要で、今日ではそのソフトウェア
は、BIMソフトウェアとは別に用意されることが多い。

　複数のBIMモデルや3D CADのデータがある場合、それらを1つの座標空間
に取り込んで、データを統合しなければならない。データを統合するためには、
まずデータをどこか1箇所のデータサーバーに保存しておく必要がある。

　複数の企業のデータを扱う場合、データのセキュリティやアクセス権限などを
厳格にしておく必要があり、そのための仕組みとしては226ページで述べるCDE
（Common Data Environment）の考え方が必要であろう。

　また、そのようなデータの蓄積共有と統合の作業を行うためには、専門工事会
社が持ち込んだデータを収集し、統合するためのソフトウェアで読める形式に変
換したり、そのソフトウェアに渡すデータを専門工事会社に依頼したり、データ
のバージョン管理などを受け持ったりする人員がいないとスムーズに作業が進ま

ない。

　現在のところ、それらの作業は情報システム部やBIM推進を受け持つ部署などが行なっていることが多い。

設備BIM

　BIMモデルを用いた作業調整会議を行うためには、その会議にかかわるすべての専門工事会社が3次元データを作成する必要がある。

　とりわけ設備工事は、躯体の内部や壁内への配管・配線、天井内の機器の吊り込みなど、竣工後には隠れてしまう部分の作業が多いため、設備工事に関する3次元データをいかに時期を逃さず正確に提供できるかが、作業調整会議での「BIMモデル合意」において重要となる。

　しかし、設備設計は通常2次元図面で行われており、設備工事会社にとっては、BIMモデルを用いた調整会議のために、これまで必要なかった3次元のモデルデータも作成する必要に迫られることになる。

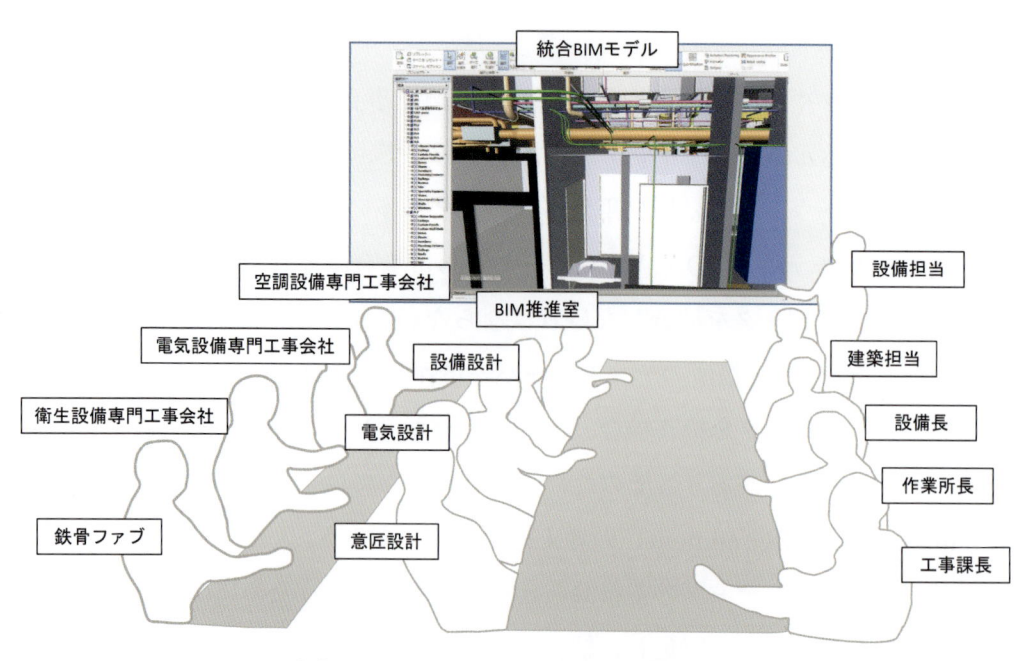

図表㉚　BIMモデルを用いた作業調整会議のイメージ

19ページで述べたように、従来より配管・系統図や機器配置図などの作成や、機器リストなどの出力といった設備設計に特化したCAD（設備設計用CAD）が使われていた。

　近年、それらの2次元の図面や表と3次元モデルが連動するソフトウェアが登場してきており、それらは「設備BIM」と呼ばれている。設備BIMは従来からの設備図を作成するのと同じ手間で、ある程度詳細な3次元モデルが作成され、それをIFCに書き出すことで、BIMソフトウェアとデータをやり取りできるようになっている。

　設備BIMを使えば、意匠や構造のBIMモデルと干渉チェックが行えるが、まだ完全にBIMソフトウェアとデータの劣化なしにやりとりできる設備BIMは登場していない。

　設備BIMから出力されたIFCデータをBIMで取り込み合成し、干渉チェックなどにより事前に問題を確認した事例が多くある。最近では形状だけを確認することから先に進み、設備CAD（2D）間での連携用に開発されたBE-Bridge（103ページ参照）という共通連携ファイルをBIMソフトウェアでも取り込むことができるようになっている。

　BE-Bridgeの中にはStemコードがあり、共通して使えるコード体系が決められている。このコードには配管の材質・用途などがあるため、BIMソフトウェアに取り込んだ時点で電気・空調・衛生などに分類され材質なども保持される。

　設備BIMではさらに詳細な内容を入力できる。メーカ名・機器のスペック・品番・系統など必要な情報を多数用意し、BIMソフトウェアと連携するときに欠落することなく取り込まれた内容を確認できるようになっている。

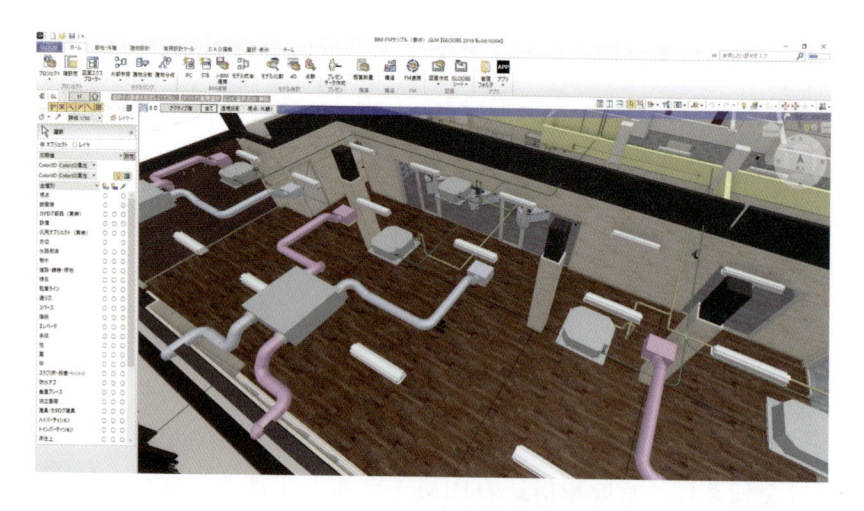

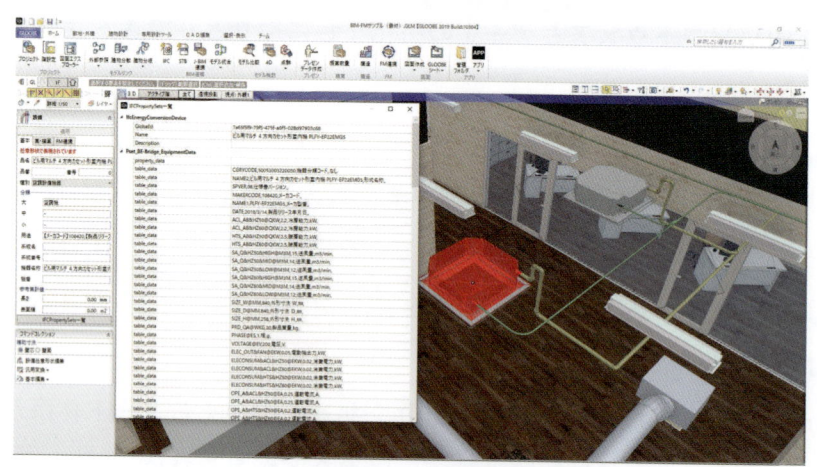

図表⑧　BIMと設備BIMとの連携例
（資料提供：福井コンピュータアーキテクト株式会社）

第3章　施工段階におけるBIM

施工計画、施工手順の検討（施工シミュレーション）

KEYWORD　施工シミュレーション、BIMモデル、4Dシミュレーション、4D BIM

施工計画、施工手順などを検討する際に、BIMの3次元形状を使って工事が進んでいく様子をビジュアルにわかりやすくアニメーションで見ることができる。施工前のチェック作業を効率化し、十分な検討を行えば、施工品質の向上や工事期間の短縮が可能になる。

施工シミュレーションのメリット

国土交通省大臣官房官庁営繕部制定のBIMガイドラインには「施工計画、施工手順等の検討」として、「BIMモデルを利用して、施工計画、施工手順等の検討（仮囲い、仮設足場、揚重機等の検討を含む。）を行う場合は、検討目的に応じて必要な建物形状を入力する。なお、施工の進捗に応じた各段階の検討を行う場合は、各段階の進捗に合わせた建物形状を入力する。」と記述されている。

BIMモデル上に、建物のモデルだけでなく、仮囲いや、仮設足場、揚重機など、工事期間にのみ使用する仮設物も3次元でモデリングすることで、施工時の状態がわかりやすくなる。

また、上記「施工手順」を表現するのに、施工手順に沿って時系列にBIMモデルのオブジェクトを表示・非表示させたり、移動させたり、建物が組みあがっていく状況をアニメーションで見せることができるソフトウェアもある。

このような、時系列での変化をシミュレーションすることを3次元形状＋時間軸という意味で「4Dシミュレーション」あるいは「4D BIM」と呼ぶこともある。

「4Dシミュレーション」機能を使用すると、限られた施工の作業空間の中で揚重機モデルを動かしてみることにより、安全に作業ができるのか容易にモデル上で確認することができる。

また、建物が建ちあがっていく順番を工程管理表と連動させて表示することもできる。これらの機能を使って仮設計画や施工手順のシミュレーション、出来高管理などを行うことで、工期の短縮や施工の安全性確保にも貢献できる。

さらに、施工手順や工事計画をビジュアルに表現できるので、発注者や地域住民など施工に詳しくない関係者に対しても、わかりやすく工事計画を説明することができる。

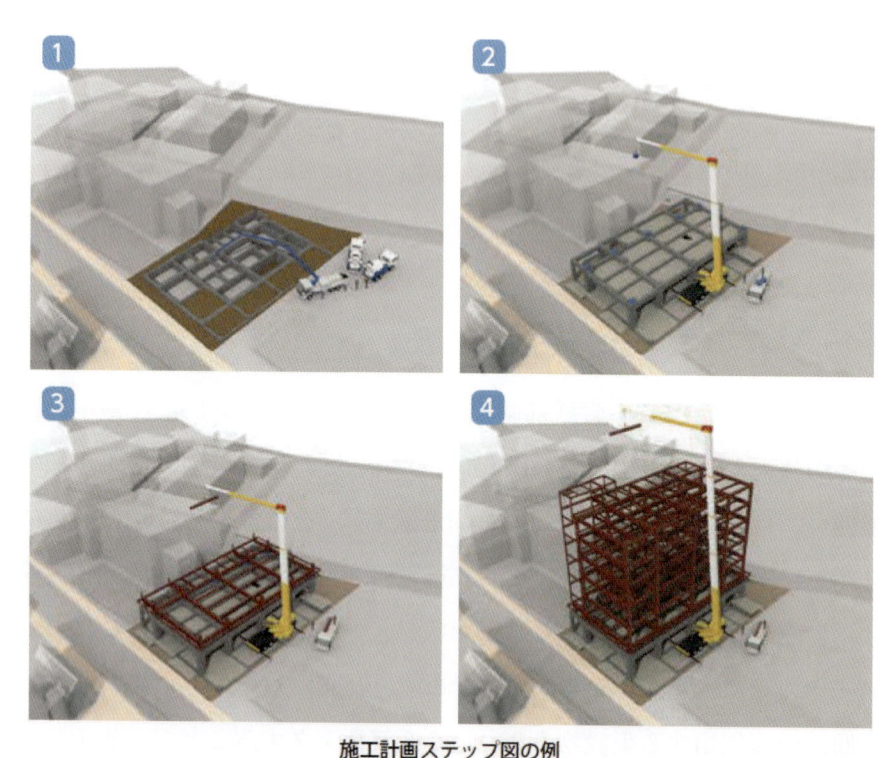

施工計画ステップ図の例

図表⑧1　施工計画、施工手順などの検討
（出典：施工BIMのすすめ（日本建設業連合会））

施工シミュレーションの手順

　施工シミュレーションは現在のところ、BIMモデルやCADデータなどを統合して確認するための専用ビューアーソフトウェアで行うことが一般的である。以下にその作業例を簡単に紹介する。

　まず、BIMモデルをビューアーソフトウェアに読み込み、ビューアーソフトウェアの工程表機能で、工事の科目や部位、工区に対応した「タスク」を作成していく（図表⑧2）。それぞれのタスクには、そのタスクが開始する日付と終了する日付を入力し、その期間のタスクのタイプを設定する。一般的にそのタイプに

は、「建設」「仮設」「解体」の3種類があり、「建設」は、期間が始まる際にそのタスクに対応するオブジェクトが表示され、期間が終わると色が変化して固定される。「仮設」は、期間が始まるとそのオブジェクトが表示され、期間が終わると削除される。「解体」は、期間が始まる前から存在し、期間が始まると作業中として色が変化し、期間が終わると削除される。

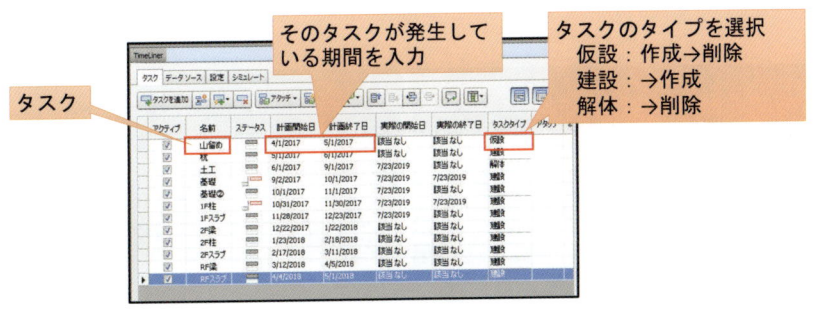

図表⑧2　工事の科目、部位、工区に対応したタスクを作成する
（使用ソフト：オートデスク株式会社　NavisWorks）

　タスクの右には、そのタスクの期間を表すガントチャートが表示され、工程が見やすくなっている。このガントチャート上でマウスをドラッグすることで、タスクの期間を変更できる場合が多い（図表⑧3）。

図表⑧3　タスクの期間を表すガントチャートが表示される
（使用ソフト：オートデスク株式会社　NavisWorks）

また、タスクやガントチャートは、他のプロジェクト管理システムから取り込める場合もある。

　いずれにしても、作成したタスクにBIMモデルのオブジェクトを関連づける（アタッチする）ことにより、施工シミュレーションのモデルが完成する。プロセスの再生機能を実行すると、タスクごとに施工が進んでいく様子がアニメーションで表示される。任意の日付で止めたり、巻き戻したり、自在に操作ができる。

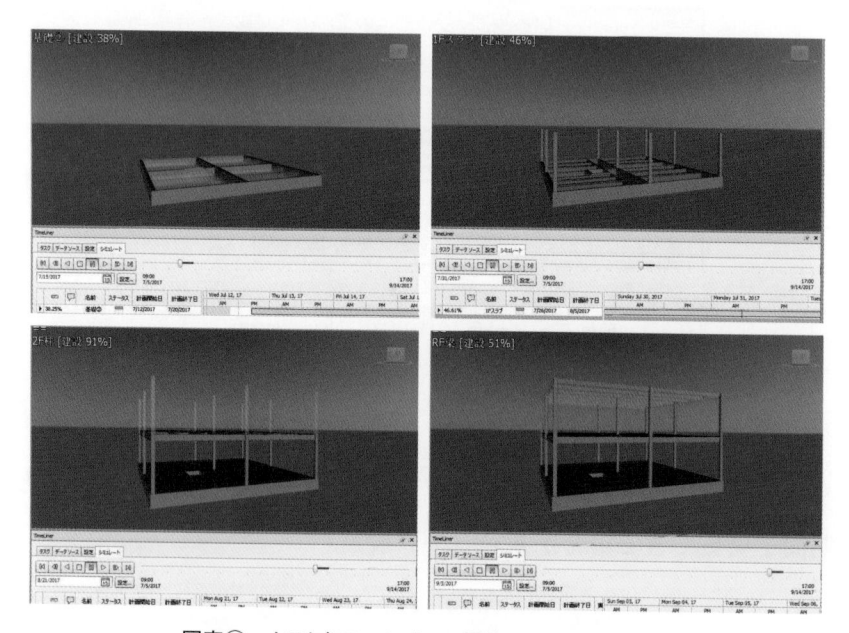

図表㉟　タスクをアニメーション再生
（使用ソフト：オートデスク株式会社　NavisWorks）

　以上のような作業プロセスから、施工シミュレーションを行うには、設計のBIMモデルでは表現しない仮設オブジェクトをモデリングしたり、地盤のモデルから掘削土量分のモデルを分離する、施工の工程表とオブジェクトを紐づけるなどの準備が必要なことがわかる。

　つまり、BIMモデルがあるからといってすぐに施工シミュレーションができるわけではない。そのため、施工シミュレーションをする場合は、その目的や効果を明確にし、作業の手間やコストを考えた上で実施する必要がある。

3.3 デジタルモックアップ

KEYWORD　**デジタルモックアップ**、**BIMモデル**

モックアップとは、本来、実物大の模型のことであるが、BIMモデルがあれば、部分的に詳細につくり込むことで、このモックアップの代わりになる。このようなモックアップをデジタルモックアップと呼んでいる。

　国土交通省大臣官房官庁営繕部制定のBIMガイドラインには「仕上がり等の検討のため、BIMモデルを利用してデジタルモックアップを作製する場合は、モックアップで検討する目的に応じて、必要な範囲の建物部材について、必要な詳細度でBIMモデルを作成する。」と記述されている。

　モックアップとは、実物大の模型のことであり、設計図や施工図だけではイメージするのが難しい部分を、実際の施工を行う前に実物大で事前確認するために作成する。

　モックアップの作成にはコストと労力が必要であった。BIMモデルがあれば、部分的に詳細につくり込むことで、このモックアップの代わりになる。

　BIMモデルを利用し、コンピュータ上で作成したモックアップをデジタルモックアップと呼んでいる。

　デジタルモックアップの利点について、（一社）日本建設業連合会の「施工BIMのすすめ」では、「変更・修正を何度も手軽にできる」ことと「天井裏、壁内、床下など通常のモックアップでは見えないところを見ることができる」ことを挙げている。

　「室内や外装モデルのテクスチャを変更して、仕上げ材料を変えることによるイメージを何種類も作り、仕上げ材料選定時の打ち合わせ、合意形成に使う例」もあり、合意形成のために、このデジタルモックアップが使われることになる。最近ではARやMR技術を用いて、実際の空間に重ね合わせてデジタルモックアップを表示することで、スケール感も実際と同じように体験できるようになってきている。

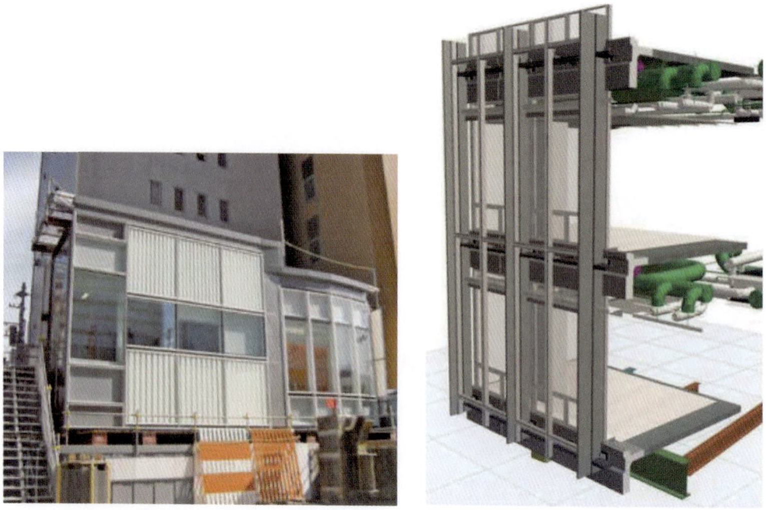

従来のモックアップ　　デジタルモックアップ

図表(85)　デジタルモックアップ
（出典：施工BIMのすすめ（日本建設業連合会））

3.4 施工図・製作図、各種技術資料などの作成

KEYWORD 施工図、製作図、BIM施工図、BIMモデル合意

「BIM施工図」とは、「モデル上で調整し、整合性をとり、モデルから施工図をつくる業務プロセス」である。常に最新の状態はBIMモデルにあり、施工図はBIMモデルから切り出すという考え方が重要である。

　72ページで述べたように、BIMソフトウェアには「図面の切り出し」機能があり、この機能を使用すると、施工図・製作図もBIMモデルから生成することが可能である。

　前述の「施工図のLODとBIM施工図への展開」((一社) 日本建設業連合会（日建連）Webサイトより　http://www.nikkenren.com/kenchiku/bim_lod.html）には、「BIM施工図」とは、「モデル上で調整し、整合性を取り、モデルから施工図を作る業務プロセス」であると定義されている。

　BIMの導入が始まった当初は、2次元で施工図を作成してから、確認のためにBIMで3次元モデルを作成していた。

　「BIM施工図」はその逆で、まずBIMで3次元形状を作成し、各部位の納まり、取り合いを検討し、調整を行い整合性をとり、その3次元モデルから施工図を切り出すというプロセスになる。

　ここで重要なのは、常に最新の状態はBIMモデルにあるということである。

　しかし、この「BIM施工図」を実施しようとすると、これまでの2〜3倍の作図手間がかかるといわれていることから、日建連では、施工図の目的を「建築、構造、設備の整合調整」「各種基準寸法の確定」「現場での墨出し」の3つに分けて、その各々の目的において各部位のBIMモデルの最低限のLOD（154ページ参照）を設定して、最小限のモデリング労力で、効果が出るような手法を提案している。

　実際のLODについては、上記の「施工図のLODとBIM施工図への展開」の資料に、部位別に詳しく記述されている。

　165ページで述べたように、「BIMモデル合意」のプロセスでは、2次元図面を

出力せずに調整が行われ、「モデルをある部位で切断して2次元図面に切り出し、その体裁を整える作業」、つまり従来からの施工図作成は最後に行うようにするとしている。

そうなれば、竣工後に施工者が設計者に提出していた竣工図や完成図をわざわざ一から作成し直す手間も省けることになる。

このようなBIMモデル合意を推進することで「BIM施工図」の効率は一気に上がるとしている。

国土交通省大臣官房官庁営繕部制定のBIMガイドラインでは、BIMモデルから工事における完成図を切り出すためのBIMモデルの詳細度について「工事における完成図は2次元の図面等であり、その詳細度は設計業務における建築一般図程度で、各室の面積等も必要である。これらの詳細度の目安は概ね基本設計図と同等であるが、属性情報については、各製品の製造所（製造者）名及び製品番号（製品の種類がわかる程度の情報）を入力することが考えられる。」と解説されている。

BIMを利用して施工図を作成する場合は、このBIMガイドラインとともに、日建連が公開している「施工図のLODとBIM施工図への展開」の資料を参考に、目的ごとに、どの部位をどのような詳細度でモデリングしていくか明確にしておくべきであろう。

また同BIMガイドラインでは、完成図などの作成の元となったBIMモデルを成果物として提出する場合として、「必要に応じてBIMモデルの補足説明事項等を示したBIMモデル説明書を作成する」としている。

この説明書の作成においても、例えば上記「施工図のLODとBIM施工図への展開」の巻末に掲載されている「BIM施工図LOD早見表」を参考に、どの項目が正確にモデリングされ、どこまでの正確な情報が入っているか、不確定な項目はどこかなどをチェックするイメージで作成すると検討漏れを防ぐことができるだろう。

また、干渉チェックを行なった結果などを説明する資料も作成すべきであろう。

各国におけるBIM

KEYWORD　　LEED、CURT、AIA、GSA、IP/IPD、IFC、buildingSMART

米国では建築コスト超過や工期違反などを回避するため、発注者がBIM利用を提唱。海外では、建設オーナー（顧客、発注者）の強い意向により、BIM利用が推進されている。特に公共発注機関が標準仕様や基準を設け、その採用を強く推進している。

米国におけるBIM

①BIMを提唱した経緯

　2000年、米国グリーンビルディング協議会が環境性能評価認証システム（LEED：Leadership in Energy and Environmental Design）を発表し、施設の環境性能が環境改善にどのように影響するかを格付けし、不動産価値評価に反映する仕組みが動き出した。

　この時点では、BIMはサステイナブルデザインを行ううえでの検討システムに有用だと考えられ、国家や企業の施設を優良資産として建設していくための有効なツールと考えられていた。

　2004年には、米国国立標準技術研究所（NIST）が建設プロジェクトにおける情報共有方法が不十分なために、158億ドル（約1.7兆円）の費用が無駄に支払われており、その3分の2の費用を発注者が負担していると指摘したことは53ページで述べた通りである。

　加えて、建設オーナー（施設の発注者、運用者）らで構成する建設ユーザ円卓会議（CURT）は建設段階で頻繁に起きるコスト超過や工期違反などを回避し、プロジェクトの透明性を高め、確保するための手段としてBIM利用を提唱した。

　2005年、米国建築家協会（AIA）がAnnual BIM Awardsを創設し、企画から基本設計、設計実施、コスト管理、施工、施設維持管理に至る、いわば建物のライフサイクルを通してBIMを利用した情報統合活用の実践とプロジェク

ト遂行の業務効率向上を図った優秀なプロジェクトを表彰することで、BIM
の普及に努めている。Annual BIM Awardsは現在も継続されており、多くの
優秀作品が表彰されている（53ページ参照）。

　さらに、AIAは2006年、BIMを実現、促進する手段として、ロサンゼルス
の大会でIP（Integrated Practice）宣言を行い、翌2007年には、これをIPD
（Integrated Project Delivery）と名称変更している。

　一方、京都議定書に加わらなかった米国でも、国内ではエネルギー効率の改
善やCO_2削減への努力がなされており、2007年1月には大統領令13423号が発
令された。これは「政府機関が使用するエネルギーの使用効率を高め、温室効
果ガスの放出を削減すること、①2015年会計年度の終わりまで毎年3%、②
2015年会計年度の終わりまでには30%の削減をすること」というものである。

　この大統領令を受け、サステイナブルデザインの道を探り始めた米国連邦調
達庁（GSA）は2007年、工事発注される仕様書で3D CADデータでの施設情
報の納品を義務づけたため、米国でのBIM利用が一気に加速した。

　このように海外においては建設オーナー（顧客、発注者）としての国の強い
意向によりBIM利用が推進されており、特に公共発注機関が標準仕様や基準
を設け、その採用を強く推進している。

②米国でのBIMの概念

　前項でも詳述したとおり、AIAはBIMの普及のための提唱やIP/IPD宣言を
先導して進めてきた。それらの概念は、次のように述べられている。

　「BIMは建物の3次元情報モデルをプロジェクトの中核に置き、様々な設計・
建設段階でそのプロジェクトに関係する建築主（発注者）や設計者、施工者、
設備関係者などが情報を共有し、解析技術や視覚的確認を駆使して憶測や推測
ではない数値的裏づけをもとにした施設を建設し、維持管理していくためのプ
ロジェクト情報データベースといえる」

　一方、IPは次の通り定義されており、その実現手段といえる。

　"Integrated Practice" の定義

　Integrated Practice :Integrated Practice（IP）leverages early contribution
of knowledge through utilization of new technologies, allowing architects to

better realize their highest potentials as designers and collaborators while expanding the value they provide throughout the project lifecycle.（AIA Integrated Practice）

【技術革新を通してプロジェクト関連知識の早期集約を行うことにより、設計者は協力者とともにプロジェクトのライフサイクルを通してその価値を付加するために、最大限にその能力を発揮することができる】

（2007年7月、日本建築家協会「AIAのインテグレーテッドプラクティスの概要」、日建設計：和智信二郎氏訳）

なお、AIAは2007年4月、IPをIPDと改め、次の通り定義した。

"Integrated Project Delivery" の定義

Integrated Project Delivery（IPD）is a project delivery approach that integrates people, systems, business structures and practices into a process that collaboratively harnesses the talents and insights of all participants to optimize project results, increase value to the owner, reduce waste, and maximize efficiency through all phases of design, fabrication, and construction.

IPD principles can be applied to a variety of contractual arrangements and IPD teams can include members well beyond the basic triad of owner, architect and contractor.

In all cases, integrated projects are uniquely distinguished by highly effective collaboration among the owner, the prime designer, and the prime constructor, commencing at early design and continuing through to project handover.

A working Definition Version-1/update May 14, 2007

【インテグレーテッドプロジェクトデリバリー（IPD）は、人々、システム、ビジネス構造および慣行を、設計・製作および施工の全段階を通して、無駄を抑え、効率を最適化するために協力するすべての関係者の才能と洞察を利用す

るプロセスへと統合するプロジェクトデリパリーアプローチである。

　IPDの原則は、様々な契約上の取り決めに適用することができる。そして通常、IPDチームは、建築主（発注者）、建築家および総合施工業者の基本的な3者関係を超えたメンバーを含む。

　端的にいうと、インテグレーテッドプロジェクトは、企画、基本設計からプロジェクト引き渡しまで、建設プロジェクトにもっとも責任がある建築主、設計者、施工者間のしっかりとした協調体制にかかっているといえる】

欧州におけるBIM

　ヨーロッパでのBIMの推進は、フィンランドやノルウェーなどの北欧を中心にして1990年代後半から行われていた。特にフィンランド国立技術研究所（VTT）が推進したVeraプログラムでは、企画から施工に至る建物情報の共通利用を目指して精力的に研究が進められ、IFC（Industry Foundation Classes）の基本方針の策定や基本ソフトウェアの開発が行われた。

　105ページでも紹介したように、IFCは、その後buildingSMART（旧IAI）が具体化して策定し、積極的に普及活動を行なっている3次元オブジェクトモデルデータの受け渡し仕様を定めた中間ファイル形式であり、1996年以降、幾多の改定を経て、2013年3月に国際標準規格であるISO 16739:2013へ準拠した。

　2000年に入って、Veraプログラムではヘルシンキ工科大学の施設増築プロジェクト（HUT600）でデータ連携の効果を各種のアプリケーションプログラムを利用して実証実験し、その有効性を確認した。2002年ころから、Seraプログラムと名称を変え、いくつかの試行プロジェクトを継続的に実施し、公共調達を行うSenate Properties社では、建築計画時にBIMモデルのIFC提出を2007年から実行している。

　さらに、フィンランド政府は電子申請を普及させる基盤として「電子サービスとデモクラシーの開発（SADe）」を2009年ころから各自治体への導入を進めている。

　ノルウェーの国有公社である資産運用管理機構（Statsbygg）でも、建築行政の効率化を図る目的で2004年ころからByggsokプロジェクトを推進し、GIS（地

理情報システム）を含むプロジェクト情報や使用している各種製品や材料データベースなどをトータルに扱えるシステム構築を図っている。あわせてBIMガイドラインの策定も進めており、版改定の発行が重ねられている。

2009年、Statsbyggはノルウェーのオスロにある国立美術館の国際コンペで、BIM利用とIFCによる3Dモデルデータ提出を条件にした設計競技を実施したが、1,200件にもおよぶ応募の中で、良好なIFCモデルデータを提出できたのはその1割程度であったという。

北欧からやや遅れながら、西欧でも英国やドイツを中心としてBIMの推進普及が進められてきている。英国では2001年ころから、IAI UKが英国政府と共同でBIM利用の可能性を探るべく、継続的に活動している。

2009年には、48時間以内に審査側が提示した敷地に提案建物をBIMで設計する第1回目の設計競技 "BIMStorm LONDON" が行われ、世界から12チームが応募し、ノルウェーの "チームBIMバイキング" が優勝した。日本からも1チームが応募し、審査員賞を受賞している。

日本では2010年、buildingSMART Japan（旧IAI日本）が主催する同様の48時間コンペ "Build Live TOKYO" が実施され、現在も精力的に継続開催されている。

英国政府ではBIMを生産性向上の推進力として導入し、公共事業のLCCを2025年までに33%削減する方針を掲げ、2016年度には、王立英国建築家協会（RIBA）が策定したBIM成熟度をレベル2（企画、設計、施工、維持管理の各段階をBIMで取り扱う）の段階に達することを目標とした。

フランスやドイツでは英国の背中を追いながら、民間企業主導でBIMの推進普及が進んでいる。経営改善や生産性向上を図るマネジメントの部分に期待を寄せて取り組んでおり、EU経済統合を経て各国に散らばるグループ企業の業務をどのようにマネジメントするかが大きな課題のようである。

アジア、その他の地域におけるBIM

アジア地域のうち、シンガポールでは政府が推進する電子化行政を背景に、日本の建築確認申請にあたる建設許可手続きを早くから電子申請で行なっている。

シンガポール建築建設局（BCA）では、申請書類の電子申請ができる電子申請基盤（CORENET）を2004年ころから運用、義務化しており、2007年ころからは意匠設計計画の自動審査が行えるシステムe-PlanCheckを開発し、試行利用を始めた。

　BCAは2010年、こうした生産性向上政策を浸透、普及させるため、建築技術者の技術力向上と機械化の奨励を目的として、2.5億シンガポールドルの基金を立ち上げ、建設会社の業務改革・向上への支援を行なっている。

　BIMモデルによる建築申請は試行段階を経た後、2013年7月から床面積20,000㎡以上での建築意匠図面の提出を義務化し、2014年からは同規模の構造、設備も対象とした。2015年からは対象床面積を5,000㎡以上とし、意匠、構造、設備についてBIMモデルによる提出の義務化を図ってきたが、実態はかなり困難な課題を抱えているようである。

　シンガポールでは、各種の建築行政審査を異なる部局が担当しており、容積率関係は都市開発局（URA）が、構造安全性にかかわる規制はBCAが行なっており、提出された3D BIMデータはURAが使用し、BCAは2D CADデータを利用して審査している。

　したがって、現時点ではBIMデータを共通情報にした整合性の高い審査方法ではなく、審査側内部や申請者との情報伝達手段として利用されているようであると、(国研) 建築研究所は2013年に調査、報告している。

　BIMの活用自体は盛んであり、小規模の建物ではほとんどがBIMで行われるようになってきている。163ページで述べたように、物件が多くなると、それにともないBIMソフトウェアのテンプレートとそのバージョンの維持管理が大変になるため、事前審査にはBIMソフトウェアのネイティブデータではなくIFCと2次元図面が使用されるようになってきているようである。

　韓国では、2010年に国土海洋部が「建築BIM適用ガイド」を、2012年に公共調達庁が「施設事業に対するBIM基本ガイドライン」を発表した。

　韓国でもシンガポールと同様、建築行政での電子化を推進しており、2000年初頭から電子建築確認業務の1つとしてセウムト（SEUMTER）という電子申請システムを整備している。

　韓国政府は、ガイドライン発表にともない、BIMによる次世代型自動審査シ

ステム u-SEUMTER の開発に着手し、GIS（地理情報システム）を含めた行政業務の合理化、効率化を推進している。公共調達庁では2012年のガイドライン発表以後、4,500万ドルを超えるプロジェクトに適用し、2016年以降はすべての公共プロジェクトへのBIMの適用を開始している。

中国では、2008年の北京オリンピックスタジアム、2010年の上海万国博覧会の施設やパビリオンの建設にBIMの技術が使用され、共同設計や各種干渉チェック、数値解析によるシミュレーションなど、建築設計にかかわる情報技術利用の進展は目覚ましいものがあった。

中国政府の働きかけにより、「建設分野情報化に関する工作要綱」（2001年）、「2003～2008全国建設業情報化発展計画要綱」（2003年）、「調査と測量分野における科学進歩に関する計画」（2007年）が矢継ぎ早に発表、指導された。

特に2011年に発表された「2011～2015全国建設業情報化発展計画要綱」には、適用する最新技術として「BIM技術」が記載されている。

また、オーストラリアのカーティン大学と中国の華中科技大学は、建設プロジェクトのLCCと生産性向上を目的とするBIM共同研究センターを立ち上げている。

オーストラリアでも米国や英国の影響を受け、2000年代初頭からBIM適用への試行を始め、直後にBIM適用の高層ビルを設計し、施工している。

また、2011年にはNATSPEC（業界と政府メンバーで構成される非営利団体組織）が "National BIM Guide" を作成し、「役割と責任、協働手続き、ソフトウェア、モデリング要件、電子情報成果物および設計図書の標準仕様」などを定めているが、BIM推進の中心的役割は民間グループであるといわれている。

KEYWORD　BIMガイドライン、建築BIM推進会議、建築確認におけるBIM活用推進協議会、BIMライブラリ技術研究組合

日本では、設計者や施工者が、BIMを取り入れて設計を行うようになったが、建設オーナー（顧客、発注者）のBIMの認知度は低い。2019年に学識経験者や関係団体からなる「建築BIM推進会議」が設置された。今後この会議を通じてBIMを用いた建築生産、維持管理にかかるワークフローやデータの共有基盤の整備、BIMモデルの標準化、BIMによる積算の標準化、人材育成などが進んでいくことになる。

日本での経緯

　米国をはじめとする欧米各国の動きをいち早く察知した（一社）日本建築学会など、いくつかの公的研究諸団体が3D CADの情報収集と機能検証を始めた。

　2001年4月には（一社）日本建築学会（AIJ）が情報システム技術委員会「設計の情報化小委員会」に「設計先端利用技術調査ワーキンググループ」を設置し、3次元設計の可能性を探り始めた。

　2003年4月には「3D CADモデルによる新しい設計手法」と題して、ベルリンにて開催された第21回国際建築家連合（UIA）大会で発表された3次元での設計実施例「ユーレカ・タワー」(メルボルン) の成果を紹介するため、オーストラリアの建築設計者D.サザランド氏を招き、3D設計事例を紹介する講演会をAIJが主催した。同氏は講演で「建物の3Dモデルそのものが設計成果物であり、図面は副産物だ」と言い切り、当時の国内建築設計者に強い衝撃を与えた。

　一方、2006年6月にロサンゼルスで行われた米国建築家協会（AIA）大会では、IP宣言が採択された。2007年の大会に参加して、米国での急激なBIM推進の状況を目の当たりにした（公社）日本建築家協会（JIA）の仙田満会長の指示により、BIM推進のための調査研究を行うため、建設産業基本問題委員会にIP（Integrated Practice）ワーキンググループが結成され、BIMの具体的な内容や推進体制に関する調査を開始した。

（一財）建設業振興基金は設計製造情報化評議会（C-CADEC）「建築EC推進委員会」でも、2006年度から「3D CAD検討ワーキンググループ（WG）」を立ち上げ、3D CAD活用事例の調査や機能検証を行い始めた。2008年には「建築生産プロセス検討WG」として、BIMの具体的適用事例を検討すべく、発注者の意識を含めた業界の動向を調査し、BIMを適用することについての問題点やその可能性の把握に努めた。

　同WGは2011年、BIMの周知拡大にともなって「建築BIM研究WG」と改称し、建設プロセスの変革の可能性を含め、実務的な利用に向けた具体的な方向性を見い出そうと「BIM推進のための要件整理と考察」を2014年に報告書としてまとめた。この調査研究資料は同基金のWebサイトで公開されている。

　C-CADECは、2015年3月31日に解散したが、その成果であるStem（設備機器ライブラリデータ交換仕様）は、2015年に（一財）建築保全センターを事務局として設立されたBIMライブラリーコンソーシアム（2019年8月から国土交通大臣認可「BIMライブラリ技術研究組合」として組織再編）に引き継がれた。

　こうした国内情勢のもと、国土交通省大臣官房官庁営繕部は2010年3月31日付でBIMの取り組みを公式表明し、BIMの定義を行なった（190ページ参照）。この2009年度を「日本のBIM元年」と位置づけるメディアもある。国土交通省のこの表明を境にして、BIM適用に慎重であった国内建築業界の取り組み姿勢が大きく変化したことはたしかである。

　時期を同じくして、2010年4月に（一社）日本建設業連合会ではIT推進部会にBIM専門部会を設置し、「関連諸団体とともに業界標準化を進展することで、施工段階でのBIM活用のメリットの増大を図る」との目標を掲げ活動を開始した。

　また、（一社）公共建築協会と（一財）建築保全センターにより設置・運営されている次世代公共建築研究会は、2011年1月に「IFC/BIM部会」を発足し、建築物の企画設計から維持管理・資産管理のライフサイクルにおける情報の流れを把握し、設計での意思決定事項（形状、平面、コスト、ライフサイクルエネルギーなど）、入札、施工、運営・維持管理（改修を含む）・資産管理で要求される形状と品質・性能・機能などに必要な情報を検討し、BIMでの施設関連情報の伝達手段を研究し始めた。

　さらにこれらを踏まえ、「施設関連情報の階層化・コード化と公共組織発注の

BIMガイドライン（案）の作成を行う」という目標と活動内容を採択し、本格的に活動を開始した。

そして、国土交通省は2014年3月19日、「官庁営繕事業におけるBIMモデルの作成及び利用に関するガイドライン」を大臣官房官庁営繕部整備課施設評価室から公表し、2014年度から適用するとした。このガイドラインは、2018年8月1日と2022年3月25日に改定されている。

建築設計がBIM化していく動きの中で、それに対応した建築確認の制度を求める動きが活発になり、2016年、国内で初めてBIMモデルによる建築確認申請手続きが行われ、4号建築物の確認済証が交付された。またその後、事前審査でBIM利用される事例も出始めてきた。

そこで、確認申請に関わった審査機関と（一財）日本建築センターが中心となり、2018年10月に「BIMを活用した建築確認における課題検討委員会」が発足し、検討が開始された（161ページ参照）。

2019年6月にその検討成果が公開され、方針が示された。この検討委員会は同年7月25日に発足した「建築確認におけるBIM活用推進協議会」に引き継がれ、BIMを使用した効率的で的確な建築確認検査の実施の検討がなされている。

このような各団体がそれぞれの立場でBIMの推進を行なっている状況を総合的に把握し、官民が一体となってBIMの活用を推進し、建築物の生産プロセスおよび維持管理における生産性向上を図るため、2019年6月13日、学識経験者や関係団体からなる「建築BIM推進会議」が国土交通省により設置された。

今後、この会議体を中心として各団体が連携してBIM推進に取り組み、日本のBIMを取り巻く環境について、BIMを用いた建築生産、維持管理に係るワークフローやデータの共有基盤の整備、BIMモデルの標準化、BIMによる積算の標準化、人材育成などが進んでいくことになる。

日本でのBIMの定義と考え方

前項で述べたように、2010年3月31日付で国土交通省大臣官房官庁営繕部は、BIMの取り組み姿勢を公式表明し、BIMの定義を行なった。公表された定義は次の通りである。

「BIM とは Building Information Modeling の略称であり、コンピュータ上に作成した3次元の形状情報に加え、室等の名称や仕上げ、面積、材料・部材の仕様・性能、コスト情報など、建築物の属性情報をあわせもつ建物情報モデル（BIM モデル）を構築することです。設計から施工、維持管理に至るまでの建築ライフサイクルのあらゆる工程でBIM モデルを活用することは、建築生産や維持管理の効率化に繋がります」

さらに、「BIM による3つのメリットと営繕業務の変化」のなかで、営繕業務にもたらす変化の可能性として次の3つのメリットに着目した。

①設計内容の可視化による変化

設計の透明性・説明性が高まり、関係者間における意思決定が迅速になる。

②建物情報の入力・整合性確認による変化

官庁施設に必要な性能水準と合致した設計を効率的・効果的に実施できる。

③建物情報の統合・一元化による変化

設計・施工を通じて、施設管理者による施設の運営・管理や、官庁施設のファシリティマネジメントに活用可能な建物情報モデルを構築できる。

その後、官民で建築BIM の活用が進む中、2019年7月23日、前項で述べた「建築BIM 推進会議」2回目の会合で、日本のBIM 活用による将来像が次のように示された。

・高品質・高精度な建築生産・維持管理の実現（いいものが）

・高効率なライフサイクルの実現（無駄なく、速く）

・社会資産としての建築物の価値の拡大（建物にもデータにも価値が）

2010年の段階ではまだ、「営繕業務の変化」という限定された範囲での考え方であったが（もちろん、民間もそれにならうという暗黙の前提はあった）、2019年にきてようやく、BIM 活用によって社会全体にもたらされる変化、将来像が示されたことになる。

さらに、「建築BIM 推進会議」では上記「BIM の活用による将来像」を実現するために官民が協調して、できるだけ国際標準・基準に沿った形で、BIM の推進を図ることも表明された。

第3編
BIMと人材

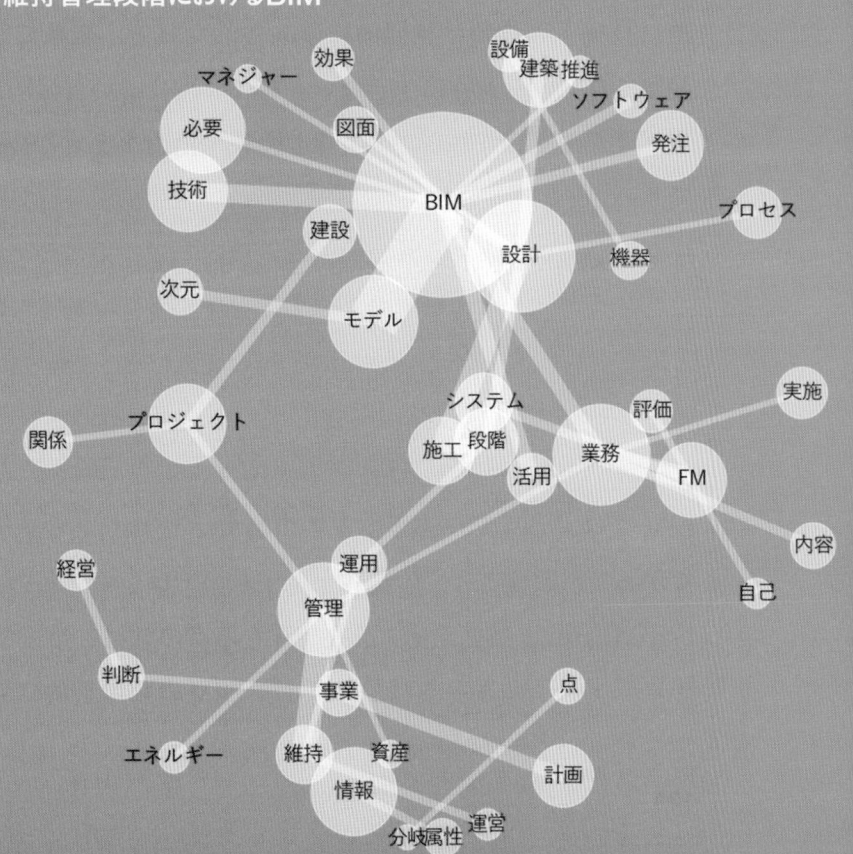

1.1 BIM技術者の種類

KEYWORD
BIM技術者の種類、資格認定制度、技術者育成、発注者の利益、管理能力、チーム対応、ICTスキル、教育・研修、BIMマネジャー、BIMモデラ、BIMコーディネーター、BIMコンサルタント

BIMの実効性をより確実なものとするため、BIMに関する専門的かつ広範な知識を求められるBIM技術者の役割と技能力を明確にし、職種ごとの目的遂行のためになすべき判断、調整や指示の業務内容を例示する。

　BIM技術者は、プロジェクトにおけるBIMの利用目的を確実に把握したうえで、その目的達成のために「実行に必要な仕組みや人材を組織し」「目的を明確に具体化し」「BIM実行計画書の実施状況を的確に把握する」ことが求められ、これらのことを実現するために必要な各種計画を策定するとともに、BIMが円滑に実施できるよう助言や指導・管理・監督を行う重要な業務と義務を負う。

　BIM技術者を分類するならば、その技術者が備えている技術能力（スキル）に応じて分類することになる。BIM技術者が経験し、蓄積した様々な能力・技能は、その技術者の技量によって異なるものであり、その呼称は多種多様である。BIM技術者の種類は世間的に確立された職能・職種ではなく、国内外において使用されている通称にすぎない。特に国内においては明確な技術者育成や資格認定制度が確立しておらず、こうした技術運用を支える技術者の確保・育成が急務である。

　しかし、求められる技術能力や管理能力には担当分野に限らず能力的に重複した部分があり、今後は異なる分野の職能が1つの職種に統合され、運用されることも十分に考えられる。また、時代の変遷にともない新たな職能や職種が創造されることもあるだろう。

　これから述べるBIM技術者の説明は、現在どのようなスキルを持つ技術者がBIMプロジェクトを運用するのに必要とされているかを述べるものである。したがって、職種としての優劣を示すものではないことを指摘しておく。

　BIM利用は、プロジェクトを発注する者の利益とならなければならない。また、プロジェクトによっては求められるBIMの利用目的は異なる。したがって、そ

の目的に向かって最大の利益を得るためには、統括担当するBIM技術者に要求されるスキルはその利用目的で異なり、場合によっては異なるスキルを備えるBIM技術者を組み合わせたチームで対応することも考えられる。

このように広範な分野のBIM運用を可能とするようなBIM技術者を目指す方は、より多くのチャンスに挑み、自己研鑽を積み、より高いスキルを身につけてもらうことを望みたい。

①BIMマネジャー

建設プロジェクトのBIM利用に必要な利用技術や管理能力を持つ建築技術者でありICT（Information and Communication Technology）の専門家でもある。一般的にBIMを効果的に実行するために必要な要件を整理し、建築主・建築設計事務所・総合建設会社・専門工事会社などの技術者と調整して、必要要件を含めBIM実行計画書を作成しBIMの運用を指導する。

しかし、プロジェクトに関わるすべての建築技術者が、目的とするBIMの効果や生成される情報の転用利用の重要性を十分に理解しているわけではない。特にICT利用を前提としたデータ交換を実施することによって情報交換の手順や問題を複雑化し、かえって利用目的を分かりにくくし業務を輻輳化させ業務効率を低下させることにもなりかねない。

BIMマネジャーは、建設プロジェクトの主体的なBIM運用者であり、能力的には建築知識とICT知識を有する卓越したゼネラリストである。さらに、BIMのモデル生成に係る指導者、管理者としての能力と技術もあわせ持っている必要がある。また、コンピュータに関するハードウェアとソフトウェアの知識を持つBIMプロジェクト実施のキーマンであり、プロジェクト実施に必要なハードウェアや通信などに関わるシステム環境の設定から使用するソフトウェアの選定まで大変重要な役割を担う技術者であり、BIMスペシャリストと言い換えても良いかもしれない。

②BIMモデラ

建設プロジェクトの設計過程にあっては、2次元の設計図書を3次元のBIMモデルからつくり出すことが要求される。したがって、BIMモデラは3次元モ

デルのつくり方によって、どのように2次元図面が生成されるかというBIMソフトウェアの特性やモデルのつくり方を熟知していなければ、設計者が意図するような設計図面は自動生成されない。

　本来は設計者がこうした操作技術を習得し、BIMモデルを直接操作して創作することがもっとも効果的な使用方法であり、理想的であるとも言える。しかし、こうした複雑で高度な操作技術を設計者自身が習得し、最適なモデル作成を行うまでには、かなりの時間を必要とするためBIMモデラのような職種が注目される。

　また、BIMソフトウェアを直接操作せず設計者やBIMオペレーターなどに対して、彼らが作成しようと考えているBIMモデルを完成するために必要な助言や操作指導を行う、モデル作成に関する技術コンサルを担うBIMモデルインストラクターのような職種も出現してくるかもしれない。

③BIM業務分析者

　BIM業務分析者は、建設プロジェクトにおいてプロジェクト概要およびBIMを利用する目的と期待する成果の詳細をプロジェクト関係者からヒアリングする。その内容を把握したうえでBIMの利用がその目的に合致するかを分析して、BIMを利用することが適切か否かの判断分析資料を作成し、依頼者に提供する。

　当然ながら、BIMの実施に必要なコストを算出し、その経費に見合う効果がBIMの利用によって得られるかということも重要な判断材料となる。

　よって、BIM業務分析者は、建設業務全般にわたる知識とBIM周辺のソフトウェア、ハードウェアの機能および性能を評価できる知識を必要とする。

④BIMコンサルタント

　BIMコンサルタントは、BIMの導入直後あるいは導入しようとしている企業に対し、BIMの推進・展開に必要な知識や手法について、経験豊かなBIM業務分析者やBIMマネジャーと協力し相談・指導する。特に、なぜBIMを導入するのか、その動機を把握して明確な目標を定めることはコンサルティング業務の成否を分ける重要な課題である。

導入直後の企業に対してはBIM運用のための組織体制づくり、教育研修、成果の評価手法の助言が重要であり、導入予定企業にはこうした問題に加えてインフラ整備方法、適正投資額の助言など、技術から経営内容におよぶ多岐の項目にわたってコンサルティングを行うことになる。

また、建設プロジェクトにおいてBIM利用の目標設定や発注要件に無理がないか、成果物と適用業務を整合させて妥当なBIM利用であるか、分析判断することもコンサルティング業務の範囲である。

⑤BIMコーディネーター

BIMコーディネーターは、設計から施工に至る建設プロジェクトにおいて、建築主（発注者）が求めるBIM利用の効果や目的を十分に理解し、建設プロジェクト発注後にBIMを利用することによるメリットが最大になるようにBIM実行計画書を作成し、プロジェクト関係者間の業務調整の役割を担うことになる。

BIMコーディネーターは、施工開始前に設計者や総合建設会社、専門工事会社などと調整し、BIMの利用目的に応じた、BIMソフトウェアおよびBIMソフトウェアと連携するのに必要なアプリケーションソフトウェアなどを選定・提案する。また、可能な限りデータ利用効果の高い運用方法を計画し、各会社間での調整を図る。

⑥BIMプロセスマネジャー

BIMプロセスマネジャーは、発注者の建設プロジェクトの意図を設計者や施工者がそれぞれ誤解なく、理解・遂行できるようにプロジェクト進行に応じて求められるBIMの成果物や関係者が必要とする情報利用、データ受け渡しなどのタイムスケジュールを示した工程表を策定・提示する。ただし、BIMプロセスはスムーズに業務が進行できるように設計や施工の各段階における業務実態を尊重し、建設プロジェクトの関係企業が全員納得するよう十分な調整の下でBIM活用が図れるように工夫する必要がある。

1.2 BIM教育と達成目標

KEYWORD **BIM推進体制、研修テキスト作成、専任教育者、技術習得分岐点、専門技術職、教育・研修方法、利益還元、業務改革**

BIM利用を推進するうえで、自社にマッチしたBIM教育を行う事が重要で、BIM利用を継続した技術として定着させるためには、BIM技術を習得した設計者を養成する十分な期間が必要である。

　BIMを導入し利用を始める前に考えておかなければいけないことは、BIM推進体制の編成と教育研修の方法である。導入後にこれらの検討を始めていたのでは、BIM業務実施の遅延につながるだけでなく、導入コストの回収を遅らせることにもなりかねない。また、社員に事前に推進計画を提示することは、BIM利用展開に懐疑的な社員を納得させる効果もある。

　導入企業としては社員へのBIM教育によって、できるだけ早期に利用技術を習熟させたい。そのためにはそれぞれの企業の特性に応じた研修テキストを作成し、社内もしくは社外の専任教育者をあてることである。できれば、自社の業務に精通している社内の専任教育者を置くことが望ましい。

　一般論でいえば、建築設計を担当している設計者であれば、3次元モデル作成の操作方法の習得期間に1ヶ月も必要としない能力を備えている（図表①）。ただし、そこで習得したオペレーション技能はあくまでもCG的表現を可能にする3次元モデルの作成技能に過ぎない。この程度の技量では、BIM利用の目的の1つであるBIMモデルから2次元図面を自動的に作り出す機能を備えたBIMモデルが作成できる技術力を習得したという段階までには至っていない。外面的にはBIMモデル作成ができているように見えても、モデルを構成するオブジェクトの属性まで考えられる技能レベルに達していないのがこの段階である。

　設計業務委託契約によって行われる業務として、建設地の行政に対し必要な設計図書類が提出され、建築確認申請業務が行われ、原則として確認済証の発行を受けてから入札図面による工事入札が実施される。工事契約も発注用設計図書によって工事請負契約を建築主（発注者）と締結することになっている。

これらすべての契約・承認行為は紙面による捺印で成立するものであり、3次元モデルで契約するためには電子承認などの法律が制定され、電子商取引が公的に認められるのを待つほかなく、現時点では2次元設計図面の出力は必要不可欠なものである。

　これまで設計者が行なってきた2D CADによる設計図面作成は、設計製図の電子化である。したがって、設計者は最終成果物である設計図面がいかに手書き図面と同じように表記されるかということに関心があり、図形属性がどのようなものか知らない者が多く、BIMによって3次元モデルから2次元図面を自動作成するためには、3次元モデルを構成する図形の属性情報と図面の間に存在する厳密な連携が必要であるという概念をほとんど持ち合わせていない。

　そのため設計者は、BIMモデルから2次元設計図面を出力するためには、図形要素（オブジェクト）に図形属性情報が正確に記述されていなければ、設計図面や各種リスト類を出力できないことを理解する必要がある。

　設計者は、この厳密な関係を理解し、BIMソフトウェアが規定するルールに従いBIMモデルを作成する知識を習得することによって、様々なプロジェクト関係者とデータを共有し、情報を転用利用するというBIM利用の最大の目的である業務改革を達成できるようになる。

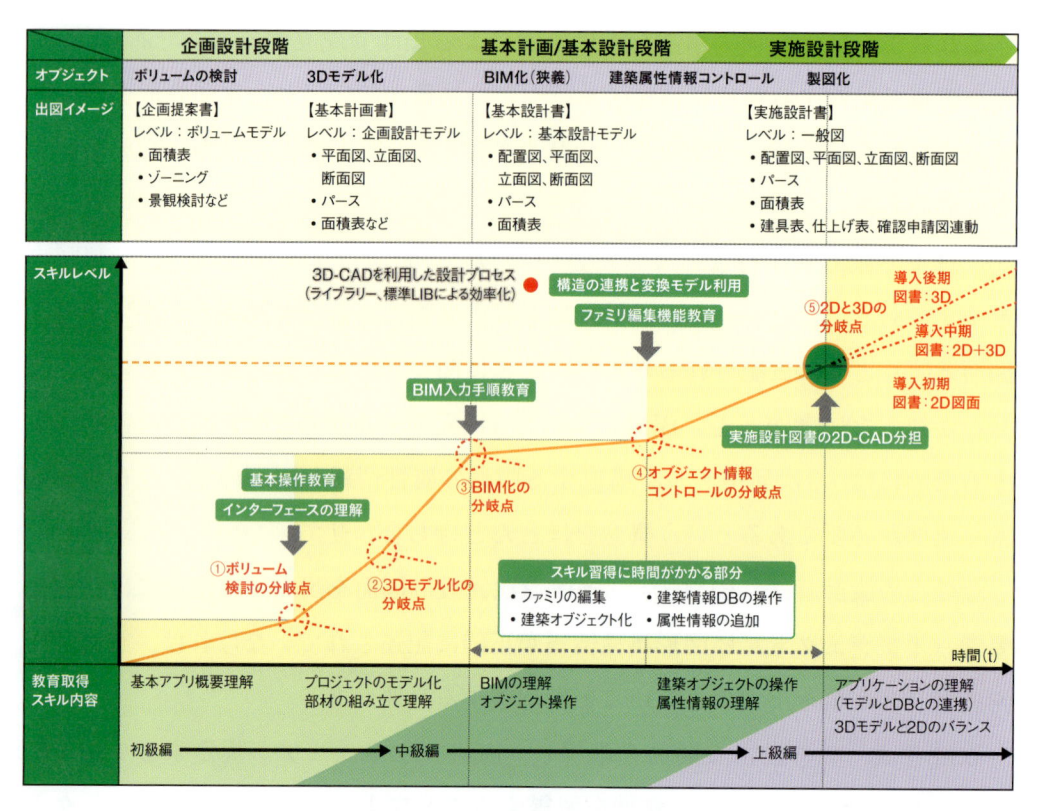

図表①　BIM習熟スキルカーブ

　図表①の「BIM習熟スキルカーブ」で示しているように、スキルの習得にはいくつかの分岐点がある。①ボリューム検討の分岐点、②3Dモデル化の分岐点、③BIM化の分岐点、④オブジェクト情報コントロールの分岐点があり、そこから延びる一点鎖線に注目してほしい。

　一点鎖線は分岐点から右下に向かって降下している。これは、設計者がこの分岐点まで技術習得ができたとしても、早ければ数週間、長くても数ヶ月、BIMソフトウェアを操作しなければ、その能力が確実に低下してしまうことを示している。

　この段階を通り過ぎて、⑤2Dと3Dの分岐点に達すれば「水泳」や「自転車乗り」を生涯忘れないように、いったん習得したその操作技術は、忘れない獲得技術となり設計者は継続的にソフトウェアを利用できるようになる。

　しかし、このような教育・研修を受け、多くの知識を得て技能を習得するには、短くて数ヶ月、長ければ1年以上の期間を必要とする。そのため、建築設計事務所経営者やプロジェクト管理者にとっては、時間と経費という大きな忍耐と我慢

を強いられることになる。

　この現実を踏まえるならば、規模の小さな設計事務所や経営効率を考える経営者にとっては、多くのコストをかけて建築設計者を一からBIM技術者として育成することは困難なことである。BIM業務を遂行するためにはBIMマネジャーなどのような、高度なBIM利用技術を持つ専門技術者や職能者と業務契約を結び、業務を委託する方が手っ取り早く、現実的なBIM利用の方法といえるかもしれない。しかし、新しい設計ツールを駆使できる建築設計者は、優れたデザイン能力だけにとどまらず、建設情報をマネジメントできる優れた能力と判断力を持ち合わせることになるので教育・育成は重要だと考える。

　BIMは重複する業務を削減し、プロジェクトの総コストを低減させる可能性を持つ技術である。それを駆使する技術者は、発注者にとって高い利益還元を生み出すことができる「人財」であり、このような新世代の設計者がもたらす技術改革は、これからの建設業界を変革するものと期待されている。

　2019年6月に発足した国土交通省の「建築BIM推進会議」においてもBIMに習熟した人材の不足が指摘されており、「BIMを活用した建築生産、維持管理を効率化するとともに、中小事業者が円滑に導入可能となるように、BIMマネジャーや技術的な資格制度、人材育成を進める」としている。

　このように、注目されるBIMであるが、建設プロジェクトの通常業務として定着するまでには、企業経営者を含む利害関係者（ステークホルダー）の強い覚悟と深い理解が必要だと考える。

KEYWORD　BIM実践者、ICT教育、広範な知識、専門性の高い職能、新しい職種、新しい技能職

BIMを実践するには建築設計者へのICT能力向上に向けた教育と意識変革が必要となる。設計者のBIM技術習得にかかる費用と期間が課題であり、専門性の高い新たな技術者が求められる。

　BIMを本格的・効果的に利用するためには、前述したような広範な知識と優れた判断力を持つ技術者が必要である。教育の部分でも述べたように、本来建築設計者や施工技術者のように設計業務や建設プロセスを熟知しているものがBIMの実践者としての任にあたることがもっとも望ましいといえるが、現実的には難しい。

　2018年3月に行われた調査によれば（ガートナージャパン株式会社）、日本人ビジネスマンは職場でのIT活用に苦手意識があり、スキル向上への関心も薄いという結果となった。調査によれば日本人のICTの能力評価については「素人」「中程度」と自己評価する人の割合が58％と高い。IT学習に関しては16％の人が関心はないと回答しており、調査を行なった7ヶ国中（日本、シンガポール、オーストラリア、米国、英国、フランス、ドイツ）でもっとも意識改善が低いと分析されている。また、ICT熟練度の評価では米国の77％のビジネスマンが「熟練」「エキスパート」と自己評価しており、日本の42％を大きく上回っている。

　こうした実情は建築業界でもこの調査と同様の傾向があり、ICTへの関心は持っていても自分が努力してまで利用するものではないとの意識が少なからずある。

　設計者においても2D CADの普及が進んで、その意識はずいぶんと改善されてはいるが、高齢熟練技術者にはまだまだICTへの苦手意識が根強くある。

　1980年代後半に日本の建築設計業界で2D CADが導入され始めたころ、CADの操作（オペレーション）を嫌う設計者に代わって2D CADでの設計製図を担うCADオペレーターという新しい技能職が登場した。米国でも同様の傾向はあ

ったようだが、何より異なるのは米国の設計事務所経営者が、設計者に直接の CAD利用を強く要求したことである。日本での設計者＋CADオペレーターという体制が許されたバブル時代を背景とした職場環境とはいささか異なっていた。

いまでは、日本においても設計製図のツールとして当たり前のように2D CADで設計図面や施工図を作成し、もはや製図板が1台もないという建築設計事務所や施工会社が一般的であるが、BIMがこうした状況に発展し展開されるまでには、まだ少し時間がかかるものと思われる。

図表②に示すように、こうした特殊な力量や広範な知識と技術力を建築設計者があわせ持つようになるには、学校教育を含む多くの課題を解決していかなければならないだろう。

昨今のように複雑な施設機能と性能を満たす建物が求められ精緻な設計が必要とされる時代にあって、絡み合う問題解決に多くの経費をかけることは経営上難しい。したがって、こうした建設プロジェクトの実行に効果的であるBIMの必要性が認められ、導入・利用が進められるようになってきているのである。

これまで述べてきたように、BIM業務の複雑さや頻繁に技術更新が行われるBIMの高度な技術性を考えると、運用管理に携わるBIM技術者は1つの職能・

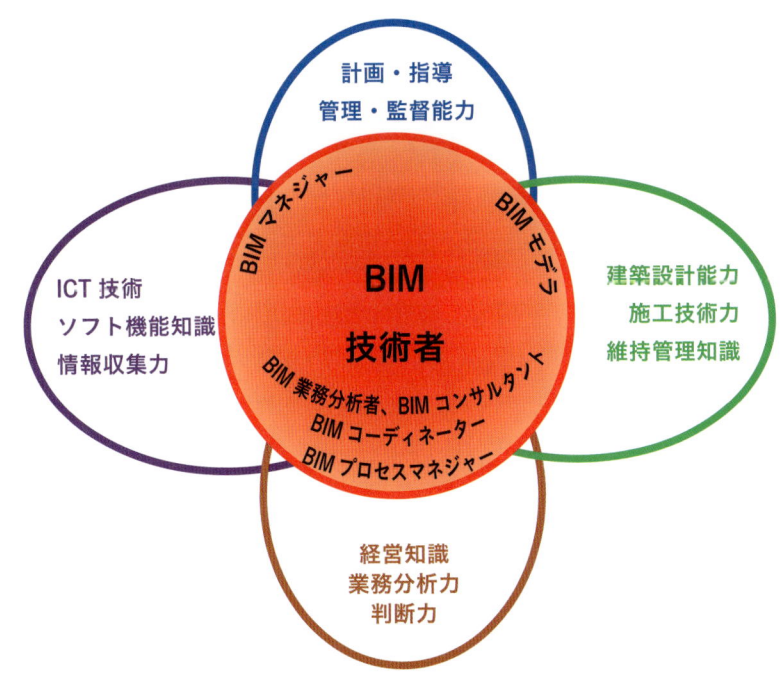

図表②　BIM技術者の必要な能力

職種でカバーできるものではないと筆者は考える。高度医療問題をカバーする医療分野における専門性の高い専門医制度や臨床工学技士のような職能を建築業界にも新たな職種として設け、早急に制度化し、対応する技術者の育成・拡大を図ることがBIM推進・発展への近道ではないだろうか。

KEYWORD　BIM技術者、BIMマネジャー、BIMモデラ、BIMコーディネーター、BIMプロセスマネジャー、新規職能・職種、業務指導・管理・監督、BIM業務自己評価

建築主（発注者）が求めるBIM利用を実現するためのBIM技術者の役割と業務範囲、技術力を知ることは目的遂行のために非常に重要な事柄である。BIM業務対応能力の評価やBIM利用の目的を確実にするための各種実施項目を明示する。

　BIM技術者を目指す者には広範にわたる知識や能力が必要とされる。さらに、いままで経験してきた業務を通じて得られた様々な技術や知見は、適切で効果的なBIM利用には欠かせないものとなる。

　207ページ以降に示す表は、建設プロセスにおける設計から施工、運営・維持管理にいたるBIM利用を効果的に実施するための業務内容を示し、そこで起こるであろう諸問題を解決し、業務を遂行するためにBIM技術者に求められる能力や技術力の程度、計画・指導・管理・監督する判断力や統率力を自らが判定し、評価するために作成したものである。

　さらに、この表は能力評価だけが目的ではなく、BIMを実際に利用推進しようと考える経営者や発注者が求めるBIMの効果や結果を得てもらうために活用できるものでもある。

　複雑に業務が交差する建設プロジェクトを進めるうえで、プロセス管理や適切なBIM実施計画の内容が、プロジェクトの各段階でどのように関係するかをチェックすることは非常に重要である。

　BIMを実施・運用する上で必要とするBIM技術者が「どの段階でどのような役割をするか」を発注者が理解し、これに基づきプロジェクト発注前の段階で必要とする技術者が選定され契約要件に入れられることで、効果的なプロジェクト推進が確実に実行できると考えている。

　表中のBIM技術者の種類は略字表記で示している。それぞれの項目欄では該当すると考えられる能力や業務内容に沿って、BIM技術者名を当てはめている

ので参考にしてもらいたい。

　該当BIM技術者欄で複数の技術者名が記載されているのは、対応する業務を単独で担うことができる場合はその技術者を、協力して業務を行わないといけないと考えられる場合には複数の技術者を、表中から選ぶことを示している。

　BIM業務自己評価の部分では、項目ごとに5段階の自己評価を行い、○印などを記入することで、自分がどのようなBIM業務に対応できるか、また自己の不足する能力はどこかを知る手掛かりにもなるので参考にしてほしい。

BIM技術者の種類の略字表記：

　BIM-M　（BIMマネジャー）　　　　BIM-Md（BIMモデラ）

　BIM-A　（BIM業務分析者）　　　　BIM-C　（BIMコンサルタント）

　BIM-Cr（BIMコーディネーター）　　BIM-P　（BIMプロセスマネジャー）

BIM業務自己評価レベル：

　①できる、②大部分できる、③半分できる、④一部できる、⑤できない

必要な基礎知識	要求される能力	該当BIM技術者	実施する業務内容	業務の概要説明	自己評価				
					①	②	③	④	⑤
BIM活用効果 業務指導方法	BIM運用管理者としての立場と役割	BM-M BM-C BM-P	定期的な各モデル内容の総合チェックと報告書作成	毎月各分野のモデルを総合的にチェックし、行なったバージョン管理とプロパティの記録やプロジェクト管理者に分かりやすい形式にまとめ報告書を作成する。また、各専門分野との連携状況の記録も整理し提出する。報告書はプロセス管理やデータ共有の査証となる。また、プロジェクト推進を妨げる事象や効率化に必要な改善提案を記録に残し、建築主（発注者）や管理者に報告・提案することで無駄な業務の削減につながる。					
		BM-M BM-C BM-Cr BM-P	利用サーバー環境の設定・構築	プロジェクト参加企業でサーバーを独自に構築管理し、自己運用する場合がある。この場合、できる限りBIMモデルの管理が容易に行え、目的ごとのモデルの誤用や紛失が生じないように統一したルール化とシステム構築に努力し、適切な運用経費となるよう各企業と調整する。					
		BM-M BM-Md BM-P	協働する情報供給方法の提示　定期的なサーバー容量のチェックとバックアップ	プロジェクトチームが協働利用するBIMモデルは、設計目的に応じて前モデルを利用しながら進行することがある。このため、即時再保存できるだけのサーバー容量を確保したシステムを整備する。データ管理者は設計目的ごとのモデルデータが誤用されないようにホルダーなどで管理するようにルール化する。また、バックアップも誤用なく確実に行える方法を提示する。					

必要な 基礎知識	要求される 能力	該当 BIM 技術者	実施する 業務内容	業務の概要説明	自己評価				
					①	②	③	④	⑤
		BIM-M BIM-Md BIM-Cr BIM-P	フェーズごとに要求 されている情報内容 の共有方法の構築	意匠・構造・設備などの分野が設計段階に応じて使用 するモデルが適切であるか、フィードバックが必要で あるかを確認する必要がある。 プロジェクト管理者は各設計担当者に各分野の設計状 況が分かるようにし、遅滞なく状況を共有できるよう モデル情報をプロジェクトサーバーで公表する。					
		BIM-M BIM-Md BIM-P	データの共有環境構 築と適切なモデルデ ータのバージョン管 理	アプリケーション利用を行うにあたり、受け渡される 交換データのモデルバージョン管理を確実に行う。 解析結果に使用した BIM モデルを記録・管理するこ とで、どの段階の設計モデルの結果であるかを確実に 把握できるようにする。					
設計を遂行する うえでの業務	BIM プロセスの方 向性確認	BIM-M BIM-Md BIM-Cr BIM-P	BIM プロセスの調 整とプロセス進行指 示	プロジェクトの進行度合いを適宜把握し、各分野で作 成しているモデルが進捗段階で必要とする精度や取り 決めた内容となっているかをヒアリングし、チェック する。 効率的なプロジェクト進捗となるようにプロセス調整 を設計管理者と適宜行う。					
		BIM-M BIM-Md BIM-Cr BIM-P	プロジェクト進行の 定量的評価手法の提 示と進行状況の把握	プロジェクトの進行度合いの把握に個人的な判断や推 量が混入しないように、評価マトリックスや客観的な 手法で評価し把握できる方法を関係者へ事前に提示し 了解を得る。 プロジェクト実行中はバランスのとれた業務進行スピ ードになるようプロジェクト管理者と業務調整を行 う。 目的は責任転嫁やトラブルの防止。					

必要な基礎知識	要求される能力	該当BIM技術者	実施する業務内容	業務の概要説明	自己評価 ①	②	③	④	⑤
建築主（発注者）が要求するプロジェクト遂行上での業務	業務適合の可否判断と管理・提案能力	BIM-M BIM-A BIM-Cr BIM-P	建築主が要求する成果品への代替案の提示と設計チームへの合意形成	建築主（発注者）が実現要求している項目とBIM推進設計チームが実現可能とする項目の具体的・現実的な調整・擦りあわせを行い、事前に合意を得る。要求されるデザイン性能確認を行うために実行する解析や解析精度の限界を明確に、BIMモデル作成以外にも業務やコストが発生することとの了承を建築主に取る。要求事項が実現不可能な場合や、工程やコストに大きな影響を与えると考えられる限り利用アプリケーションの選定を含めのできる形での代替案をプロジェクト開始前に建築主へ提示し、了解を得る。目的は業務効果や効率の促進。					
	業務管理と適応調整能力	BIM-M BIM-Cr BIM-P	最終成果品の内容調整と無駄のない成果と確認	納品内容が建築主（発注者）の求める業務に対応するデータ内容であるかを確認するため、建築主の要望や目的を十分に把握し、今後利用される分野で適当でないものであるか、また納品に必要な業務の合理性やコストを明らかにして契約納品内容に適合したものであるかを確認、調整する。納品する成果品はプロジェクトが終了するまでの途中段階で建築主（発注者）に提示・確認し、無駄な手戻り業務を発生させないようにする。目的は理解不足やオーバースペックの防止。					
	建築主担当者への技術サポート	EIM-M BIM-Md BIM-Cr	建築主（発注者）が要求する業務の成果内容の実現可能性の確認	建築主（発注者）が求める設計段階でのBIMモデル作成で建築主が期待する効果とその実現性を明確にする。同時にそれに伴う必要な費用と予想される削減費用を提示し実施すべき内容・項目を明示し確認する。					

必要な基礎知識	要求される能力	該当BIM技術者	実施する業務内容	業務の概要説明	自己評価				
					①	②	③	④	⑤
設計・施工技術と業務	BIM実行計画書の策定能力	BIM-M BIM-C BIM-Cr BIM-P	建築主側担当者の BIM事情の把握	BIM実行計画書を策定するうえで、BIMの効果が見込めるよう建築主側担当者の知識や能力を見極め、十分な検討のもとで計画書を策定する。要求項目がたてまえや理想論によるものとならないよう建築主側のBIM環境を十分に把握し、計画書の内容が実効性のあるものにする。目的は形式的なBIM利用の防止。					
		BIM-M BIM-A BIM-Cr BIM-P	BIM実行計画書の実施調整と進行度合の確認と判断	プロジェクト開始前に策定したBIM実行計画書で設定されたプロジェクトの設計段階のマイルストーンの到達状況をプロジェクト管理者は必ず確認する。実施段階では関係者による調整・確認会議を定期的に行い、実施確認がなされない限りプロジェクトを進行させてはならないことを計画書に明記し業務付ける。目的は無駄な業務の排除。					
		BIM-M BIM-C BIM-Cr BIM-P	実行チームの編成・策定	建設プロジェクトを担当するBIMチームの持つ実施能力を可能な限り事前に把握し、必要であればチーム編成にかかわる助言をプロジェクト管理者に行う。目的は確実な実行力での BIM遂行。					

必要な 基礎知識	要求される 能力	該当 BIM 技術者	実施する 業務内容	業務の概要説明	自己評価				
					①	②	③	④	⑤
施工段階の知識		BIM-M BIM-Md BIM-A BIM-Cr BIM-P	各専門分野業務のマイルストーンの設定	「プロジェクトのマイルストーン」を確認し実施するうえで、分野ごとの業務は調整のとれた進行が求められる。 その実現のためプロジェクト管理者は可能な限り各専門分野の担当者と業務調整を図り、設定されたタイミングで作成されるモデル内容を確認し業務量を平準化する。 目的は手待ち時間の最小化。					
	モデル精度の適用調整能力	BIM-M BIM-Md BIM-Cr BIM-P	モデル精度の仕様書策定	業務全体でバランスあるモデル精度の調整を行い、各分野で必要とするモデル精度を設計段階ごとに設定する。目的は不用意な業務量増加やデータ交換上で生じる業務量の増加を最小限度にすること。					
	施工用 BIM モデル運用の作成・調整能力	BIM-M BIM-Cr BIM-P	各専門業者間との業務遂行機能確認	施工前に各種専門業者との事前協議や搬入・搬出経路の確認、機器据え付け前の施工容易性や干渉チェックなど、手戻りが生じないよう施工前の確認業務の調整を行い、業務が干渉する施工業務マトリックスの作成を行う。					
		BIM-M BIM-Md BIM-C BIM-Cr	使用機器類の共通化・互換性確保	仮設計画や施工図、各種詳細図など各種専門業者が参照を必要とするモデルデータを共有サーバーやホルダーに収納し共有する。各社が使用する機器や BIM ソフトウェアは原則各社共通で互換性のあるものに調整する。					
		BIM-M BIM-A	施工図の目的設定と表現	施工段階で BIM を利用する必要がない場合や、従来の施工図での施工が効果的である場合など、BIM 利用が効果的でない利用と考えられる場合には、施工 BIM の利用は部分使用を含め効果が見込める業務部分のみへの利用となるよう調整を行う。					

必要な基礎知識	要求される能力	該当BIM技術者	実施する業務内容	業務の概要説明	自己評価 ①	②	③	④	⑤
	プロジェクトリーダーへの技術サポート	BIM-M BIM-Cr	適用する業務の具体的方針策定への助言	設計を進める前段階で可能な限りBIM利用の目的と効果、費用と必要な人材、設計環境と使用するアプリケーションの選定、納品する成果物と精度などを勘案し、設計段階に応じた業務マトリックスを示し設計工程を調整する。運用管理者は必要な時期に、必要精度で、必要な図面をBIMモデルから作成できるかを見積る。図面精度の問題によっては2D CAD使用の必要性について確認・判断する。					
システム運用の知識	危機対応能力	BIM-M BIM-Cr	セキュリティの設定と監視	遠隔地など高速通信回線などの利用によりサーバー上で設計者とのデータ参照や交換を行うことがある。システム管理者は運用手順書やルールを徹底し、通信方法の構築にあたってはVPNやセキュリティソフトウェアの導入・稼働などを義務化する。					
		BIM-M BIM-Cr	非常時・災害時の対応とマニュアル作成	地震や火災、落雷などの災害発生時にも適切な対処方法がとれるようにルールを定め、利用者の教育・訓練を行う。不慮の事態にもデータが保護される非常用電源や自動バックアップなどを、経費に配慮しつつシステム構築する。なお、システム管理者は関係者に不作為による事故へのペナルティを明確に事前提示する。					

必要な 基礎知識	要求される 能力	該当 BIM 技術者	実施する 業務内容	業務の概要説明	自己評価				
					①	②	③	④	⑤
施設維持管理業務の知識	利用する建物モデル化と属性チェック	BIM-M BIM-Cr	維持管理内容と目的の確認と必要項目の決定	BIM モデルを施設の維持管理に用いる場合、設計 BIM モデルや施工 BIM モデルを納品成果データとしてそのまま利用することができるかをビル管理会社や建築主（発注者）と十分に話し合い、業務内容を明確にして受領調整する。					
	機器リストと設備モデル属性の整合性確認	BIM-M BIM-A BIM-Cr BIM-P	竣工時のデータ整合性の確認方法と維持方法策定	建設に使用された建材、設備機器類、搬送機器類などを DB 化し BIM モデルに付与された属性情報と合致するか全数確認する。建築主（発注者）の維持管理の要望に沿って必要な属性情報を追加する可能性の有無も確認するが、追加費用の発生があることにも配慮する。					
	現場とモデルの整合性確認	BIM-M BIM-Cr		竣工時に最終成果物として納められた BIM モデルが竣工時の状態に正しくモデル化されているかを確認するための手段、時期、項目などを具体的に示し、確認担当者を含めて事前に決定しておく。隠蔽箇所については隠蔽前の確認方法も必要な事項となる。					

必要な 基礎知識	要求される 能力	該当BIM 技術者	実施する 業務内容	業務の概要説明	自己評価				
					①	②	③	④	⑤
ソフトウェア技術	BIMソフトウェアの基本機能理解	BIM-M BIM-A BIM-Cr BIM-P	利用ソフトのできないことの把握と代替手段の提示	「業務適合の可否」や「BIM実行計画書の策定」において使用するアプリケーションが要求仕様を満たせるものであるか、その機能を利用・確認する。 仕様を満たさない場合に代替機能を持つアプリケーションを提示する。					
	周辺ソフトの基本機能理解	BIM-M BIM-Md BIM-Cr BIM-P	データ交換手段と互換性の確認	「業務適合の可否」において各アプリケーション間で使用するデータの特性を把握し、直接受け渡し可能か、中間ファイル形式での交換が可能か、一方向は相互に受け渡し方法は相互に検討する。					
	担当者へのソフトウェア指導・計画	BIM-M	担当者の操作能力把握と教育育成、実地指導	「BIM実行計画書の策定」において各業務担当者のBIMソフトウェア操作能力やBIMの基礎的知識を把握したうえで必要な教育や操作訓練を実施する。 プロジェクト進行中における操作への疑問や質問に対し具体的に指導する。					

2.1

第2章　オーナー・ユーザのBIM利用

発注者が求めるBIMと設計者の求めるBIMの違い

KEYWORD 発注者、オーナー、ユーザ、設計者のBIM利用、発注者のBIM利用

日本では発注者は生産者が進めるBIM化の恩恵をうけていない。発注者にとってのBIMのメリットを考える場合、発注者が主体の経営判断・事業計画、建物運営・維持管理段階はもとより、設計、施工における発注者のBIM利用のメリットも考えていくべきであろう。

　設計者は、業務の効率化や生産性の向上を目指し、設計品質を確保し、合意形成を行うにあたり、スムーズな設計情報の共有のためにBIM化を進める。しかし、日本ではほとんどの場合、これらの設計者が目的としているBIM化のメリットは、直接的には発注者の利益につながっていない（153ページ参照）。

　設計段階、施工段階、運営・維持管理段階それぞれでBIM利用の目的が異なり、求められるBIMモデルも異なってくるため、それぞれの段階に求められるBIMモデルの再構築にはそれなりの費用がかかる。

　発注者の利益が見いだせないBIMモデルの構築に対して、報酬は出ないため、

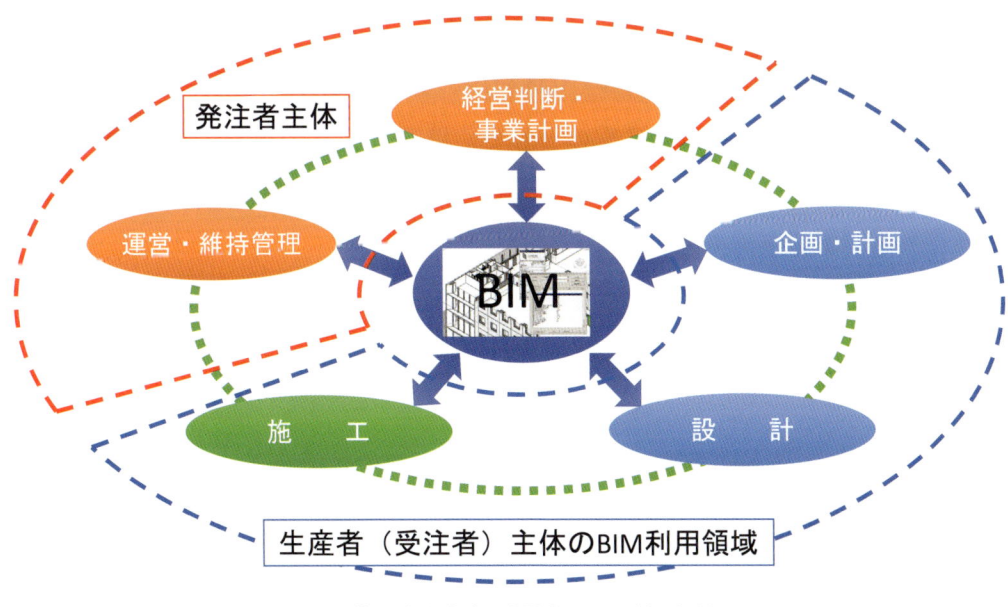

図表③　建築業務と設計者のBIM利用領域

結局思い切ったBIM化ができないという理想と現実の相反が起こっている。今後は、BIM化による発注者のメリットを示していかなければ、これ以上のBIM化の進展は難しい。

　図表③のように、現在BIMの利用は、設計、施工にとどまり基本設計から実施設計、施工までであり、設計が委託される前の事業計画や、竣工後の建物の運営・維持管理には、まだほとんど利用されていないのが現状である。この設計、施工の前後の段階においてもBIMのメリットが出せるようになると、設計業務で行なっているBIMについても必要なものとして発注者に受け入れられていくだろう。

　本来のBIMの理想は、設計、施工の段階で閉じたものではなく、建築の経営判断・事業計画から設計、施工、そして竣工後の運用に至るまで、建物のライフサイクル全般におけるあらゆる段階の建物の、あらゆる情報を作成、管理、配信するための統合された環境とされている。

　しかし、このライフサイクルの各フェーズでの主体者については、建物の発注前の経営判断・事業計画のフェーズは発注者、設計は設計者、施工は施工者、竣工後の運営・維持管理は発注者というように、主体者がはっきりと分かれている。

　発注者にとってのBIM利用のメリットを考える場合、発注者が主体と考えられている経営判断・事業計画、運営・維持管理だけでなく、設計、施工の段階における発注者のBIM利用のメリットも考えていくべきであろう。

　本章では、このような発注者のBIM利用のあり方を考えていく。発注者が建物のライフサイクルにかかわるものとして、以下の段階に分けて、その現状と新しい試みを紹介する。

経営判断・事業計画段階（217ページ参照）

設計・施工段階（IPD）（222ページ参照）

建物運営・維持管理段階（230ページ参照）

事業計画でのBIM活用事例

KEYWORD　経営判断、事業計画、発注者、オーナー

コンビニエンスストアや物流施設など、事業展開において常に用途の類似する建築の計画をともなうような業種の企業は、BIMによる業務の標準化が向いている。計画のノウハウ、パターンをBIMに蓄積して、発注者の経営判断から事業計画、発注に役立てることができる。

　発注者が建築を伴う事業計画を行う場合、その計画によっていかにコストを抑えつつ、新しい価値を生み出すことができるかを常に意識して計画を進めるのではないだろうか。そのため、計画案を作成するたびに、その品質とコストを素早く明確にすることが求められるが、3次元形状にコストや品質といった属性情報を持たせることのできるBIMを用いれば、それらのスタディの効率化が期待できる。

　つまり、事業計画で用いる建築に関連する部品をBIMオブジェクトとして登録、あるいは生成し、BIMソフトウェア上で並べて、組み合わせてスタディをすれば、そのまま発注の際に図面資料として使える可能性がある。

　本節では、発注者側がBIMを用いて、事業計画を効率化した事例を紹介する。

物流施設開発企業のBIM利用例

　物流施設では、敷地の形状や建物のスパン、車路とランプの位置、階高などを標準化しやすい。

　自社に設計部門を持っているある物流施設開発企業では、BIMソフトウェアにランプや重量シャッター、スロープ車路、トラックバースなどの物流施設に特化した部品を用意し、条件を与えれば、それらをある程度自動的に配置し、編集できるようにBIMソフトウェアをカスタマイズした。

　またBIMモデルから各種面積、レンタブル比などを自動算出して、図面に自動レイアウトされるようにするなど、企画図作成用の図面テンプレートも用意した。

このようなBIMのシステムを社内の設計組織が使用して、計画する物流施設のボリュームスタディや企画図面の作成と同時に、概算に必要な数量算出や工事見積用の図面作成を行うことができるようになった。

　また施工者から提出された見積数量のチェックや工法などの妥当性検証、コスト情報の蓄積による概算精度の向上など、物流施設の事業計画のスピード化につなげることができたとされている。

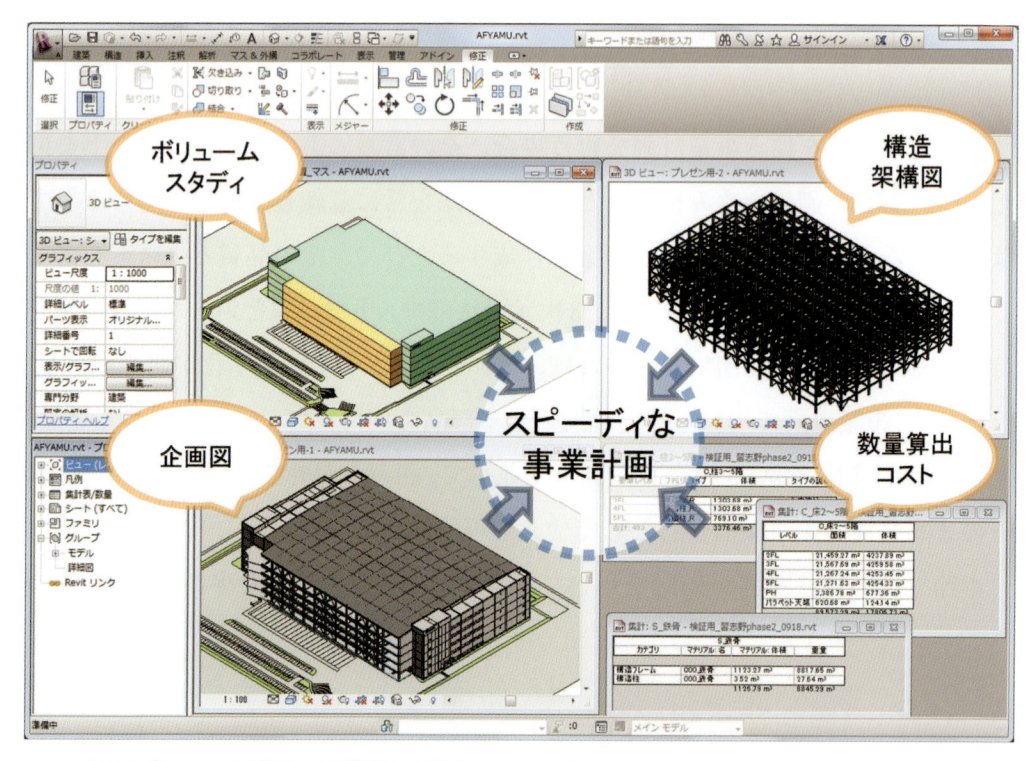

図表④　BIMを利用して事業計画を効率よくスピーディーに行えるようになった（図はイメージ）

　その企業では、設計チームが3D CADを使用し、現在、設計効率が2割向上した。その後、設計・施工を担当する施工者にBIM採用を義務付けているなど、発注者がBIMを導入するメリットが表れているといえる。

　このように、事業展開において常に用途の類似する建築の計画を伴う場合、社内に設計組織を有している企業は、設計ノウハウが蓄積されやすく、事業を展開する際には、過去の実績から必要な設計事例を利用することが容易になる。それらの設計ノウハウをBIMにデータベースとして蓄積していれば、様々な作業が効率化される可能性があることはこの事例からも見えてくる。

また、このような設計ノウハウが蓄積されたBIMは、事業計画時だけでなくその前の経営判断の際にも有用である。事業展開の際、テナントが要求する施設がその土地に建てられるかどうか、採算性があるかどうかなど、できるだけ早い経営判断材料が必要となる。採算性があり事業が成り立つと判断すれば、他社よりも前に土地などを購入する必要があるからである。

　その際、上記のようなBIMデータベースが構築できていれば、すばやい検討ができ、結果として経営判断の高速化につながることが期待できる。

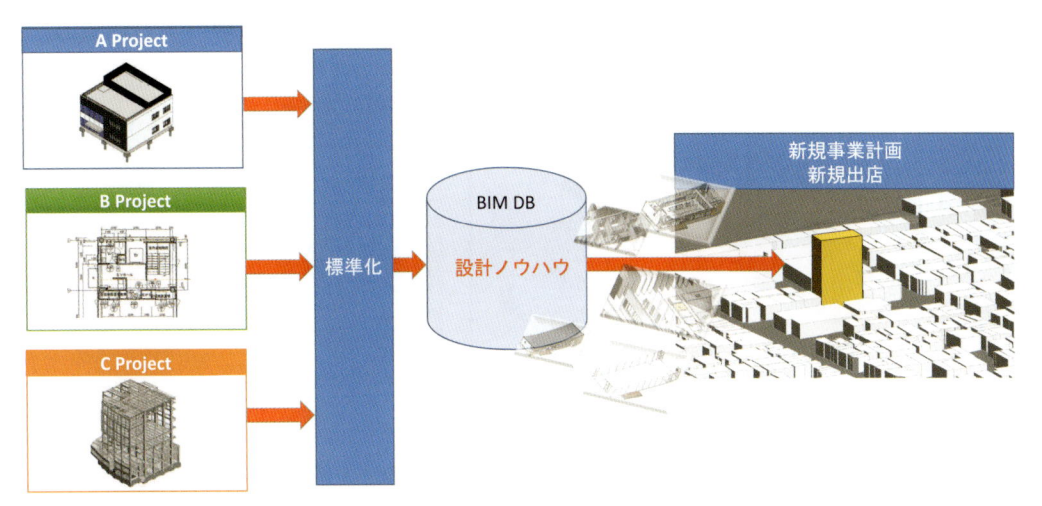

図表⑤　発注者側が自社の設計ノウハウをBIMに蓄積し、利用することができれば経営判断や事業計画の高速化が期待できる

コンビニエンスストアのBIM利用例

　ある大手コンビニエンスストアでは、BIMを活用して、新規出店の際の店舗設計において、設計の品質を維持したまま設計時間を短くすることと、建設資材の一括発注と現場支給によって建設コストを削減すること、つまり新規出店のスピード化とコスト削減を目指している。

　あらかじめ用意されたBIMオブジェクトを設計条件に応じて選択、組み替えることで、様々なバリエーションの図面をすばやく作成することができる。

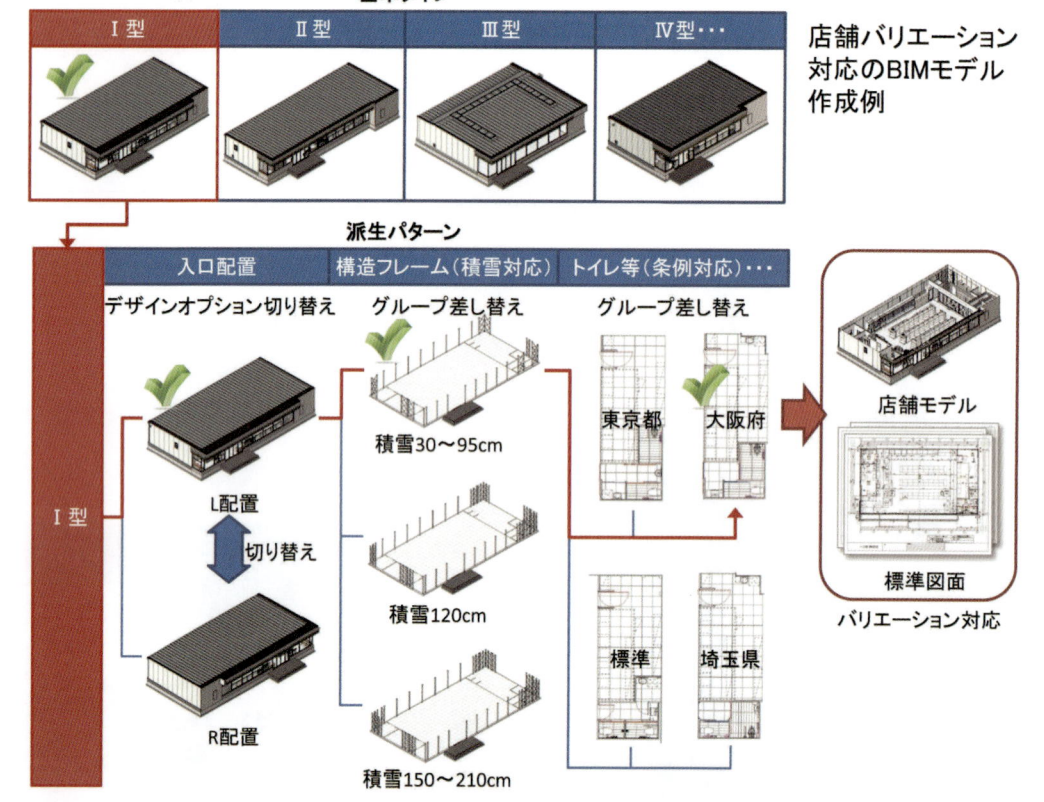

図表⑥ BIMオブジェクトを立地条件や入口の配置、条例対応のパターンから組み合わせてすばやく店舗モデルを作成

コンビニエンスストアの出店は土地の確保から開業まで6〜8ヶ月かかるが、3D CADを使用すると3週間ほど短くなる。出店費用の見積もりや資材の発注業務を内製化するなどしてコストを圧縮し、設計関連コストも1割程度削減できるといわれている。

このような、コンビニエンスストアなどの小売業、ファストフード、ファミリーレストラン、カフェなどの外食産業において、多店舗の運営管理を行なっている企業は、事業展開の際に、ブランドやサービスの品質を保ちつつ、建物の外観などに統一性をもたせた店舗をいかに早く計画し、コストを抑えて発注できるかが事業計画の成否を左右する要素になっている。

このような多店舗の運営管理を行なっている企業においては、建材の共通化、標準規格化が行いやすいため、属性情報が付加された部品を組み合わせて建築モデルを作成できるBIMは、見積もりや資材の発注業務にもっとも利用価値があ

る仕組みとなる可能性がある。

　ただ、このような形態の企業は、BIMの環境を整えられるとしても、使用できる専属の人材を置くことは難しいため、現在のところはBIMソフトウェアをカスタマイズして使える機能をシンプルにするなど、業務に合わせたBIMソフトウェアのカスタマイズやアドインツールの開発が必要とされている。また、構築されたBIMシステムやそこで作成されるBIMモデルは事業展開に従って更新する必要が出てくる場合がある。店舗企画は行うが出店後の施設管理部門を持たない外食産業では、そのようなBIMシステムやBIMモデルの構築とメンテナンスはだれが行うのか、という課題もある。

　事業者がBIMを継続的に利用するには、コンサルティングを行い、事業者のBIM利用の立ち上げを支援し、BIMシステムやBIMデータの更新など、BIMモデルをメンテナンスするという業務が、今後ビジネスとして成り立っていく兆しが出ているといえる。

　そのようなビジネスの担い手として、BIMを実業務で使い、ノウハウを蓄積した設計事務所や施工会社が一番近いところにいるかもしれない。

KEYWORD　　**AIA、IPD、シーケンス型、コンカレント型、CDE**

プロジェクトの開始から引き渡しまで、建築主、設計者、施工者などすべての関係者がかかわり、情報を共有し、発注者の利益を最大にするプロジェクトの推進方法をIPDと呼ぶ。すべての関係者が情報を効率的かつ安全に共有するにはCDEの考え方が重要である。CDE上で、BIMモデルの責任分界点を明確にすることが求められる。

意識改革によるBIM実践

　建設に必要な設計図面を平面図、立面図、断面図の三面図間で完全に矛盾なく作成することは難しく、意匠、構造、設備などの設計情報の整合確認のために、施工段階で総合図を作成することが求められてきた。そして各分野の2次元の設計情報を重ね合わせ、各部材の干渉や取り付け位置の確認に現場経験豊富な専門家が力を注いできた。

　BIMモデルを使用すると、3次元で構成部材の干渉チェックを行うことができる。したがって、意匠、構造、設備が干渉して問題を起こさないかという検証を設計や施工の早い段階で行うことが可能になり、手戻りを最小限に抑えることができる。一度の手戻りをなくすことで、どれだけの工事費と時間が節約できるかは、現場経験者であれば十分に理解できることである。

　1つの建設プロジェクトでは、図表⑦に示すように多くのプロジェクト関係者が関与しているため、建物が必要とする機能や形状を設計者のみで決めることはできない。

　設計される建物の生産過程をブラックボックスとしないためにも、BIMを単なるモデリング技術とは考えず、「1つの建物を建設するのに必要なすべての関係者が情報を共有し、発注者の利益を最大にするプロジェクト推進方法」として、BIMt（Business Information Management）を加えた大きなマネジメントの仕組みとしてとらえる考え方が、真のBIMを実践するためには必要であろう。

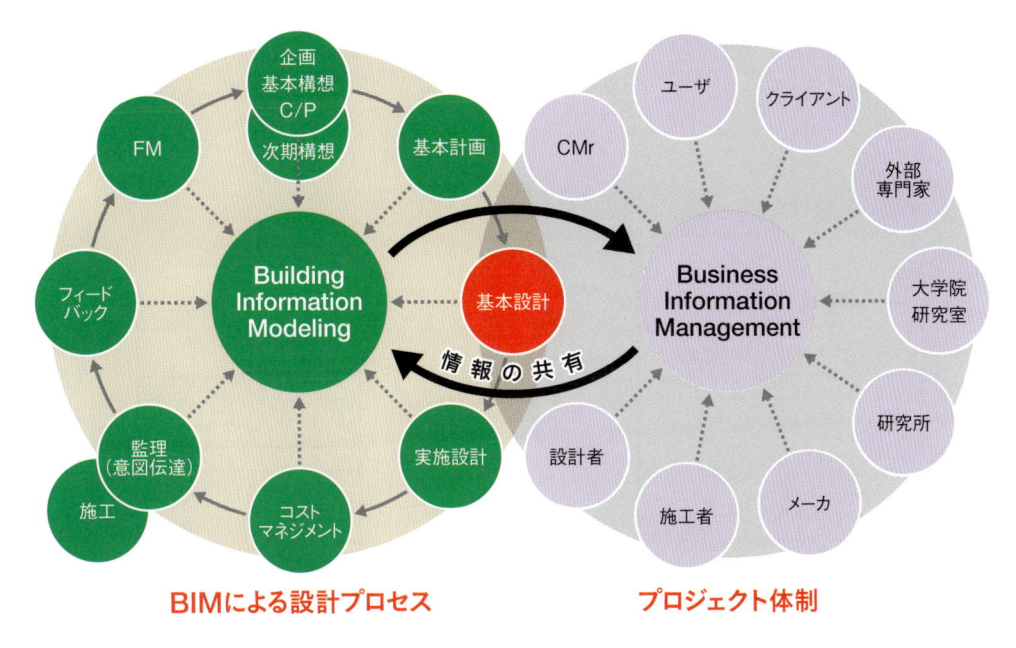

図表⑦　BIMとBIMt

　こうした考えに基づいて組織を編成できれば、設計段階の早くから多くのプロジェクト関係者の意見を聞き、多面的な技術検証を行うことができるので、ビジネスイノベーションにつなげていくことも可能となる。

　現在のところ日本国内でこのような組織を編成するのは簡単ではないが、米国建築家協会（AIA）は、このような関係をIPDと呼んで、2007年に提唱している。

　従来、建築設計業界で行われている設計プロセスは、1つの設計プロセスが終了しないと別のプロセスが開始できない「シーケンス型」に近いものと捉えることができる。しかし、製造業では各設計プロセスが同時並行的に進行する「コンカレント型」が一般的に行われている。

　これまで、建築設計業界では同時並行的に設計を進めることは無理と考えられてきたが、情報共有が可能なBIMの利用によって、フロントローディングとともに、建築設計業界でも図表⑧に示すコンカレント型の設計プロセスが実施可能となってきた。

　工期や建設コストが厳しく問われるなかで、整合性不足や技術検証ミスによる施工段階での設計変更やそれに伴うコスト増が許される時代ではない。設計段階では視覚化によるモデル検証の実施、構造や設備の数値シミュレーションを可能

な限り繰り返し、設計者の勘ではない、数値に裏打ちされた設計が発注者からも要求され始めている。

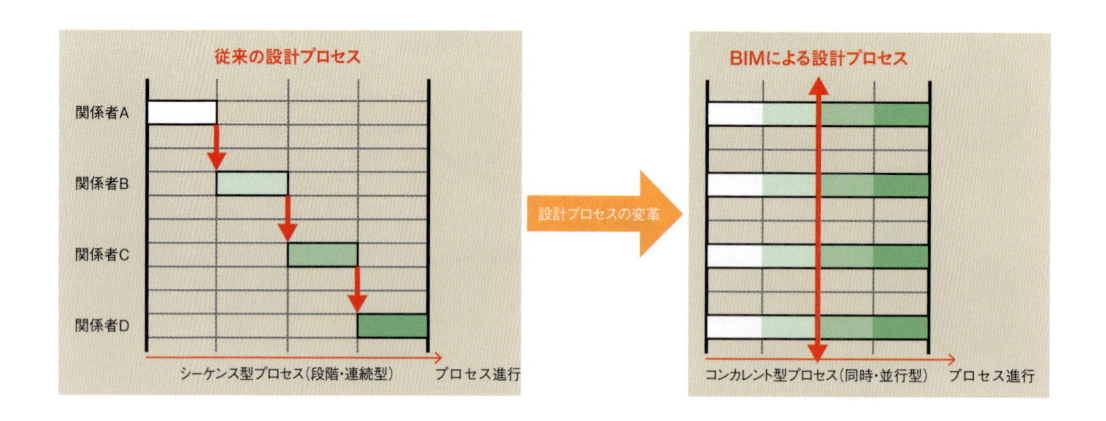

図表⑧　設計プロセスの変革

　こうした要求に応えていくためにも、コンカレント型への設計プロセスの改善や、次項で述べるIPD的関係を重視して、設計時に施工技術を取り入れることを可能にするECI（Early Contractor Involvement）方式などの採用というように、発注者を含めて個々の立場を超えたプロジェクト関係者の意識変革が求められる。

　建築の専門家が「任せられる専門家」であり続けるためには、すべての関係者が理解でき、納得できるプロジェクト情報を提供し続け、建設プロジェクトにおける関係者間の誤解や調整不足による無駄を最小限度にとどめることで、発注者からの信頼を得るものでなければならない。

IPD

　64ページで述べたように、建物のライフサイクルは、まず発注者が経営判断を行い事業計画を策定し、建物を発注する。それを受注した設計者が設計し、施工者が施工を行い建物が竣工する。竣工後は発注者やオーナーが建物運用を行い、また経営判断などにより解体、建て替えなどを行なっていくという流れととらえ

られている。

　しかし、前項で述べたように「シーケンス型」の設計プロセスを「コンカレント型」にしていくには、設計者が主体と考えられていた設計段階においても、発注者や施工者、請負業者などプロジェクトにかかわる関係者が設計初期から参画して、建設プロジェクトを進める協業体制を敷く必要がある。

　このような協業形態に、米国の建設業界から生まれたIPD（Integrated Project Delivery）という考え方の協業形態がある。IPDは、発注者や意匠設計者、エンジニア、施工者など、建築生産プロセスにかかわる関係者全員が、最適な建物を建てるという目標の下、プロジェクトの初期段階より一致協力して合意形成を図り、最適解を導くものである。AIAによるIPDの契約および行動の原則は次の通りである。

　※2007年4月にAIAが定めたIPDの定義は、183ページ参照。

　■契約原則
　・キーとなるプロジェクト参加者は平等
　・プロジェクトにおける財政上のリスクおよび補償を共有
　・キーとなるプロジェクト参加者間においては財政上の透明性を確保
　・キーとなるプロジェクト参加者の早期関与
　・共有されたプロジェクトの成果目標の設定
　・協力関係に基づいた合意形成
　■行動原則
　・相互間の尊重および信頼
　・協力指向
　・オープンコミュニケーション

　プロジェクトの関係者は、リスクや責任とともに情報や経験をオープンにし、これを共有管理することで、プロジェクトへ積極的に関与することになる。IPDのコンセプトは関係者間の協力関係の上に成り立っているため、プロジェクトの成功にはチームの良好な関係が重要となる。

　IPDでは、すべてのプロジェクト関係者が対等な立場で関与し、コストやリスクを共有する必要がある。関係者間で情報の透明性や信頼性を確保し、共通の目

標や価値観を共有することがプロジェクトの成否を決定するカギとなる。そのため、リアルタイムにプロジェクトを可視化し、あらゆる情報を関係者間で共有することのできるBIMのメリットが、そのままIPDの実行に際しても有効な手段となりうる。

IPDでは、設計段階、施工段階においても、発注者が主体者の一員としてプロジェクトに参画し、メリットを享受する体制になっていなければならない。

IPDの中では、発注者が判断をしないと進まない場面が多く、発注者の判断が遅れたり、不明確であったり、その判断の理解に関係者間で相違があるなどすると、プロジェクトの進行に重大な影響を及ぼすことになる。つまり、IPDの関係者の中ではとりわけ発注者が重要な立場にいるといえるだろう。

これまでの日本の建築設計・施工プロセスにおいては、プレイヤーは設計者や施工者といった生産者側であり、そこでやり取りされる情報も専門的なため発注者に理解できず、設計者や施工者へまかせるという風潮があった。

従来あまり発注者がかかわれなかったこのようなプロセスにおいて、判断のための情報を発注者がBIMから理解しやすい形で得られるとしたら、発注者にとって有益なことである。

IPDに限らず、通常の日本の建設プロセスにおいても、発注者がBIMを利用できると、発注者が建設プロセスにかかわる機会が増え、発注者が判断を適切に迅速に行うことでフロントローディングが進み、BIMを利用してコストを透明化することもでき、結果として発注者自身の利益につながっていくであろう。

CDE

IPDにおいては、関係者間でのBIMモデルなどの電子データの共有あるいは流通が必要になる。BIMモデルを社内だけで使用し、他社との設計情報のやり取りに対しては従来通りの図面でやり取りすると、そこがボトルネックとなり、設計プロセス全体の効率化にはつながらない。

そこで、IPDなど立場の異なる複数の関係者が、建設プロジェクトや維持管理にわたって、データを交換・共有するための環境が必要になってくる。そのシステム環境とその仕組み、データの取り扱い手順はCDE（Common Data Environment）と呼ばれている。British Standard UK implementation of EN ISO 19650-1：2018では、CDEについて次のように定義している。

「管理されたプロセスを通じて各種情報（ファイル、モデル、ドキュメント、チャプター、セクション、レイヤー、シンボルなど）を収集、管理および配布するための、特定のプロジェクトまたは資産についての関係者間で合意された情報源」であり、「CDEワークフローはそれの使われ方のプロセスも規定し、CDEソリューションはそれらのプロセスをサポートするための技術を提供する」

CDEで管理されている情報は、すべての関係者が理解できるようにすべきであり、以下の事柄について、関係者の間で明確にしておくことが望ましい。

① 情報フォーマット（information formats）

② 配信フォーマット（delivery formats）

③ 情報モデルの構造（structure of the information model）

④ 情報を構造化し分類する手段（the means of structuring and classifying information）

⑤ メタデータの属性名（管理されている建設要素や情報のプロパティなど）（attribute names for metadata, for examples properties of construction elements and information deliverables.）

そして、CDE内の情報には、次の3つの状態があり、

作業中（work in progress）

共有（shared）

公開（published）

この3つの状態について、使用履歴や監査証跡の情報を保存する機能を備えるのが望ましい。

そのような情報蓄積機能により、プロジェクト進行中に何らかの問題が発生した際は、その履歴や監査証跡をたどることによって、原因を特定し、プロジェクトの契約書に基づいて責任の所在を明らかにすることができる。

また、情報の状態を変化させる場合には承認と承認手続きの機能が必要になる。例えば作業中のモデルデータを別の作業チームと共有して作業を引き継ぐ場合などは、権限のあるメンバーがそのデータについてチェックして、共有することに

対して承認を与えてからでないと、共有することができないといったイメージである。

CDEの機能には、このようなデータベースを管理する機能のほかに、データベースの更新などをした際に、適切なメンバーに更新を通知する機能も実装が望ましい。

特に大規模で複雑な資産やプロジェクト、あるいは広範囲に分散したチームの場合、扱う情報全体を1箇所に保管するとは限らない場合がある。そのような場合は、CDEを様々なコンピュータシステムまたはプラットフォーム（そのデータベースが動作するベースとなっている装置やソフトウェア、サービス）に分散させることも考えるべきである。

CDEにおける、情報の取り扱いに関する原則として「各情報に対する責任は、それを作成した組織にあり、他の組織に共有されて再利用されるが、その作成した組織だけがその情報（コンテンツ）の変更を許可されている」ということを明確にしておくべきであろう。つまり、共有された情報を利用することは他の組織でも可能であるが、その情報に手を加えることができるのは、その情報の作成者に限るという考え方である。

CDEにおいてBIMモデルを作成した場合、そのBIMモデルの責任の分界点を明確にできる一方、作成者はBIMモデルのどの部分が確定していて、どの部分が未確定なのかを明らかにした状態で共有や公開をしていく必要が出てくる。

このように、IPDなど複数の組織にわたってBIMモデルを活用してコラボレーションを行う際になくてはならないのがCDEといえよう。

Windowsなどのコンピュータのオペレーティングシステムでも複数人によるファイル共有はできるが、CDEのような用途では機能不足である。そのため高機能なファイル共有システムが以前より開発されてきた。

これらのファイル共有システムは「ドキュメント管理システム」あるいは「文書管理システム」と呼ばれており、一般に次の機能が備わっている。

- ファイルへの細かなアクセス権の設定（職分に応じたファイルの操作権付与）
- ファイルの排他的処理（ファイルの先取り優先、ファイルを編集しているときは、他の人は編集できない）
- 自動的なファイルのバージョン管理（常に最新版は1つ）

・ワークフローによるアクセス制御（承認による作業工程の移行）

・監査証跡

・変更のメンバーへの自動通知

　またそれにチームのスケジュール管理もあわせて行える機能がついているものは「プロジェクト管理システム」と呼ばれることもある。

　以上のようにみてくると、CDEはこのような既存の「ドキュメント管理システム」や「プロジェクト管理システム」を使って構築することが考えられ、さらにBIMモデル内のオブジェクトまで管理できるようなものがあれば申し分ないであろう。CDEについては、国土交通省の「建築BIM推進会議」においても「BIMの情報共有基盤の整備」に関する議論のなかで、既存システムが検証され利用の在り方の検討が行われている。

KEYWORD　FM、LCC、運営・維持管理、情報劣化、トラブル対応、面積管理、資産管理、エネルギー管理、COBie、BEMS、IoT、AI、多次元BIM

建物のライフサイクルコストに占める運営・維持管理に要する費用は全費用の約75％であるといわれている。経済的視点からみれば、建設プロジェクトはその費用を最小にする必要があり、BIMモデルの有効活用が求められている。BIMに記録された建築設備などの属性情報を積極的に利用し、建物の運営・維持管理を効率的に実施する取り組みが始まっている。

建築ライフサイクルにおける運営・維持管理段階の重要性

47ページで述べたように、建設プロジェクトを建物の設計から解体までとした場合、建物の建築費、すなわち「設計から竣工まで」の費用は、プロジェクト全体のコストの25％程度となっており、残りの約75％はその後の運営・維持管理のコストとなっている。

そのため、経済的視点から見れば、建設プロジェクトは設計から竣工までの段階だけでなく、その後の運営・維持管理段階まで含めてとらえるべきなのであるが、現状では建設プロジェクトの設計段階で、運営・維持管理段階の関係者がその計画に関与する例は少なく、さらに、竣工後も十分な引き継ぎが行われないまま建物の運用がスタートすることも多い。

十分な引き継ぎがないまま運用がスタートすると、その情報を改めて収集するために膨大な時間とコストを要することになる。

このような状況を「情報劣化」といい、建設プロジェクトの各フェーズでも生じるが、その劣化量は運営・維持管理段階のスタート時点がもっとも大きいことが想像される（図表⑨）。

近年になって企業や国、自治体が有する建物などの不動産は、その組織の価値向上のために最適にマネジメントを行うことが求められるようになり、ファシリティマネジメント（FM）ということばの普及とともに、運営・維持管理段階の重要性はますます高まりつつある。

建物の最適な運用には、設計者の設計意図や完成した建物・設備などに関する情報が適切にビル運用者に伝達されることが必要となる。

　しかし、建物の運用を担当する事業者は建物の竣工後に決定する場合が多く、適切な情報の引き継ぎが行われないまま、場合によっては図面さえ見たことがないという状況で運用が開始されている。

　BIMには、施設情報が3次元の形で保存されており、運営・維持管理業務に必要な情報を集約できる仕組みであることから、このような「情報劣化」の改善にBIMの活用が期待されている。

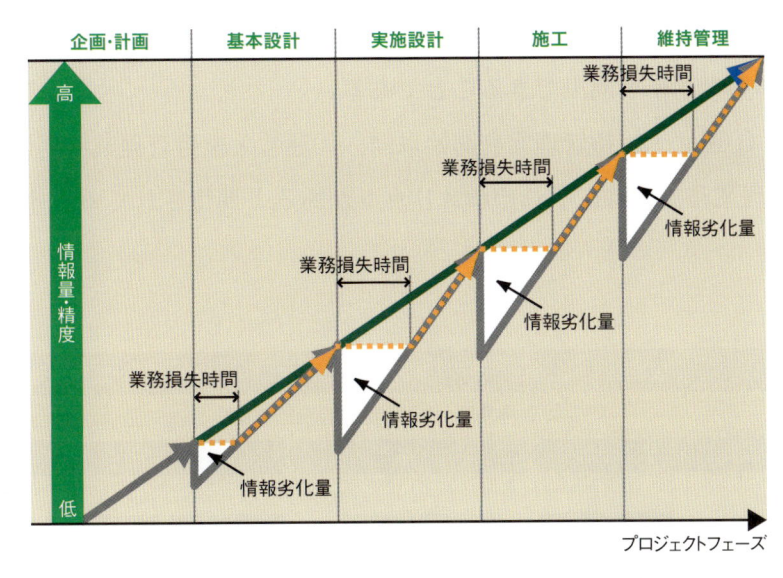

図表⑨　建設プロジェクトの各フェーズにおける情報劣化

運営・維持管理業務にBIMを活用することのメリット

　部材や設備などの情報や申請書類は、竣工図書として主にCAD情報や紙媒体として発注者に納品される。運営・維持管理業務担当者にはこの一部の情報を引き継ぎ、その内容を参考に運営・維持管理業務を開始するため、設備台帳の作成などの施設関連情報の整理・抽出に多大なコストと時間をかけている。場合によっては、業務に必要な情報が十分に引き継がれない、引き継いだ情報が不正確であるということもあり、運営・維持管理業務の質と効率の低下の要因となっている。

これまでの竣工というタイミングで建設と運営・維持管理が分断されていた状況と比べて、BIMを導入することで情報連携が適切に行われるようになると、主に3つの点で効果が期待できる。

1つめは、BIM情報を用いて施設が完成する前に運営・維持管理業務のシミュレーションを行うことができ、運営・維持管理の観点から施設計画へのフィードバックが行えることである。

2つめは、運営・維持管理業務の開始時点で必要な施設情報を電子データとして漏れなく受け取れることである。

3つめは、運営・維持管理業務の実施時において、BIMモデルの3次元形状も引き継いでいた場合、建物の運用時には、3次元で設備の状況確認ができ、運営・維持管理作業の効率を向上できることである。

つまり、①運営・維持管理業務開始以前、②運営・維持管理業務開始時、③運営・維持管理業務実施時にそれぞれメリットがあると期待されている（図表⑩、⑪、⑫）。

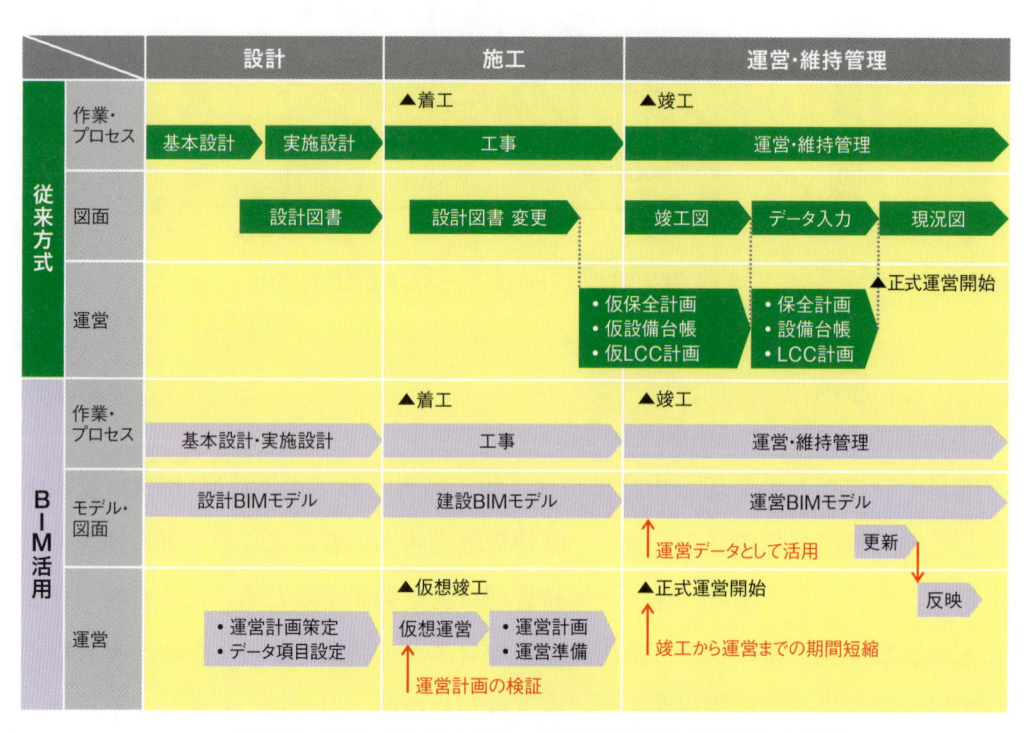

図表⑩　設計・施工時の運営・維持管理業務を見据えたBIM活用
（出典：ファシリティマネジャーのためのBIM活用ガイドブック（JFMA））

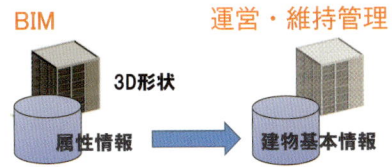

従来：竣工後、竣工図書の納品から運営・維持管理の対象となる部位・機器の数量と業務仕様の確定まで数ヶ月かかる

BIM：竣工後すぐ、正確な数量・仕様による運営・維持管理が可能

図表⑪　運営・維持管理業務開始時のBIM活用のメリット

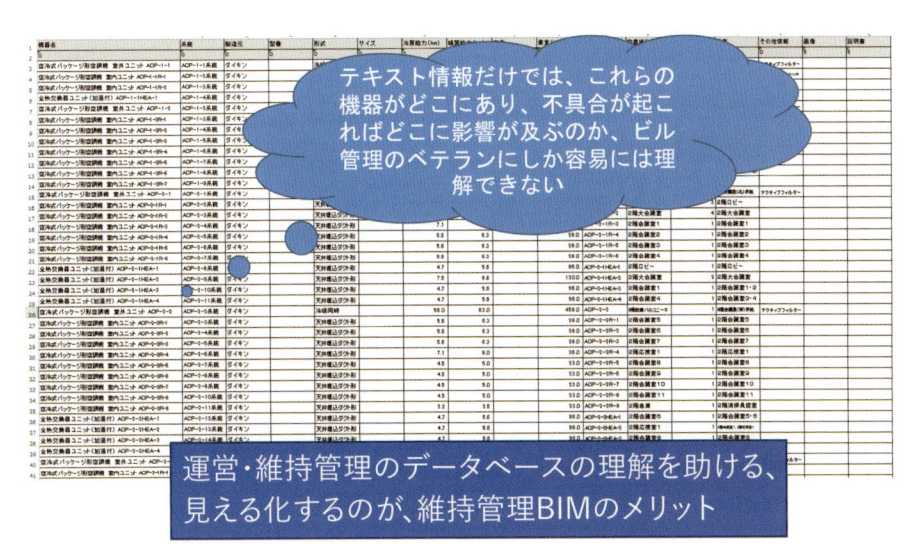

図表⑫　運営・維持管理業務実施時の維持管理BIMのメリット

運営・維持管理業務におけるBIMの活用

運営・維持管理業務のなかでももっとも大きい比率を占めるのが「日常の維持管理」である。維持管理は建築や設備の初期性能を維持することを目的とした維持保全と、関連業務とに大別することができ、業務の種別で分類すると図表⑬のように分類できる。

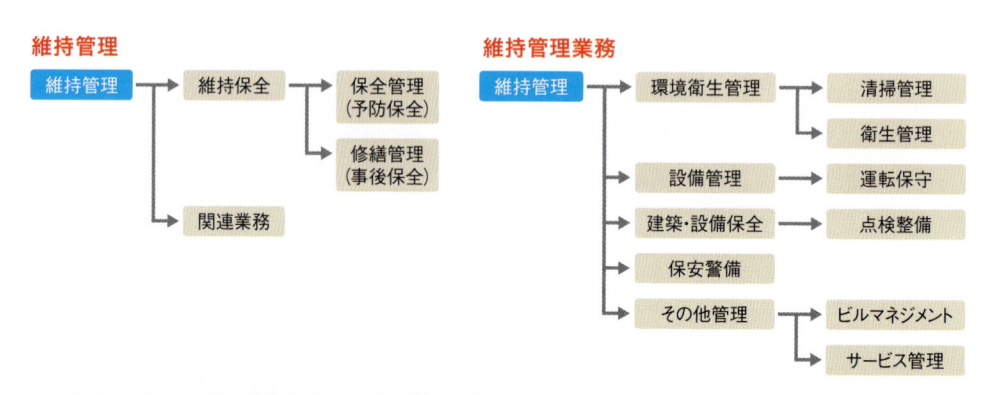

図表⑬　建物の維持管理の体系と維持管理業務の体系
（出典：建築物の維持管理情報に関する調査研究報告書（2008年、（公社）全国ビルメンテナンス協会））

維持管理は、ライフサイクルコスト上も大きな比率を占め、運用段階の建物の品質を初期段階と同様に保全・確保する業務であり、建物がもつべき基本的な機能や性能に深いかかわりがある。

一方、現状の建設プロセスでは企画、計画、設計、施工の竣工より前の段階に重きが置かれている。BIMによるフロントローディング型の建設プロセスが実現することで、竣工後の適正な維持管理業務を考慮した企画、計画、設計、施工が行われれば、より高い次元の維持管理が実現されると期待される。

また、このように建設プロセスでBIMが活用されることは、運用開始後の維持管理業務でも多くの場面で業務の効率化に貢献することが期待できる。主に事後保全における「トラブル対応」、ビルマネジメント業務における「管理面積の把握」「資産管理」などで、強い力を発揮する可能性がある。また、設備管理業務に新たに加わりつつある「エネルギー管理」などでも活用の場面が考えられる。

トラブル対応

トラブルは計画的な更新・修繕とは違い、突発的なクレームなどの形で発生し、迅速・的確な対応が強く求められる。そのためにはトラブルが発生した箇所や影響範囲、原因の特定と対処方法の検討を迅速に行う必要がある。

BIMはデジタル空間上に仮想の建物を再現するモデルでもあるため、トラブル対応の支援ツールとして活用することで、短時間に発生箇所が特定できる。

また、問題発生箇所の部材や機器の仕様、型番も3次元情報に紐づけして特定できるため、膨大な紙媒体から情報を探すのに比べてより効率的な対応ができる。

これらの状況は、大規模修繕や一部の補修でも同様であり、隠れた配管やダクトの位置を把握して工事の効率化に役立てることができる。

管理面積の把握

ビルマネジメントにおいて、面積情報は賃料の設定のみでなく、清掃の委託費用の決定など、多くの業務と関連する。管理面積を把握するといっても賃料算定、清掃委託、室内環境保全、空調負荷推定など、目的に応じて管理方法や管理主体などが異なっており、それぞれの目的に応じて個別に図面作成や数量算定をその都度行うことは相当の手間がかかる。

管理面積を把握するのにBIMを活用することで、間仕切り変更などにより発生する、それぞれの目的に応じた情報の改変作業を即座に不整合なく実施することができる。

またBIMモデルには、床の材質の情報も入力できるため、床面積と床材質の情報から清掃費を割り出すことも可能である。

そのため、BIMモデルを利用することで、設計段階から清掃費用のコストシミュレーションや、修繕費の検討も容易に可能となる。

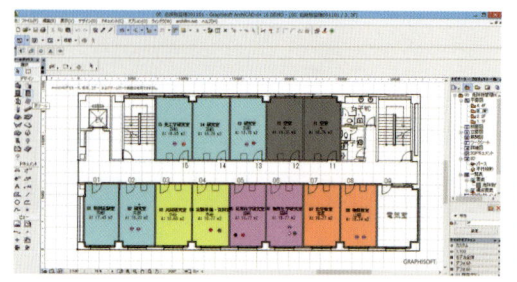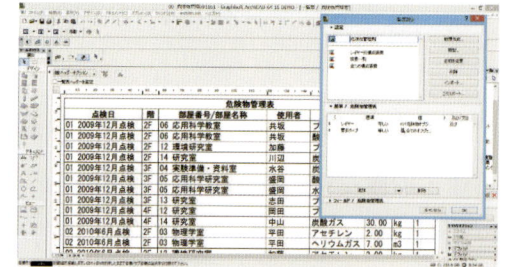

図表⑭　面積表示画面の例
（出典：ファシリティマネジャーのためのBIM活用ガイドブック（JFMA））

資産管理

　施設に関する資産管理もビルマネジメント業務で基本的かつ重要なものといえる。固定資産管理を行う場合、ア）資産の名称、イ）種類、ウ）設置場所、エ）取得価格、オ）償却開始時期、カ）耐用年数、キ）所有者などの情報が必要となる。

　建設段階でのBIMモデルには、主にア）〜ウ）の情報が3次元位置情報と紐づいて含まれているため、それを活用することができる。一方、エ）〜キ）の情報は一般的な建設段階のBIMモデルには含まれていないため、竣工後に必要に応じて属性情報として付加していくことが求められる。

　また、消耗品も同様に管理でき、型番や予備品の在庫数量などを一元管理することが可能である。現在、このような資産管理はBIMとは別のシステムを用いて実施されているため、それらのツールとの情報連携により、BIMモデルの活用の場面が拡大する。

エネルギー管理

　建物のエネルギー消費量は、単体機器や設備システムの運転時間、運転方法などにより決定される。省エネルギー法の厳格化など、現在、省エネルギーに対する社会的要望は一段と高まりつつあり、今後は性能検証による改善を目的としたエネルギー管理の需要が高まると想定される。

　エネルギー消費量などの算定には、設備機器リストやカタログに記されている仕様・性能だけでなく、設備機器の運転制御上のパラメータ値などの情報が必要

である。

　建物に中央監視設備やBEMS（Building Energy Management System）などが導入されているビルでは、これらのシステムから把握することができるが、導入されていない建物では、試運転調整の段階で仮に設定されたパラメータなどの値が確認できない状況にある。

　ただ、BEMSが導入されていないビルにおいても、近年急速に発展し、高性能化、低価格化が進んでいるIoT環境センサーなどの計測デバイスを設置することで、比較的簡単に温湿度や照度、電力量をモニタリングすることができるようになってきた。

　それらのセンサーの値をBIMモデルに紐づけたり、BEMSからの設備機器の属性情報をBIMモデルに付加することで、電力量や計測値の一覧表示が可能となり、エネルギー消費量の分析などを支援することができる。

　また、取得した情報を蓄積し、分析することで事前予測も可能となり、より効率的・効果的な機器メンテナンスやエネルギー管理が行えるようになる。

　近年の急速なAI技術の普及と実運用の広がりにより、AIを活用した空調制御、エネルギー管理も行われるようになってきた。

　温度、湿度、CO_2、照度などIoT環境センサーから取得したデータと、気象情報、カメラやサーモカメラで撮影した画像データなどとIoT電力量計測器（スマートメーター）の数値とあわせて、AIがエネルギー需要を予測した自動空調制御が可能となる。

　今後は、快適性と省エネルギーの両立を実現するといったような、AIによる自動的なエネルギー管理の技術が広まる可能性がある。

　また、それらのIoTセンサーから取得されたデータはクラウドに蓄積され、AIを利用したクラウドサービスにより機器の最適な自動制御など、電力を効率的に利用するエネルギー管理を行う事業が広がっていくと考えられる。

　今後は、AI・IoTによって、いわば、中央監視設備のクラウドサービス化が急速に進む可能性がでてきた。

管理指標と属性情報の設定

　FM業務にBIMを活用するためには、業務内容に応じた利用目的に基づいて管理指標と属性情報を設定することがまず必要となる。FM業務に求められる施設情報として、主に図表⑮のようなものが挙げられ、BIMモデルから抽出可能な項目も含まれるが、BIMモデルの詳細度によって転用性の高さは異なる。

　どの情報をBIMモデルからどのように取得するか、それ以外の情報をいつ、だれが入力するかを決めておく必要がある。

分類1	分類2	項目	FMの目的・目標	具体的な情報例
内部	施設	スペースデータ	財務・品質・供給	総床面積、賃貸借契約面積、執務室面積、個室面積、業務支援面積、生活支援面積、部門別使用面積、ワークステーション面積など
		ファシリティコスト	財務・品質・供給	固定資産税、事業所税などの租税、保守費、清掃費、病害虫防除費、修繕費などの維持費、廃棄処分費、リサイクル費などの環境整備費、光熱水道費や防災、保安などのセキュリティ費などのコストなど
		利用者満足度調査データ	品質	インテリアの調和、共用スペースに関する満足度、ゆとりとリフレッシュメント、意欲を起こさせる環境、執務に集中できるデスク周辺環境、自分でコントロールできる環境、不快感を感じない環境、疲労感のない環境、ワークプレイスのイメージやステータス、立地など、項目別の利用者の満足度など
		施設性能関連データ	財務・品質・供給	建物の使用目的、竣工日、築後期間、設備更新時期などの設備データ、電気容量、空調性能、床荷重、各設備のマニュアル取扱説明書など
		家具什器データ	財務・品質・供給	家具什器、備品、事務用機器などの在庫情報、例えば、数量、購入価格、購入日、使用中or未使用の別、使用部署、使用者などのデータなど
		情報システム関連データ	財務・品質・供給	PC、サーバーなどのハードウェア、アプリケーションや各種サービスなどのソフトウェアなど
		運営維持データ	財務・品質	水道、光熱費、建物の使用状況、工事履歴、営繕要求履歴、クレーム、清掃関連情報、消防関連情報など
		設計図書	品質・供給	仕様書、配置図、平面図、立面図、断面図、詳細図、仕上げ表、構造計算書、設備系統図、現場説明書などの図面や書類など
		契約図書	品質・供給	不動産契約、賃貸借契約、工事契約、設計契約、委託契約などの施設に関連する書類など
		登記書類	品質・供給	不動産登記、建物建築登記、竣工登記、会社設立登記、定款などの書類など
	経営	経営データ	企業・財務	事業部門別の売上高、利益高、利益率、経常利益、販売管理費、市場シェア率、ファシリティコスト、施設関連資産、生産高など
		資産データ	企業・財務	不動産資産、固定資産の取得費、簿価、時価、償却費など
		組織・人事データ	人・企業・財務・品質・供給	部署の業務内容、役職の種類、社員人数など
		企業文化関連情報	人・企業・社会	経営理念、創業年、受賞歴、CSR活動、福利厚生など

図表⑮　運営・維持管理業務で求められる施設情報の例
　　　（出典：「ファシリティマネジャーのためのBIM活用ガイドブック（JFMA）」P.22の表「FMが求める施設情報」から抜粋）

維持管理用情報のモデル精度

国土交通省大臣官房官庁営繕部制定のBIMガイドラインで推奨されている設計・施工段階の詳細度でモデル作成が行われていれば、BIMモデルから抽出する情報は運営・維持管理業務のための精度としては一般的に十分である。BIMモデルに統合されている多くの情報はFM業務で過多となるため、一般的に施工時の取り合い寸法などの幾何形状情報を省略する場合が多い。一方で、運営・維持管理では、設計・施工段階では通常は入力しない運営・維持管理業務に特化した情報も必要となる。

そのため、設計・施工段階で構築したBIMモデルからどの情報を引き継ぎ、どの情報は引き継がないのか、別途作成すべき情報がどのようなものか、などを設計・施工段階から決めておくと、運営・維持管理業務への移行がスムーズに行える。

情報の受け取りと更新

運営・維持管理業務担当者は必ずしも建築の専門家ではないため、運営・維持管理業務で扱いやすいシンプルな形式で情報が引き継がれることが求められる。維持管理業務担当者に渡すデータはテキスト形式や汎用の表計算ソフトフォーマットのファイル、画像ファイルであることが望まれる。

運営・維持管理業務へのBIMデータ連携手法として、COBie[1] が知られている。

BIMモデルから、幾何形状以外の部屋、建築部材、設備機器などの属性情報や関連する維持管理情報がCOBieに渡り、テキストデータやXMLデータとして既存のFM業務システムとの連携を図ることができる。

日本では、COBieに相当するようなBIMとFMを連携させる標準のフォーマットはまだないが、今後の開発が期待されるところである。

前述したとおり、維持管理に必要な属性情報は建築生産段階（設計・施工段階）

---

1) COBie（Construction Operations Building Information Exchange）：米陸軍工兵隊（USACE）のBill Eastが考案し、米国航空宇宙局（NASA）や、米国連邦調達庁（GSA）などが開発した、BIMとFMの情報連携のフォーマットである。GSAはCOBieのいくつかのデータの提出を建物の受注者に義務づけている。

のBIMモデルに含まれていないものもある点に注意が必要である。これらの情報をいつ、だれが、どの段階で、FMツール側で入力するか、BIMツール側で入力するかなどは、プロジェクトのなかで検討し、意識共有を図っておく必要がある。

　将来的には、設備管理などを現地でタブレットを用いてBIMモデルの3次元画面を見ながら行う時代がくると考えられる。このような段階に至るためには、日本仕様に対応したCOBieのようなFM連携のための標準データフォーマットの開発のほかに、BIMモデルの著作権の整理、BIM特有のフロントローディング型の設計プロセスの実現などもあわせて必要となる。

海外のFM（Facility Management）におけるBIMの活用事例

　BIMの活用が進んでいる海外では、"軸"と呼ばれる図面情報の次元数を増やした多次元BIM（273ページ参照）という概念が提唱され、この活用方法が注目され始めた。

　多次元BIMの概念は、3次元の座標情報を扱う3D BIMから出発し、次元（Dimension）を一つずつ加算していく。例えば4D BIMは、3D BIMに時間軸をプラスしたもので、部材や重機などの搬入シミュレーションや施工手順のシミュレーションなど、建築生産活動にかかる工程管理の次元を加えたものとなる（173ページ参照）。

　5D BIMは、4D BIMにお金、つまりコスト軸をプラスしたもので、これは設計および工事の見積もりや原価など、建築積算や建設工事のキャッシュフローを時間軸に沿って扱うことができる。この5D BIMまでは、主に設計・施工段階において活用するものであり、建築生産者側のメリットが大きい。

　そして、6D BIMは5D BIMに維持管理に関する軸をプラスし、建物完成後の運用や維持管理など、FM領域においてBIMを活用しようとするものである。6D BIMにより、ライフサイクルコストの削減やエネルギーマネジメントの改善に大きく寄与できるとされ、これは建築生産者側だけでなく発注者側のメリットも大きい。

　現在、世界各国で6D BIMの活用事例が報告され始めたが、そのプロジェクト

タイプは新築物件と既存物件で異なる。

　新築物件では、まだ業務プロセス自体が存在しないため、計画・設計段階からFM段階まで一貫したBIMの利用方法が企画しやすいという利点がある。例えば米国のMathWorks社では、オフィス棟の新築工事の際に作成したBIMデータを建物竣工時に速やかにFM部門へ引き渡すことで、通常ではFM段階の導入準備に必要とされる設備機器データの入力作業工数や、建物の運用マニュアルの作成工数を大幅に削減することに成功したとされる。

　一方、既存物件では、既に実際のFM段階で実務レベルの具体的な問題点を抱えていることが多く、BIMを活用することでそれらの問題点を解決することを目標としている場合がある。

　30年以上前に竣工したシドニーオペラハウスでは、現在残されている図面の精度が悪く、その信頼性も低いため、FM業務における問題点が多く顕在化していた。このためオペラハウスでは、BIMモデルを試験的に作成し、FM領域におけるBIMの活用検討を行なった。

　この結果、BIMの活用がオペラハウスのような複合施設の運営・維持管理に関して有効であると結論づけられた。BIMによって、データの一貫性と正確性を担保できることや、FM業務に有用な複数のアウトプット形式に対応できることなど、FM業務の効率運用に6D BIMが有効であることが検証されている。

　全米に約8,000もの施設を保有する米国沿岸警備隊（USCG）では、BIMを使って施設評価情報を単一データベースに統合する試みを行なっており、6D BIMを導入することで、データ入力や情報取得プロセスを最適化し、施設情報の修正や更新に必要な業務量の約98%を削減できたといわれている。

　FM段階で必要とされる情報は、設計や施工段階で利用される情報とはその精度やレベルが異なるため、上流段階で作成するBIMデータは、その精度やレベルをあらかじめ調整しておくべきであろう。

　将来FM段階で有効に活用できるBIMデータを早期に作成するには、建物の発注者が当初から積極的にプロジェクトに関与することがポイントとなる。FM工程まで見据えた建設プロジェクトの成功には、IPDのような新しい協業形態が重要な要素となる。

日本の運営・維持管理におけるBIMの活用事例

　BIMモデルを活用した建物の維持管理を支援するシステムはFM（Facility Management施設管理）システムと呼ばれる。事例の1つに、設計で構築したBIMモデルに、施設管理で使用する情報を属性として付加させ、そのデータをインターネット上のサーバーに送り、FMデータベースと連携するシステムがある。

　従来からの管理台帳ベースのFMシステムと比較して、Webブラウザ上に建物や設備機器などの3次元形状とそれに対応する維持管理情報が一元的に表示されるため、一般のユーザでも容易に運営・維持管理が行える。また、遠隔地からの複数施設の管理にも対応している。

　このシステムでは、実際の設備機器の保守点検作業において、タブレット端末を点検対象の設備機器にかざし、その場でタブレット端末に点検結果を入力できる。

　入力した情報は、そのままFMデータベースに点検結果として保存され、権限のあるユーザが確認することができる。さらに、保存された点検結果をもとに自動的に点検結果報告書が作成される。

　現地に行って点検して、用紙に記録し、戻って報告書を作成、印刷し提出するという従来の点検作業の時間と手間を、タブレット端末とこのシステムで削減することができ、保全・修繕・更新にかかわる費用を数十％程度抑えられると試算した例もある。

　また、このシステムの機能をクラウド上で再構築したFMシステムが開発された。この新たなシステムでは前述したIoT環境センサーの情報もリアルタイムに表示できるようになっている（図表⑯）。

　温湿度・照度・CO_2などの環境センサー情報を3次元モデル上で可視化し、空間の快適性や消費電力量をわかりやすく表示することで、ユーザは設計段階で設定された環境やエネルギー消費量の目標が達成されているか検証できる（図表⑰）。

　このシステムによりユーザの省エネルギーに対する気づきや意識を高め、執務空間の快適性と省エネルギーの両立が可能になるとしている。

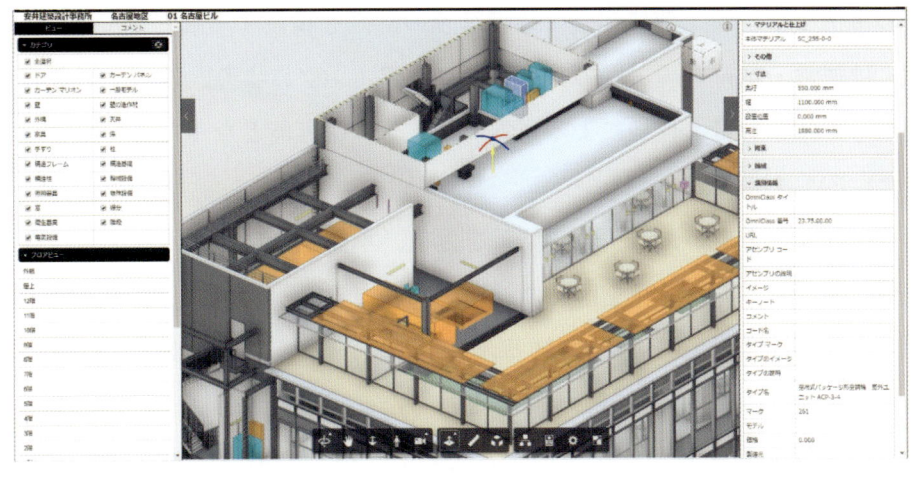

図表⑯　BIMモデルとその属性情報を利用したクラウド上のFMシステム
（資料提供：株式会社安井建築設計事務所　使用システム：BuildCAN）

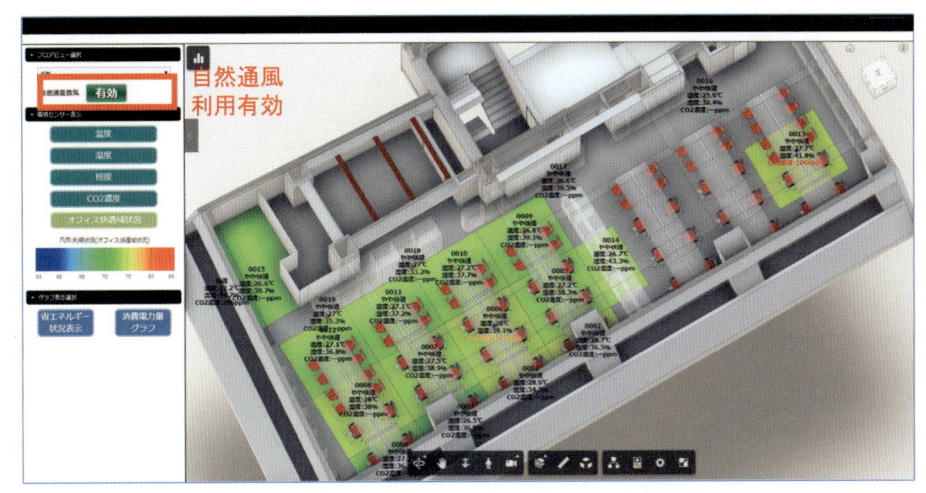

オフィスの快適性表示・自然通風利用有効通知

図表⑰　IoT環境センサーの情報をBIMモデル上に表示しリアルタイムに評価、ユーザの省エネ意識を高める
（資料提供：株式会社安井建築設計事務所　使用システム：BuildCAN）

　また、ほかの事例では、自社ビルの新築に、設計・施工から運営・維持管理まで一貫してBIMを導入し、最終的に運営・維持管理において、どのようなメリットがあり、維持管理の業務がどのように変化したのか検証した事例がある。

　この事例では、BIMの導入により、建物の竣工前にコンピュータ上で仮想的な竣工（バーチャル竣工）や引き渡し（バーチャルハンドオーバー）を実施することが可能となり、検証の結果、施工や維持管理の効率化が図られ、建物の点検保守、修繕改善のライフサイクルコストを約20％削減できるという試算が出されている。

この事例では、竣工前に運営・維持管理の計画を検証することができ、FM開始時には運営・維持管理計画のフロントローディングにより、竣工・引き渡しの直後から正確な数量・仕様による運営・維持管理が可能となったとしている。

　また、FM運用においては、

①タブレットを用いた点検作業結果を返信、承認することで、作業報告書の効率化とペーパーレス化を図った

②「BIMモデルを核とした建物基本情報データ」が構成され、形状と属性、場所を相互に検索呼び出しが可能となった

③BIMモデルに系統情報を付加することで、機器の不具合が及ぼす影響の範囲や機器の接続状況や接続順を効率的に把握できるようになった

④スペース管理によって「床仕上げとの組み合わせによる清掃費の算定と清掃仕様の検討」などが効率的に行えるようになった

⑤BIMモデルから資産情報を継承し、レイアウト変更とスペース・組織ごとの資産管理の連携が可能となった

　以上のことが、BIMモデルを活用して構築したFMシステムの利点として挙げられている。

運営・維持管理でBIMを活用する場合の課題

　運営・維持管理でBIMを活用する場合、現状いくつかの課題がある。運営・維持管理において効果的にBIMを活用するためには、建設プロジェクトの初期段階から、以下に述べる事柄に留意しつつ、FMシステムの構築と運用を行うべきである。

①BIMモデルからのデータ変換の課題

　現行のBIMソフトウェアは主に設計や施工での利用を想定しており、運営・維持管理で利用するようには作られていない。そのため、現在のところBIMモデルから運営・維持管理に必要なデータだけを抜き出して、FMシステムに組み込むことになるが、その際にBIMソフトウェアからFMシステムへのデータ変換作業が必要になる。

3次元形状と属性を含めて変換するとなると、現在のところIFC形式（103ページ参照）が一般的であるが、形状が欠ける場合があることや、属性情報の一部が渡らないなどの問題もある。

属性情報のみの場合は、BIMソフトウェアの「数量自動算出」機能（78ページ参照）を使用して抽出した属性情報をCSV形式に書き出すことや、あるいは独自のアドインプログラムを開発することが考えられる。

3次元形状のみを抽出する場合は、FMシステムがどのようなファイル形式の3次元形状モデルを読み込めるかによって様々な方法があるため、BIMソフトウェアや、FMシステムのメーカなどと検討する必要がある。

このようにBIMソフトウェアからのデータ変換については、現状100％うまく渡るとは限らず、データの手直し作業が発生することも考慮する必要がある。そのため、その変換作業や手直しの作業工数と費用も考えておく必要がある。

②データの二元化の問題

いったんFMシステム用に変換したBIMモデルは現在のところ表示や検索に特化した修正できないデータ構造となるため、建物や機器の修繕や更新により図面が修正されても、FMシステム上にあるBIMモデルを直接編集できない。FMシステム上のBIMモデルを変更するには、FMシステムに変換する前のBIMモデルを修正し、再度FMシステムに変換して更新する必要がある。

そのため、建築物の軽微な修繕や更新については、BIMモデルの変更はせず、FMシステム上の属性情報の更新にとどめ、十数年後の設備機器の更新や大規模修繕の際にだけ、BIMモデルの更新を行うようにするといった現実的な対策も検討すべきである。

逆に、FMシステム上で変更した属性情報をBIMモデルにも反映させるべきかどうか考える必要がある。これらの状況は、FMシステム上のBIMモデルとBIMソフトウェアで作成した元のBIMモデルのデータが二元化していることで発生している。将来はこの2つのBIMモデルが同期するような、何らの仕組みが求められる。

③データの汎用性の課題

　FMシステムで扱われるBIMモデルは、設計・施工段階で使用されるBIMモデルよりも長期間使われる可能性があるため、そのデータの将来性も考えておく必要がある。

　例えばFMシステムが全く別のシステムに変わった場合、その新しいシステムにデータが移行できるようにデータは汎用性のあるものとし、扱われるデータとシステムを完全に分離できるシステムとすべきである。

④システム運用上の課題

　BIMモデルの修正などの作業をだれが行うのか、運営・維持管理業務を行うユーザが社内で行うのか、あるいは外部に委託するのかを検討する必要がある。

　社内でBIMモデルの修正作業を行う場合、BIMソフトウェアも保有する必要があるが、BIMソフトウェアは頻繁にバージョンアップがなされ、毎年の保守費も支払う必要がある。BIMソフトウェアを維持することが果たして妥当かどうか、またBIMソフトウェアを操作できる人員を将来にわたって教育し、確保・維持していくのが妥当かどうか、費用対効果から社内業務とするのか外部に委託するのかを判断していくことが必要である。

　とはいえ、BIMソフトウェアを保有していなくても、BIMモデルのデータ自体は社内で保管・管理する必要があり、データの管理者が変わる場合に備えて、BIMモデルの仕様とその更新履歴を社内で共有することが望ましい。

　このように、BIMモデルを保有し管理するには、それなりの費用がかかるため、BIMモデルからFMシステムへのデータ変換を最初の1回だけにして、以降BIMモデルの修正は行わないという方法も考えられる。これであれば、BIMソフトウェアや変換元のBIMモデルは必要がなくなるが、設備機器の更新や大規模修繕でBIMモデルの更新が必要となったときに、再度BIMモデルを構築するかどうか判断を迫られる場合がある。

　一方、構築されるFMシステムは、長期間使用されるため、そのシステムはだれでも使用できるようなものがよい。例えば、使い慣れたWebサイトからアクセスできるようなものや、機能的にもシンプルで分かりやすいシステムや

インターフェースにし、使い始めるための特別な教育もほとんど必要のないシステムとしておくことが望ましい。

⑤設計初期から運営・維持管理を見据えたBIMモデル作成の必要性

運営・維持管理においてBIMモデルの利用効果を高めるには、建設プロジェクトの初期から、運営・維持管理でのBIMモデルの利用目的を明確にし、運営・維持管理で必要なデータについて関係者で協議する必要がある。その協議において、運営・維持管理で必要なデータをリストアップし、それぞれの情報がどの時点で、誰によって確定されるのか、必要なデータの種類、精度などデータ取得のスケジュールとデータの仕様を明確にしておくべきである。

また、明確にしたデータ仕様について、BIMモデルからFMシステムへのデータの受渡し方法などを取り決めることや、設計BIMや施工BIMとの調整を行いつつ運営・維持管理用のBIMモデルの構築を進めるには、運営・維持管理を見据えたBIMモデルの監理を行う役割を担う人員も必要となる。

ここまで述べてきた個々の課題とともに、検討して決定した方策は、BIM実行計画（91ページ参照）などに盛り込み、運営・維持管理を担当する組織だけでなく、設計者や施工者などの関係者全体で共有して、建設プロジェクトを進めるべきである。

第4編
BIMの発展

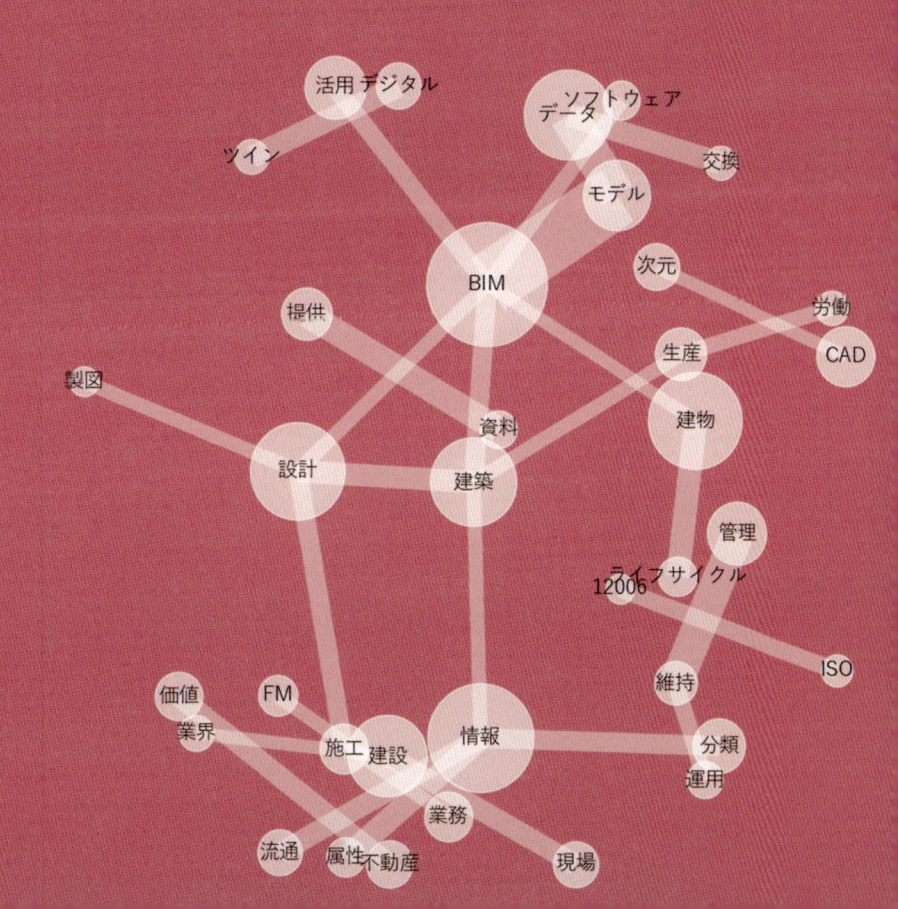

KEYWORD　**標準化、クラシフィケーション、IFC、DXF、クラス、オブジェクト**

建物の企画から設計、施工、運営・維持管理に至る一連の業務でBIMを効果的に利用するには、BIMモデルのデータ標準化が欠かせない。IFCは、建物の3次元モデルデータと属性情報をあわせて定義できる、中立でオープンなCADデータモデルの仕様である。

BIMモデルのデータ標準化

　建物の企画から設計、施工、運営・維持管理に至る一連の業務では、様々な種類の膨大な情報を扱うことになる。これはまさにビッグデータである。BIMは、こうした建物のライフサイクル全般で扱われる膨大な量の情報をきちんと整理し、建物のライフサイクル全般で、必要なときに必要なデータを効率よく取り出せるツールとしても注目されている。BIMは設計ツールとしてだけではなく、建物の統合データベースとして、そしてコミュニケーションツールとしてもその活用が期待されている。

　ところが、設計や施工段階で扱う情報と、建物の運営や維持管理段階で利用する情報とでは、必要とされるデータが異なる。加えて、異なるプロジェクト間や異なる専門のCADシステム間では、そのデータ交換に苦労することが多い。これは、CADデータの標準化問題として、古くから議論されてきた。

　データの標準化については、CADの時代にもパーツの共通コード策定など、様々な取り組みがなされてきたが、BIMの時代になり、CADの時代とは比較にならないほど扱う情報量が多くなったため、新たに建物のライフサイクル全般で利用できる統一されたデータの仕様や、情報交換のための仕組みが必要となってきた。

図表① 建築生産活動の各プロセスにおける情報の分断イメージ
（出典：国土交通省ホームページ（http://www.mlit.go.jp/common/001293417.pdf））

こうした現状を鑑み、国土交通省や主要な建築関連団体では、BIMモデルの標準化やデータフォーマットの統一、そしてデータのクラシフィケーション（分類体系の整備）に積極的に取り組み始めた。

BIMモデルやデータに関する共通のルールや仕様が整備されれば、これまで難しかった各業務段階における建物の設計データや維持管理データの円滑な情報交換が実現し、建設業の生産性を著しく向上させることになるであろう。

IFC

IFC（Industry Foundation Classes）は、建物の3次元モデルデータと属性情報をあわせて定義できる中立でオープンなBIMモデルの仕様として、buildingSMART（日本を含む18の国際支部からなる国際的な非営利組織）が開発を行なっている（103ページ参照）。

IFCは、異なるBIMソフトウェア間でのデータ交換などに利用する目的で仕様が策定されており、そのデータフォーマットは、単なる線分の集合を定義したものではなく、オブジェクトモデルとして定義されている。IFCはその仕様が公開されており、IFCファイルもその中身はテキストデータ（文字情報のみ）で記述されているため、テキストエディタを使って、簡単にその内容を確認することができる。

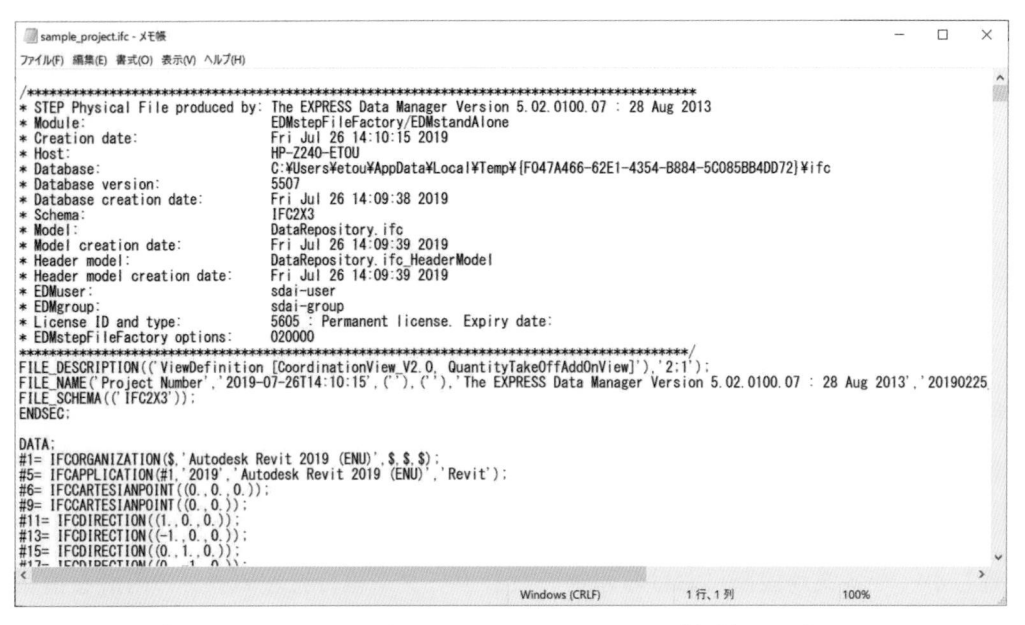

図表②　IFCファイルのヘッダ部分：ファイルはすべてテキスト（文字）で記述されている

　CADソフトウェア間のデータ交換用フォーマットとしては、DXF（Drawing Exchange Format）などの中間ファイルフォーマットと呼ばれる形式が存在し、現在でも広く利用されている。最近のDXF形式は2次元だけではなく、3次元モデルデータも扱うことができる。IFCもDXFも、ファイルの中身はテキスト形式であり、主に異なるCADソフトウェア間でのデータ交換に利用されるなど、その利用目的や利用方法は似ている。

　しかし、DXFの描画要素は直線、円弧、折れ線などの単純な形状情報しか持たないが、IFCは形状情報に加え、属性情報をあわせ持つ点が大きく異なっている。この属性情報を持つことによって、IFCはBIMソフトウェア間でのデータ交換フォーマットとして機能する。

　IFCは、建物を構成するすべてのオブジェクト（ドア、窓、壁などのような要素）のシステム的な表現方法の仕様を定義したものである。例えば、IFCで定義されるドア・オブジェクトは、ドアの形状を表現するための幾何的なルールとそのパラメータおよび、その幾何形状が意味するドア各部の仕様を属性情報として併せ持っている。そのようなドアをドアとして認識できるようにするためのシステム上の概念は「エンティティ」と呼ばれ、ドアのエンティティにはドア共通の特性が定義されている。これにより、設計者が配置したドア・オブジェクトは、

他の業種の担当者も同じドア・オブジェクトとして扱うことができる。IFCを使ってデータを共有することによって、企画・設計、積算、設備設計、構造設計、施工、施設管理など、建物のライフサイクル全体でBIMモデルを活用することが可能となる。

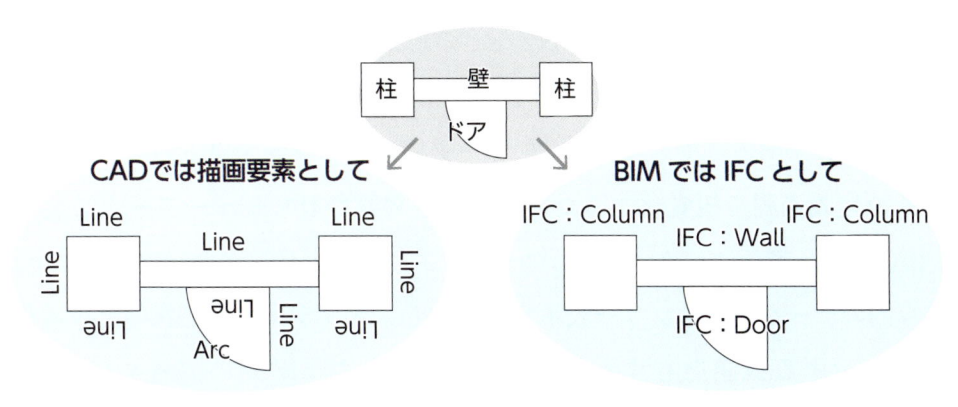

図表③　IFCはBIMモデルを描画要素だけではなくオブジェクトとして定義する

　IFCに記述されているドア・オブジェクトを擬人化して表現すると「自分はドアで、この壁にはめ込まれ、このような材質で作られ、こんな仕上げとなっていて、こうした幾何形状をしています。そしてどこがドアの上枠、縦枠、丁番、そして敷居かということをキチンと認識しています」となるであろう。

　そして、このドア・オブジェクトを読み込んだ別のアプリケーションは、これらの特徴を理解し、IFCで定義された仕様を参照して、このドアを正しく認識する。さらにこのドア・オブジェクトに新たな情報、例えば価格情報やメンテナンス情報などを付加することも可能である。IFCに準拠したBIMソフトウェアを利用することにより、電子情報による図面、レポートおよび仕様書などのデータを、その建物に関わる多くのステークホルダ（関係者）で共有することが可能となり、建物のライフサイクル全般において、BIMモデルの一貫性と整合性が保証される。

　IFCは、1997年に発表されたIFC Release1.0からバージョン改定を重ね、2013年に発表されたIFC4（IFCバージョン４）から、ISO16739：2013として、国際規格化された。現在、世界の主要なBIMソフトウェアの多くがIFC4の入出力機能を実装しており、日本でもIFCの規格管理を行う（一社）buildingSMART

Japanによって、BIMソフトウェアのIFC検定が行われている。

現在、IFCは多くの意匠設計用BIMソフトウェアでサポートされているほか、設備設計用CADソフトウェアや構造計算ソフトウェア、各種シミュレーションソフトウェアなどでも、IFCの入出力機能を備えたものが増えてきた。

しかし、ソフトウェアによってサポートするIFCのバージョン（IFC2x3, IFC4 ADD2 TC1, IFC4x1, IFC4x2などの形式がある）が異なっていたり、データ交換時に属性情報の一部が欠落したりするなど、100％のデータ互換が保証されない場合がある。そこで、IFCのデータ構造やオブジェクトの形状と位置およびその定義過程を視覚化するための汎用性の高いIFCビューアーが必要となる。IFCビューアーは、CADソフトウェアのようなモデリング機能は持たないが、モデル内のデータ構造をツリー表示で視覚化し、オブジェクト形状の定義過程を正確に図示する機能を有するため、BIMソフトウェア間のデータ交換時や、BIMモデルの確認作業に有用である。

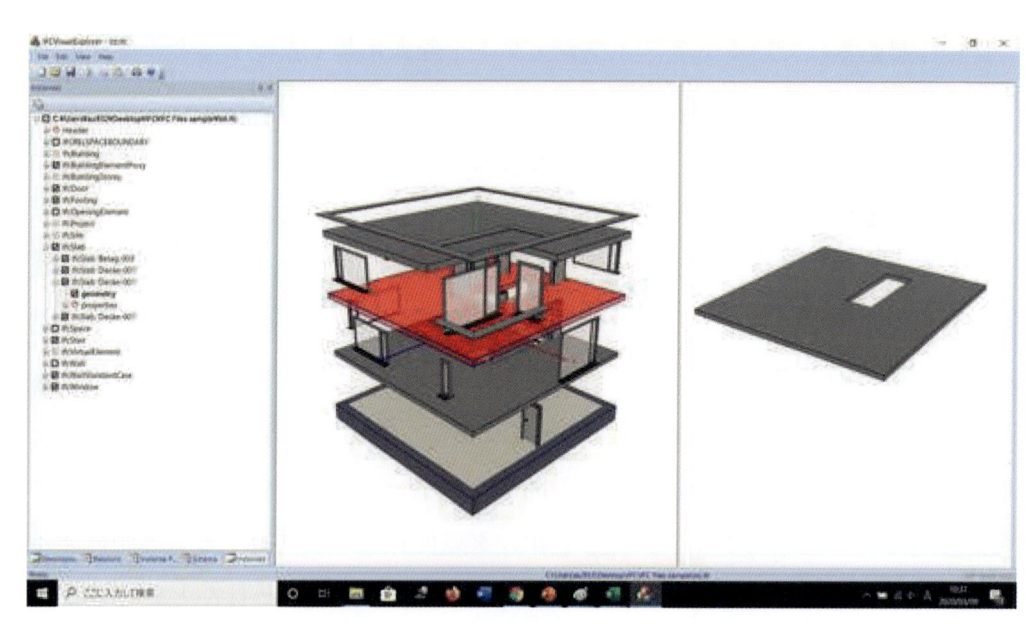

図表④　IFCビューアーの例
（資料提供：（一社）buildingSMART Japan）

BIMモデルと分類体系

KEYWORD　LOD、ISO12006、UniClass、OmniClass、BE-Bridge、Stem、BIMオブジェクトライブラリ

BIMモデルの標準化に際しては、国際規格に則った情報分類体系の整備が必要である。諸外国では、BIMモデルのコード分類体系が進んでおり、日本でもその策定が急がれる。

BIMによる建築情報分類体系

　近年、世界的な潮流としてBIMによる建築生産活動の効率化と、それにともなう業務自体の変革が求められている。建物の企画から設計、施工、運営・維持管理に至る様々な業務において、膨大な量の情報を扱うことになる。それらの情報は適切に管理されることはもちろん、すべての関係者が必要に応じてこの情報を再利用し、コミュニケーションの手段として活用できることが望ましい。

　しかし日本では、異なる組織やシステム間で情報を連携し、共有するための仕組みやルールが整備されていないのが現状である。これまでは、情報の分類やコード仕様が、特定の業務やそこで利用されるシステムごとに最適化され運用されていたため、異なるシステム間やプロジェクト間で、効率のよいデータ交換を行うことができなかった。データ交換が必要な場面で、共通のルールやコード体系に則った情報の分類がされていれば、異なるシステム間やプロジェクト間での情報の紐づけが正確かつ容易に実現可能となり、建設業の低迷する労働生産性を大きく改善することができると期待される。

　CADからBIMへと建築設計ツールが移行する中で、こうした考え方はCADの黎明期よりくり返し議論されている。古くはレイヤー表の共有に始まり、異なるCAD間でのデータ交換フォーマットの策定がこれまでに何度も議論されてきた。

　そしてBIMの普及期である現在も、モデルデータの詳細度（LOD：Level of Detail）や確定度（LOD：Level of Development）が議論され、国土交通省や関連諸団体から、矢継ぎ早に各種ガイドラインや指針が発表されている。

2009 年　BIM 元年	
2009 年～ 2013 年　実証実験期	
2010.3	・国交省官庁営繕部「官庁営繕事業における BIM プロジェクトの開始」
2011.8	・AIJ（関東）「BIM によって建築生産はどのように変わるのか」&「BIM はどこまで来ているか」
2012.7	・JIA「BIM ガイドライン」
2013 年～ 2015 年　適用効果確認期	
2014.3	・国交省官庁営繕部「BIM ガイドライン」
2014.12	・日建連「施工 BIM のスタイル―施工段階における元請と専門工事会社の連携手引き」
2015 年～　適用普及期	
2015.4	・JFMA「ファシリティマネジャーのための BIM 活用ガイドブック」
2017.11	・日建連「施工 BIM のすすめ」
2018.8	・国交省官庁営繕部「BIM ガイドライン」改定
2019.7	・日建連「フロントローディングの手引き」
2019.9	・JFMA「ファシリティマネジメントのための BIM ガイドライン」
2020.3	・建築 BIM 推進会議「建築分野における BIM の標準ワークフローとその活用方策に関するガイドライン」

図表⑤　BIMの普及と各種ガイドラインなどの関係

　建設プロジェクトの進行中に生成され交換されるデータ量およびデータの精度は、飛躍的に増大・向上している。BIMデータには、CADの時代には必要とされなかった多くの属性情報が付加され、その結果BIMデータはデータ量の増大だけではなく、データ自体の資産価値も大きく向上することとなった。

　こうした時代背景の中、多くの施設オーナーやファシリティマネジャーは、建物ライフサイクルの様々な業務において生成された情報へのスムーズなアクセスと速やかな情報更新を要求するようになった。これは所有・管理する施設の運用を効率化し、資産価値の向上と相対的なコストの削減を実現するために必要なことである。そのため建設業界では、建物の建設および運営・維持管理情報の規格化と設計図書の整備、そして情報分類のコード化やコードの仕様統一が急務であることを認識し始めた。このような状況の中、建築情報の国際標準分類体系を整理したISO規格として、ISO12006（国際標準化機構：International Organization for Standardization）が登場する。

ISO 規格		概要
12006-2：2015	建築構造－建設工事に関する情報の体系－第2部：分類の枠組み	情報分類の基本的な考え方。情報をツリー状に分類しテーブルを用いて階層化していくための規格。テーブルで表現
12006-3：2007	建築構造－建設工事に関する情報の体系－第3部：オブジェクト指向情報の枠組み	オブジェクト指向の考え方を用いて分類するための規格。クラス図で表現

図表⑥　ISO12006の規格概要

　ISO12006は、建設分野のライフサイクルにわたるすべての工程と構造物を1つの体系で網羅しようとする規格である。ISO12006は、ISO12006-2とISO12006-3の2つのパートに分かれており、このうちISO12006-2は、情報をツリー状に分類しテーブルを用いて階層化していくための規格として、建物の設計から解体までのライフサイクル全体で扱われる情報の分類の枠組みを示している。ISO12006-3は、オブジェクト指向の考え方を用いて分類するための規格で、IFD（International Foundation for Dictionary）：IFC（3次元建物情報オブジェクトデータモデルの標準：Industry Foundation Classes）の情報定義に準拠した構造を持つ。

　近年、建設プロジェクトのグローバル化が進展する中で、国際的に受け入れられる設計情報の規格化や設計図書の標準化は、日本の業界発展に不可欠なものである。こうした中、ISO12006シリーズは、ISOの規格策定専門委員会（TC：Technical Committee）の1つであるTC59（ビルディングコンストラクション）でオーソライズされたものとして、米国や英国の分類マネジメントシステムをはじめ、各国の建築情報分類システムの策定に大きな影響を与え、その策定基軸として採用されている。

　米国で策定されたOmniClass（オムニクラス）と英国発祥のUniclass（ユニクラス）は、BIMを考慮した分類体系の二大勢力といわれるが、その基礎となる情報分類体系はISO12006-2に準拠している。

分類体系	主な採用国	概要
OmniClass	米国	建物環境のプロジェクトライフサイクルにおける全てのオブジェクトの製品情報の整理、分類、入手を目的とする。15種類のテーブルで構成される
Uniclass2015	英国	設計および施工プロセスに関するすべての分野を網羅。特に、ライブラリマテリアルの整理、製品文書やプロジェクト情報の管理に利用される

図表⑦　OmniClassとUniClassの概要

日本におけるこれまでの分類体系

　日本でも、古くから建築情報分類体系構築の試みがあった。1986年発行の建設省住宅局住宅生産課・住宅建設課が監修した「建築工事標準分類（UBCI10）」は、OA機器への対応の必要や「市場に氾濫している材料群を網羅できる分類手法が普及していない等」といった問題意識から、建築工事の工事種別分類の構築を試みたが、ここでの成果は建築情報分類体系の策定に活かされず普及には至っていない。また（一社）日本建築学会では、1993年度に当時の建設省住宅局建築指導課により委託特別研究「共通建築コード・インデックス策定方策に関する調査研究委員会」が設けられ、2002年2月発行の最終報告書で「BCI（Building Code Index）基本コード」が発表された。BCI基本コードは、体系的で精巧なつくりであったが、その複雑さゆえに普及に至らなかったという事情がある。

　BCIとは異なるアプローチとして、建設情報標準分類体系（JCCS：Construction information Classification System in Japan）という試みもあった。これは、建設行為で使用される情報について、その統合や共有化を図るうえで基準となる分類体系で、2000年代に国土交通省を中心にCALS/ECやCI-NET（Construction Industry NETwork）の導入・普及を図る中で取り組まれたものである。土木、建築および設備を含めた建設構造物、個々の製品や材料などの構成各要素、およびこれらに投入される資源や背景などのすべての情報を網羅して、建物のライフサイクル全般で行われる行為および事象に適用されることを目的とした分類体系とされているが、CALS/ECの概念が先行したこともあり、建築分野ではなく土木での利用が中心となった。このCI-NETは、建設産業全体の生産性向上を図るため、建築生産にかかわる様々な企業間の情報を、ネットワークを利用して交換

するための仕組みであり、建設資機材コードが体系化されている。

　このほか、日本の建築情報分類体系の策定には、設計製造情報化評議会（C-CADEC）の果たした役割も大きい。C-CADECは、前身の建設CADデータ交換コンソーシアムの解散にともなって1999年5月に発足し、建設産業の設計や製造に係（かか）る情報を中心とする電子商取引の基盤整備および導入や普及を推進していたが、2015年3月31日をもって解散した。C-CADECの活動成果としては、BE-BridgeやStemなどのコード体系の策定があり、これらは現在でも異なるシステム間のデータ交換時などに広く利用されている。

体系名	コード体系の概要
BE-Bridge	異なる空調衛生設備 / 電気設備 CAD システム間で、部材属性を伴った CAD データ交換を可能とするデータ交換仕様
Stem	仕様属性情報や外形図、各種技術書類などをひとまとめにした設備機器ライブラリ標準 Stem 機器コードは、設備機器を特定するために必要な情報「機器管理情報」を定義するために規定されたコード

図表⑧　C-CADECが策定したコード体系

　日本で独自に策定された、これらの分類コードが実際に利用される業務領域に着目すると、CI-NETのコード群は主として見積もりや受発注、請求支払いといった商流の取引を対象としており、C-CADECのコード群は設計や施工、施設管理に係る業務を対象としている点に特徴がある。

　日本で建築情報の体系化が進展しない理由として、日本の建設業は仕様書に関する関心が薄い、あるいは契約社会として成熟した米英ほど仕様書の重要性を認識していないのではないかとも考えられる。日本において図面類の優先度が高い順番は、①質疑回答書、②現場説明書、③特記仕様書、④設計図、⑤標準仕様書であるといわれるが、そこに本課題の根源が垣間見える。

　建物のライフサイクルでもっとも長い期間となる運営・維持管理段階で重要となるのは、施設管理情報の可用性である。必要な情報が最新の状態ですぐに取り出せる状況を、施設オーナーおよびファシリティマネジメント（FM）関係者は求めている。これには、運営・維持管理業務の進捗に即したコード分類が重要となる。建物の設計段階や建設プロジェクトの進行中に生成されたすべての情報と、竣工後にアップデートされた情報が的確に管理され活用されるためには、日本に

おける商習慣と建設業界の基準、そして国際標準に則った、BIMのための新たな建築情報分類体系の策定が必要だ。

BIMオブジェクトライブラリ

BIMを使った建築設計では、オブジェクトまたはパーツと呼ばれる建材や設備の3DモデルをBIMモデル内に配置しながら設計を進めていく。このため、部材オブジェクトが準備されているか否かで、作業効率は大きく変わってくる。オブジェクトやパーツの整備が設計効率を左右するということは、CADの時代にもいわれてきたことであるが、BIMのオブジェクトモデルはCADの作図パーツと比較にならない情報量をもつため、これを一から自作していては、設計の効率は著しく低下してしまうであろう。

CADの時代から、建材メーカや設備機器メーカなどは、自社商材のアピールも含めユーザサービスの一環として、自社Webサイトなどで部材パーツの提供を行なっていた。昨今こうしたメーカの一部では、BIMソフトウェア用のオブジェクトライブラリの提供を開始した。しかし、BIM用の情報分類体系が定まっていない現在、各メーカが提供しているオブジェクトに付随する属性情報は、メーカによって属性項目や書式が統一されておらず、それらを入手したユーザが、自社あるいはプロジェクトごとにその環境に合わせて、属性情報を再調整する必要がある。しかしこれでは利便性が悪く、BIMを利用するユーザからは、各メーカを横断する共通属性項目が切望されていた。

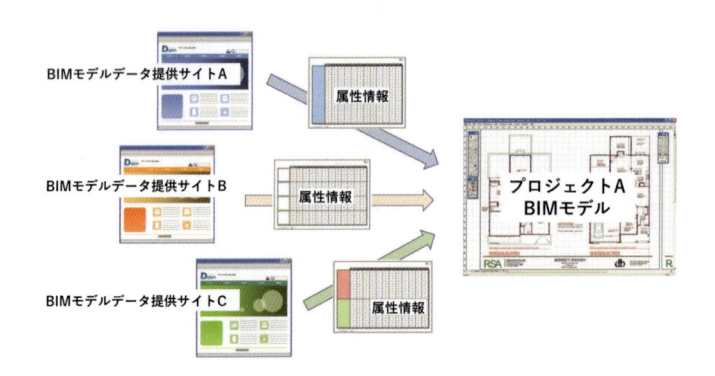

図表⑨　建材メーカなどから提供されるBIMデータは、属性情報などに統一性がない

そこで、部材パーツに付随する属性情報を各メーカに依存しない形で付加したBIMモデルパーツの標準化を進め、これをBIMユーザに供給することでBIM活用の効率化を図ろうという目的で、BIMライブラリーコンソーシアム（BLC）という団体が2015年に設立された。BLCは、ゼネコンや設計事務所など100社を超える企業や関連団体によって運営され、BIMライブラリの仕様策定などを行なってきた。そして、2019年8月からは国土交通大臣認定の「BIMライブラリ技術研究組合」として組織再編され、BIMライブラリの本格的な整備と普及が図られることとなった。

BIMライブラリ技術研究組合では、プロジェクトや企業の枠組みを超えてBIMオブジェクトを活用し、BIM活用の効率化によって建設生産性の向上を図るために、BIMオブジェクトのカテゴリや命名規則、パラメータなどの定義を行なっており、建物の空間と設備に関するライフサイクルの情報保持についても検討している。

今後、BIMライブラリ技術研究組合によって標準化されたBIMオブジェクトが、日本におけるデファクトスタンダードになれば、建物や設備の運営・維持管理用のツールやデータベースとの連携についても標準化が進むと考えられる。

1.3 BIMモデルと情報流通

KEYWORD　LEED、CASBEE、ライフサイクルコストシミュレーション

ストック時代を迎え、不動産価格の適正化が求められている。BIMとファシリティマネジメント（FM）との連携により、建物のライフサイクルコストシミュレーションを精緻に求めることが可能となり、建物情報の流通にもBIMモデルの活用が始まった。

建物情報の流通

　建築生産プロセスにおける建物情報の伝達と流通は、主に図面というコミュニケーションメディアを使って行われている。CADの普及によって、図面を格納する媒体（記録・保管のためのメディア）は紙からデジタルデータへと変化したが、図面を情報流通のメディアとする仕組みに変化はない。

　情報流通とは、人間によって消費されることを目的として、メディアを用いて行われる情報の伝送や情報を記録した媒体の輸送と定義される。これを建設業界に当てはめると、建築生産プロセスにおける情報流通とは、建物のライフサイクルに従い、企画→設計→施工→運営・維持管理→解体という工程に沿って情報を伝達する手法であるといえる。これは一般に「川上から川下への工程」と呼ばれ、建設業界では、古来よりウォーターフォール型の工程管理手法を採用してきた。

　しかし近年、BIMを中心とした新たな情報流通の手法が提唱され始め、これを建物のライフサイクル全般で活用し、川上である建築生産プロセスの最適化や、川下である建物の維持管理工程の効率化、そして不動産流通の適正化を実現しようという取り組みが始まっている。

　国土交通省総合政策局不動産業課では、来るストック社会を見据え、2007年8月より「流通市場研究会」を発足させ、国内の建築物、特に既存住宅を中心とする不動産流通市場の活性化に資する制度インフラの構築に向けた考え方を取りまとめてきた。この研究会では、次の3つの項目について中間報告書を取りまとめ、公表している。

①不動産流通に関する制度インフラの見直しの視点

②媒介業者の役割・責任の明確化と信頼性向上

③消費者に対するより適確な情報提供

この報告書では、不動産流通に関する制度インフラの見直し事項として、流通のプロである宅地建物取引士が、消費者に情報を適確に提供し、円滑な流通を実現するため、不動産流通に係る諸制度やルールの不断の見直しと整備が必要であると報告されている。特に、消費者に対するより適確な情報提供では、建物検査（インスペクション）の普及を前提として、インスペクション結果を告知書として引き継ぐとともに、建物の価格査定や取引の判断材料に反映させることが提案されている。ここで必要とされるのが、不動産取引に必要となる建物情報を格納し、これを可視化して適切に流通させるための情報流通プラットフォームである。

この情報流通プラットフォームには、建物の設計情報やインスペクション情報が、構造化されたBIMモデルとして記述されることが求められる。このデータは、建物のライフサイクル全般を通して当該建築物の基礎情報として参照され、建物の健全な維持管理に役立てられることが期待される。これは建築生産プロセスの局所的な業務改善効果を生むだけではなく、流通市場での不動産価値の適正化を促進する効果などを含め、建物のライフサイクル全般に多くの付加価値を生む考え方である。

不動産価値の適正化と建物の価値基準

不動産価値の適正化は、不動産業界において長らく議論の対象となってきた。日本においては、不動産の価値の大部分は立地で決まるといわれている。その立地を考えるうえでの指標に「立地適正化計画」がある。

立地適正化計画の1つの解として、コンパクトシティ構想があり、それを実現する施策のひとつとして居住誘導区域の設定などが検討されているが、これは都市全体の再配置を前提とするものであり、既存の都市環境問題にただちに適用できるものではない。

コンパクトシティ構想は政府主導で数年前から検討されているが、2016年に「都

市再生特別措置法」が改正され、立地適正化計画が創設されたことから、近年にわかに現実味を帯びてきた。しかし、実際に都市の機能や構造を再構築するには、数十年あるいは数百年単位の時間が必要となる。このため、現実的に不動産価値の適正化を担う指標として注目されているのが、建物の価値情報を格納するメディアと、その流通の仕組みである。

　一般に建物のライフサイクルコストの7〜8割を占めるといわれる竣工後の建物運営・維持管理費用は、建物の不動産価値を適正化する情報として重視されるべきものである。しかし、その価値基準は、建物本体の修繕や更新状況だけにとどまらず、建物の消費するエネルギーの収支情報や、アメニティなど使い勝手に至るまでおよび、価値基準の定義は非常に広範囲におよび、なおかつ周辺環境や時間の経過により大きく変化する。近年はLEED（Leadership in Energy and Environmental Design）やCASBEE（Comprehensive Assessment System for Built Environment Efficiency）に代表される環境ラベリングなど、建物の環境配慮が重要な要素となってきた。

　不動産の評価手法には様々な手法が存在するが、現在一般的に行われている不動産価値評価手法は、主に3つのアプローチによって検討されることが多い。

評価手法	評価基準
原価法	コストアプローチ手法：対象不動産への過去の投下資本を基準に評価する
比較法	マーケットアプローチ手法：類似不動産の流通水準を基準に評価する
収益法	インカムアプローチ手法：対象不動産の将来の効用を基準に評価する

図表⑩　不動産の価値評価基準手法

　原価法で用いられるコストアプローチ手法は、当該建物の建設コストや修繕・更新などの情報が的確に記録され管理されていることが前提となるが、比較法で用いられるマーケットアプローチ手法とあわせて、不動産価値の算定に必要な情報を入手することは難しくない。これらのアプローチは、算出根拠が明確であれば客観的に求められるものであり、不動産流通の際に説明に窮（きゅう）することが少ないため、一般的に多く利用されている手法であるが、当該建物の特徴を形づくっている固有の環境性能や、優れた空間デザインなどの付加価値、あるいはポテンシャルが評価されにくいというデメリットもある。

これに対し、収益法で利用されるインカムアプローチ手法は、将来その建物に期待される経済的価値を、その利益の実現が見込まれる根拠情報をもとに構築し、さらにリスクなどを考慮した割引率で割り引くことにより価値評価を行うという手法である。このため、その正確な価値評価（予測）は難しいとされるが、建物の経済的耐用年数の算出に将来の効用の集積を加えた評価が可能となる（図表⑪）。

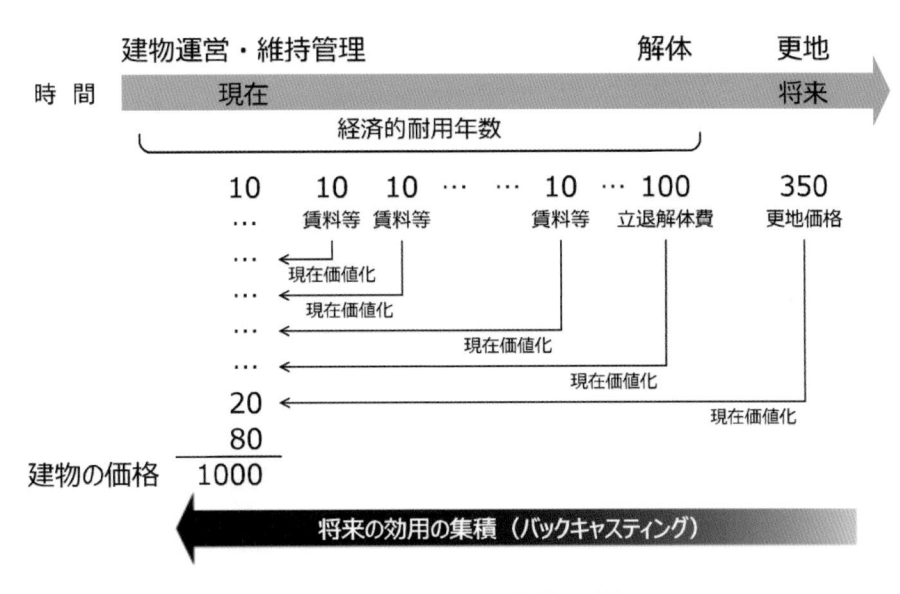

図表⑪　不動産の価値評価基準手法

　経済的耐用年数に基づく建物のライフサイクルコストシミュレーションをより精緻に求めることができれば、その建物の将来像をより明確に予測することが可能となり、価格評価の精度はより向上すると考えられる。このライフサイクルコストシミュレーションを求めるための仕組みとして、BIMが注目されている。現状において、不動産の価値判断は、不動産鑑定士らが市場参加者になりかわり、場合によっては建築士によるインスペクションを加えて、できるだけ正確な建物のライフサイクルコストをシミュレーションすることにより行われている。

　ところが、経年建物など一部の不動産は、建物のメンテナンス履歴などが記録されていることが稀で、こうした建物のライフサイクルコストを精緻にシミュレーションすることは難しい。価値評価に不確実性が排除できない以上、その鑑定結果にも不確定要素が残存し、結果として鑑定結果に大きな誤差が生じてしまう

ことは否めない。

　しかし近年、BIMとファシリティマネジメント（FM）ツールとの連携により、これまでになく高い精度で建物の中長期計画を策定できるようになってきた。こうした新しいツールを上手に利用すれば、建物のライフサイクルコストシミュレーションをより精緻に求めることが可能となり、インカムアプローチ評価をより正確に求めることができるようになる。ここで重要となるのが、設計BIMから施工BIM、そしてFMツールへと情報を伝達する情報流通の仕組みである。

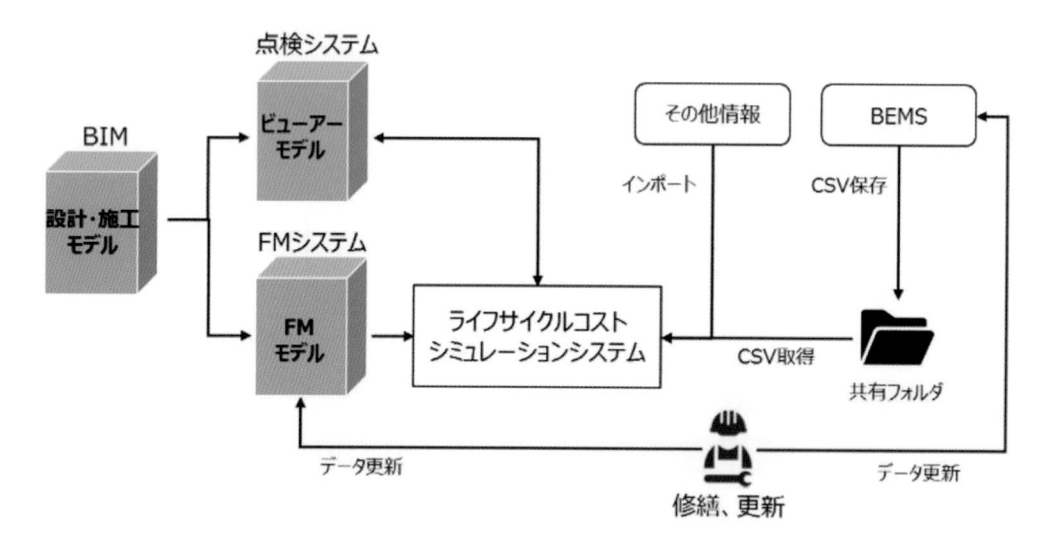

図表⑫　BIMとFMツールの連携模式図

　テナントに対してより快適なサービス提供を行うため、あるいは将来建物の所有権を移転する場合などに、当該建物の不動産価値を最大化するため、現状の建物をよりよく管理する精緻で的確な建物情報が必要とされている。

　近い将来、デジタル化された建物情報がビックデータとして形成され、AI（人工知能）による不動産価値評価の適正化が始まることも見据えた今、BIMモデルを基礎情報とした情報流通プラットフォームの構築が求められるのである。

2.1 第2章 BIMへの期待
建設業の労働生産性

KEYWORD 建設業の労働生産性、ICT、CALS/EC、CAE、多次元BIM、LCC

低迷を続けていた建設業の労働生産性も、ICTおよびBIMの導入によって復活の兆しを見せる。BIMの3次元モデルに、次元軸を増やし拡張していく "多次元BIM" の考え方が一般化する中、BIMの活用を担う人材の育成が求められている。

建設業界の情報化推進

建設業は、製造業と並んで労働集約型産業（人の労働力による割合が高い産業）の代表であったが、近年の機械化進展や建機・工具などの性能向上、そしてBIMの登場により、現在ではその傾向を脱却しつつある。

建設業と他の産業の労働生産性の推移を比較すると、建設業は長らく数値の伸び率で他の産業よりも低調な傾向にあったが、2012年頃より反転して生産性の向上がみられる。しかし、就業1時間当たりの単価で比較すると、建設業は全産業の平均を下回っており、その労働生産性の低さが課題となっている。

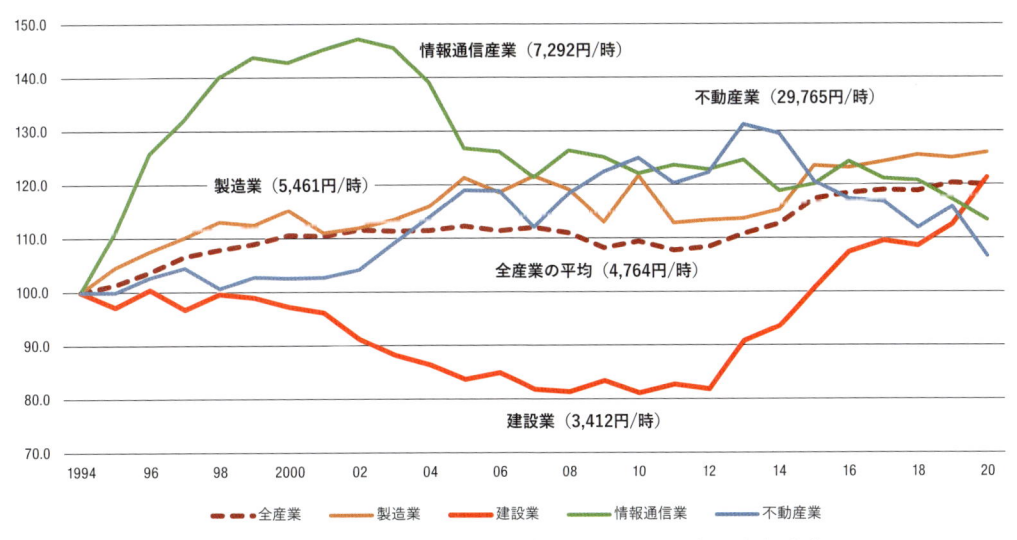

図表⑬ 主要産業の名目労働生産性（就業1時間当たり）の経年変化
（1994年を100%とする。括弧内の数字は2020年の値（円/時））
（出典：（公財）日本生産性本部）

建設業の労働生産性低迷の理由

　住宅などではユニット化や規格化が浸透しつつあり、住宅の完成形を購買予定者にもれなく伝達することが可能になりつつあるものの、オフィスや商業施設など非住宅の建築工事では計画の標準化が難しく、現代も「単品受注生産」が一般的である。そのため、プロジェクト単位でその建設目的から設計コンセプト、予算や工期をすり合わせて合意していくことが求められ、作業の合理化が難しい。

　しかも、1つの建築物の設計・施工でも、多様な関係者の関与がある。加えて、発注者側は一般的に建築の専門知識をもっていないため、相互の情報共有の巧拙により、設計作業のやり直し、工事着工後の仕様変更、完成後のクレーム処理などが多発する状況にある。

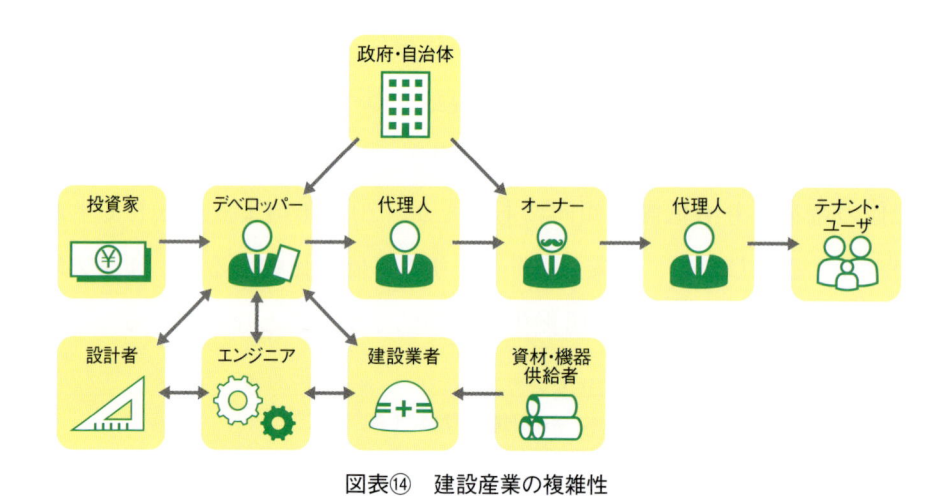

図表⑭　建設産業の複雑性

専門領域の細分化と業務プロセスの分離

　建築の設計・施工には膨大な知識と経験を必要とするため、建築設計、構造設計、機械設備設計、電気設備設計と専門領域が細分化されている。さらに、基本構想や基本設計などの予備設計から詳細設計（実施設計）、施工、引き渡しに至るまで、その業務を行う主体が分離している場合が多い。そのため、プロジェクトメンバー間で正しく情報伝達や情報共有を行うことが非常に難しく、最新の情報が全作業者に行き届かないなどの理由により、建築図と設備図に齟齬が生まれ

てしまうなどの問題が発生する。また、設計段階における建築図、構造図、機械図、電気図間の齟齬や不整合に対するチェックは、おおむねマンパワーに依存している状況であり、膨大な作業のなかでミスが見過ごされる要因になっている。

また、近年、地球環境や地域環境の側面から建築行為への制約や要望が急増している。環境計画のような専門領域横断的な検討・分析では、作業主体間でプロジェクト全体の方針が共有されることはもちろんのこと、設計段階、施工段階の具体的な個別部位の性能水準などが正確に共有される必要がある。ところが、各主体が多くの決定を同時並行で行なっていく過程で、この共有作業をミスなく行うことが難しくなっている。

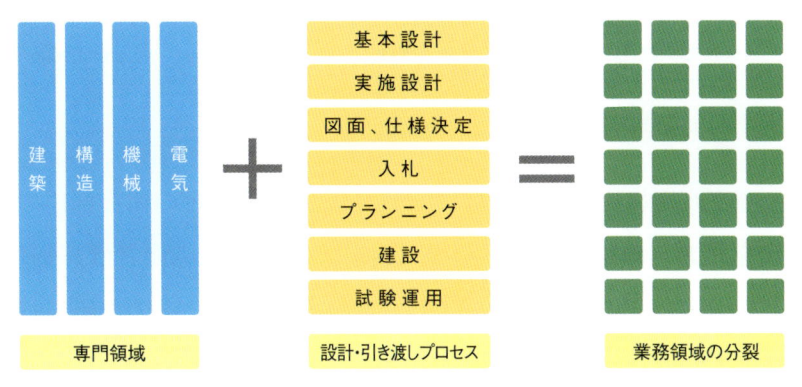

図表⑮　建築分野の様々な主体と業務

建設市場の成熟と建設技能労働者数の減少

　日本の元請完成工事高は、1990年代のバブル景気崩壊後、「民間」「公共」ともに顕著な下落傾向となり、2008年に発生したリーマンショック後には「民間」「公共」の合計が1993年のピークに対して52％とおおむね半分にまで低下した。その後、2011年の東日本大震災後の復興需要、2012年の安倍政権発足後の「国土強靭化計画」などの追い風により、リーマンショック前のレベルに戻りつつあるが、建設需要のうち建築では大規模工事が減少するなど、スケールメリットが出にくい状況が続いている。

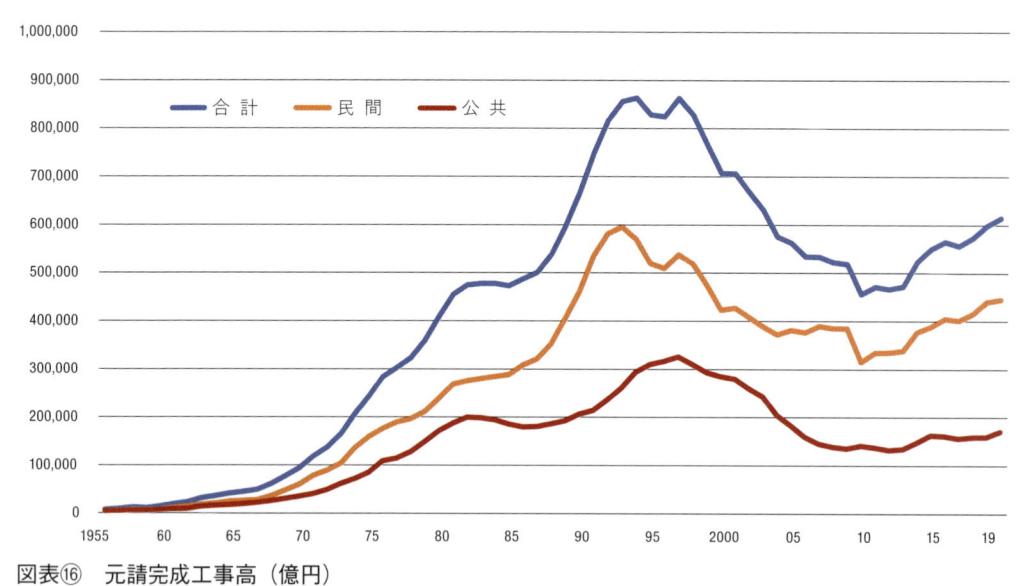

図表⑯　元請完成工事高（億円）
（出典：「建設工事施工統計調査報告（2019年度実績）」（国土交通省）（https://www.mlit.go.jp/report/press/joho04_hh_000973.html）を加工して作成）

　一方で、バブル期に肥大した事務・管理、研究部門などの間接部門の人員数が当時の規模をおおむね踏襲しているのに対し、建設技能労働者は高齢化が進み、その高齢層の引退などにより深刻な人手不足状況にある。そのため、バブル期に比べて建築需要が低迷しているにもかかわらず、人手不足が顕著な状況となっており、建築単価の高騰や現場での品質低下のリスクを高める要因となっている。

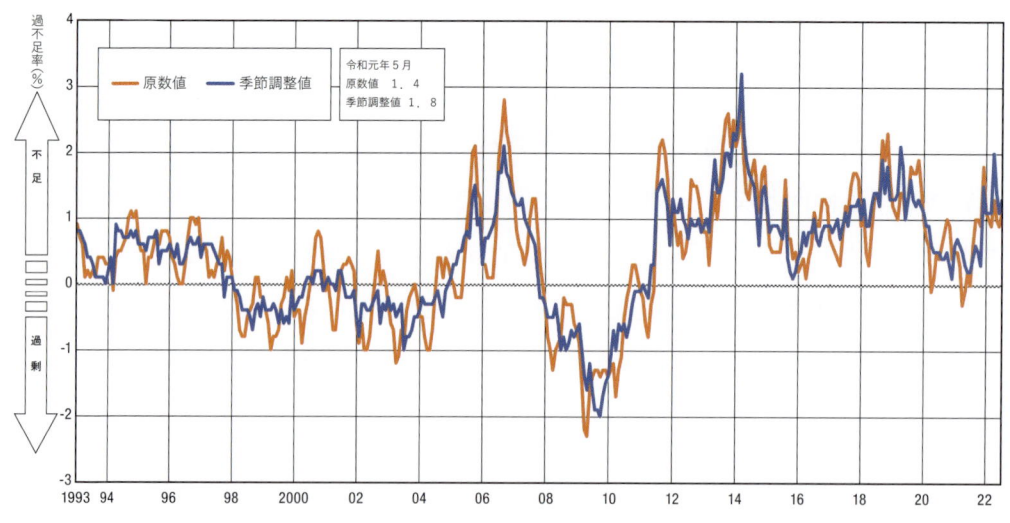

図表⑰　建設技能労働者過不足率の推移（8職種計・全国）
（出典：「建設労働需給調査結果」（国土交通省）（https://www.mlit.go.jp/toukeijouhou/chojou/ex/labor_pdf_data/labor_R04.09.pdf）を加工して作成）

中小規模事業者へのICTおよびBIMの導入

日本の建設業許可業者数は、2019年3月末時点で46万8,311業者を数えるが、中小企業基本法で中小企業者として定める資本金3億円未満の法人が99.4%（国土交通省「建設業許可業者数調査の結果について」）を占めており、建設業者の大半は個人および中小企業である。中小企業は大企業に比べて経営管理にリソースを割くことが難しいため、情報化対応などについても、多くの制約のなかで遅れがちとなっている。

こうした構造的・時代的背景により、建築業の労働生産性は長期にわたり低迷し続け、これらの状況に対して、施工性向上に向けた部材のユニット化、施工自体の機械化や間接部門コストの縮減などの合理化対策が進められてきた。一方で、マンパワーに頼りきりであった建築プロセスの管理では、他の業界に比べて情報化推進が遅れている。

業界全体の情報化推進は、多様な関係者との意思決定の迅速化、多種の技術者間の情報伝達と共有の正確化、効率化をもたらし、ミスの最小化、クレーム処理の低減、工期の短縮化、顧客の満足度向上などにつながる可能性を秘めている。

BIMによる情報の価値向上への期待

建設プロジェクトは、多様な関係者と多様な主体が責任と作業を分離・分割して進行する非常に複雑なプロセスである。それにともなう膨大な管理業務へのICT（Information and Communication Technology）の活用が、1990年代以降に大手・中堅総合建設会社を中心に開始された。

一般的な設計事務所や建設現場では1980年代半ばから、PCを使った図面作成に際し、処理速度の向上のためにCADの導入が始まり、大幅な効率化がもたらされた。ただし、CADによる図面情報はあくまで線と文字の集合体であり、図面作成と同時に発生する見積もりや伝票処理などの管理業務との連携には至っておらず、発生源入力を基本とする統合システムの普及段階でも、図面作成作業と管理業務は切り離されたままであった。

国土交通省は1996年、時代にふさわしい電子情報システムの構築を目指して「建

設CALS整備基本構想」を立案した。この取り組みは、現在は「CALS/EC（公共事業支援統合情報システム）」と呼ばれ、「情報の電子化」「通信ネットワークの利用」「情報の共有化」の3要素を柱として、公共土木工事を主体に活動が続けられているが、建築工事では汎用的な仕組みとして普及しなかった。

CALS/ECが建築業界で普及していない主な理由は、データ構造や概念定義の厳格化のみが追求され、設計者や施工者に従来に比べて過大な負担を強いたことであると考えられている。そもそも機械業界などでは、設計段階でのCAD導入ニーズが、設計者が自ら行う様々な解析作業（CAE：Computer Aided Engineering）と直結しており、CAD化、さらに3次元化による作業効率の向上や解析を設計にフィードバックするなどの効用が具体的に見えていた。

一方で、建築業界におけるCAD活用の主目的は、成果品となる2次元図面の「清書」である。そのため、設計者とは別のオペレーターがCAD化作業を担っている場合が多く、設計者自体がCAD化に多様なメリットを見出すことができなかった。

しかし、BIMの登場によって、その状況は変わりつつある。プロジェクト全体で情報を共有・活用するという目的とともに、どの段階でどの程度の情報が必要になるかという工程に沿ったデータ活用方法の開発、各段階でのデータ受け渡しをともなう契約や責任分担など、単純にデータ化を推進するだけでなく、その活用にともなう様々な制度やルールの構築、人材の教育・育成が同時に求められている。

BIMは、建物を図面上に線と文字で構築するのではなく、ドアや窓という建物を形成する「部品」やその「仕上げ」などの各部材（オブジェクト）の組み合わせにより構築するデータ構造を有する。この仕組みは、デジタル空間に実際の建物を再現するものであり、各部材の仕様、価格、性能などの属性情報をもたせることもできるため、拾い作業、見積もり依頼、積算などの管理業務への活用だけでなく、リスト系図面の自動作成、環境シミュレーションなどへの活用、構造体とダクトの干渉チェックなどを一括して行うことができる。

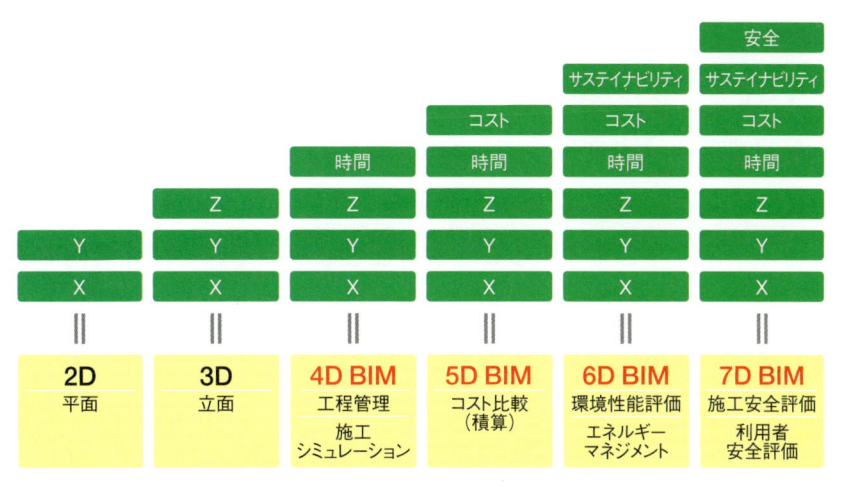

図表⑱　BIM（多次元BIM）の活用範囲

BIMモデルには、さらに多くの情報を追加することができるため、3D BIMに時間軸を加え4D BIMとすると、建築生産活動にかかる工程管理の次元が加わり、資材や重機などの搬入経路確認、施工手順のシミュレーションなど、様々な検討を行うことで、資材調達や施工などの精度を向上させることが可能になる。この情報を工事関係者間で共有することで、各時点でのやるべき仕事が明確になり、人員や重機、資材などの無駄や工期の遅れ、コストの削減にも貢献することができる。

4D BIMにコスト情報を加え5D BIMとすると、設計と工事の見積もりや原価など、積算や工事のキャッシュフローを時間軸に沿って扱うことができる。このように情報が集約化し統合されれば、建築生産者側のメリットはかなり大きいと考えられる。

さらに、5D BIMに建物のサステイナビリティに関する軸をプラスしたものを6D BIMとすれば、建物完成後の運営や維持管理、LCC（Life Cycle Cost）などファシリティマネジメント（FM）領域にBIMを活用できるようになり、環境性能評価やCO_2排出量の削減にも大きく関係してくる。6D BIMの概念は、建物の基本計画や設計段階で、建物竣工後の運用、維持管理を視野に入れ、建物のライフサイクル全般にわたってBIMを活用することである。これにより、LCCの削減やエネルギーマネジメントの改善に大きく寄与することができるとされ、建築生産者側だけではなく、発注者側のメリットも大きくなる。

また、6D BIMに安全に関する軸をプラスしたものを7D BIMとする考え方も

出始めており、そこでは施工中の安全評価はもちろん、防犯や災害が起きた際の避難経路など、竣工後の建物利用者の安全性を評価することで、建物のセキュリティ向上に貢献することができる。BIMというプラットフォームにすべての情報が集約されることで、各専門領域を横断する「サステイナビリティ」や「安全」という建物の全体性能を管理することが可能となり、それを関係者間で共有する場としての機能も有する。こうした "多次元BIM" の考え方は、今後もさらにその次元数を増して拡張していくであろう。

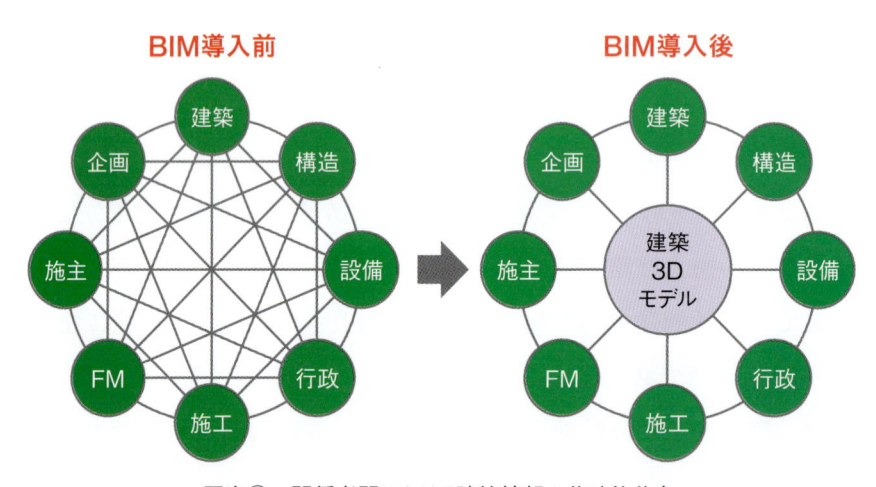

図表⑲　関係者間における建築情報の共時的共有

　BIMの活用を推進するためには、上述したとおり、BIMの活用を前提とした従来業務プロセスの見直しや諸制度の再構築、BIMモデルをマネジメントする人材の育成が必須となる。2019年6月に発足した国土交通省の「建築BIM推進会議」においても、この人材育成問題がクローズアップされており、社会人教育とともに、大学や専門学校などにおけるBIM教育にフォーカスが当たり始めた。BIMの活用が、建設業界の生産性向上に大きく寄与することが確実視される中、それを担う人材の育成もまた急務なのである。

BIMを用いた建築教育

KEYWORD　デジタルモックアップ、アルゴリズミックデザイン、デジタルファブリケーション、クラウドサービス

1980年代にCAD演習から始まったデジタルデザイン教育も、近年はBIMを利用した高度なシミュレーションを活用するまでに進化した。建築デザイン教育にBIM取り入れることで、課題解決能力や意思決定精度の向上を狙うカリキュラムも実践されている。

CAD演習からBIMによる建築専門教育へ

　近年、大学や専門学校などの建築系学科で、BIMを使った建築の専門教育が始まった。BIMモデルは建物全体を3次元でモデリングすることから、2次元の図面では難しかった建物の構造や設備、またそれらと意匠との関係が理解しやすくなり、総合的な建築知識の習得に役立つ。

　かつての建築デザイン教育は、設計製図を中心とした"図面重視"のカリキュラムが多く、図面をきれいに描くというテクニックを教えることが多かった。しかしBIMの登場によって、設計製図から本質的なデザイン教育へと、授業の内容や構成が変化してきた。図面にとらわれることなく、建物全体をデジタルモックアップとして自由な視点や角度で観察できるようになり、建築デザインの学習がスピーディーに行えるようになった。

　BIMの導入が進んだ学校では、コンピュータプログラムによって複雑なデザインを作成する"アルゴリズミックデザイン"を課題に取り入れたり、BIMと連動するシミュレーションソフトウェアを使って環境デザインを学習するなど、非常に高度で実践的な授業も始まっている。教室にレーザーカッターやNC加工機を常設し、デジタルファブリケーション（デジタルでモノを考え創作する技術）を実践する学校もある。

CADを使った作図演習

　一部の大学や専門学校では、1980年代から2D CADを用いた建築設計製図教育が始まった。当時はPCやCADシステム自体が目新しい時期であり、CADを利用した建築設計例もまだ少なかったため、授業ではCADを使って著名な建築作品の図面をトレースしたり、操作練習を兼ねて点景の作画をするなど、設計製図ではなくCAD操作のオペレーション習得に主眼を置いていた。

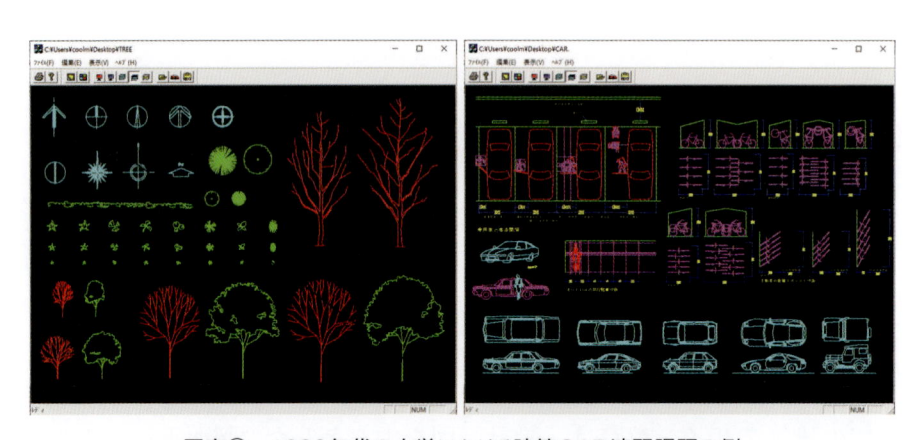

図表⑳　1990年代の大学における建築CAD演習課題の例

　1990年代後半になると、建築系の3D CADが一般市場でも普及するようになり、学生の就職活動なども考慮して、教育現場での3D CADの利用が始まった。3次元で建物や部材を確認できるようになると、2次元図面上に展開した三面図では理解が難しかった立体構造が手に取るように把握できるようになり、部材の取り合いや納まり（各部材が接合される部分のディテール）の理解度が格段に深まるという効果も期待できるようになった。

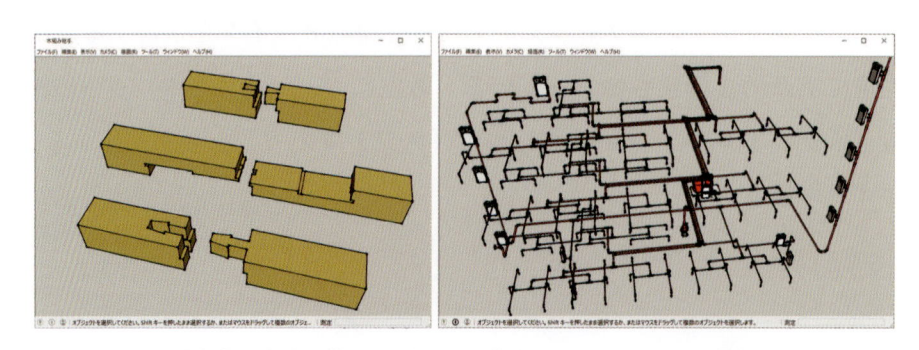

図表㉑　木造の継手や配管などを学習するための3D CAD教材

BIMを使った建築設計教育

　これまでの建築教育は、設計製図を中心とした図面偏重のカリキュラムとなっている場合も多かった。建築教育の目的の1つに建築士免許の取得が掲げられている限り、いまでもその大枠に変化はないが、近年では専門学校や大学の建築系学科において、BIMを活用した新しい建築教育の導入が始まっている。

　設計製図を中心とした教育では、3次元である建物の情報を2次元の紙に落とし込むための"図面の作成"という手段が目的と化し、図面をいかに見栄えよく描くかということに多くの時間が割かれる状況も少なくなかった。

　しかし、BIMを使った建築教育では、図面の表現テクニックだけにとらわれることなく、建築物そのものの構造や仕組みを理解することに注力しやすくなる。さらに、建物の基礎や梁などの平面図や立面図では見えてこない部材も、BIMの3次元モデルならば、見やすい角度から確認することができるため、手書きやCADで図面を描くよりも、建物全体を素早く正確に理解することができるというメリットもある。

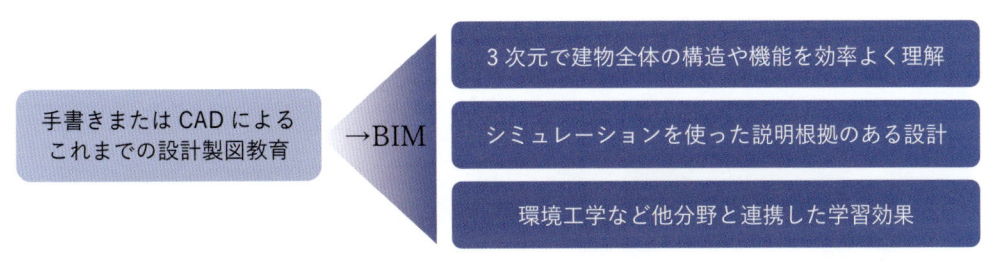

手書きまたはCADによるこれまでの設計製図教育 →BIM

- 3次元で建物全体の構造や機能を効率よく理解
- シミュレーションを使った説明根拠のある設計
- 環境工学など他分野と連携した学習効果

図表㉒　設計製図教育におけるBIM活用のメリット

　さらにBIMの属性情報を確認すれば、構成部材の仕様や性能を即座に確認することも可能で、建築初心者の学生が平面図に描いた"四角"が、はたして柱なのか家具なのか、後でわからなくなるようなこともない。建物の構造や納まりを3次元で素早く理解できるのも、BIMを使った建築教育の大きなメリットである。

BIMとシミュレーションによる課題解決能力の養成

　BIMで作成した建物モデルを使い、各種シミュレーションソフトウェアと連携することで、CADだけでは実現できなかった高度な建築設計教育を行うことができるようになった。設計教育にシミュレーションを取り入れることで、学生が各自作成したプランに、その設計固有の問題点をダイナミックに発見することができるようになった。これによって学生の課題解決能力の向上が期待できるほか、感覚的あるいは恣意的な設計から脱却し、シミュレーション結果の数値を根拠とする "説明責任を果たせる" 設計を行う訓練にもなる。

　例えばコンサートホールでの避難シミュレーションを題材とした設計課題では、学生は観客全員の避難が完了するまでにかかる時間で、動線設計や出入口配置の巧拙を客観的に判断することができる。そして、エスキス（設計検討）を何度も重ねるうちに、非常時の避難にかかる時間だけでなく、平常時の物販コーナーの配置など商業施設としての要求事項にも考えが及ぶようになり、最終的には多くの相反する要求を解決するためのプランを考えるようになる。こうした実践的な設計製図授業は、BIMの導入があってこそ実現可能となった。

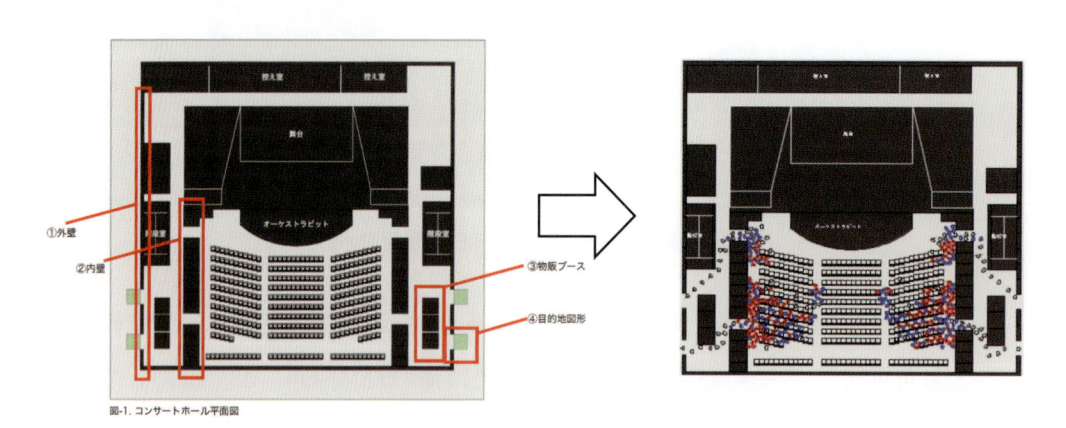

　図表㉓　BIMのシミュレーション機能を使い、ホールの迅速な避難が可能となるプランを考える課題例

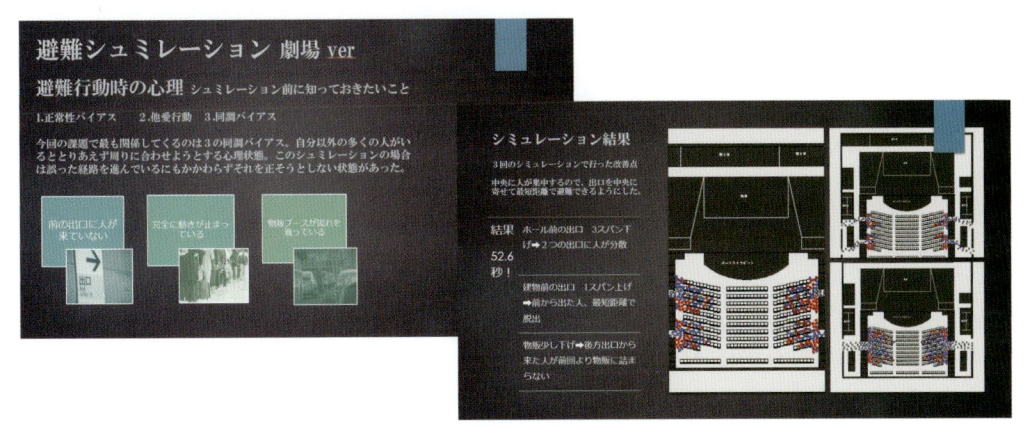

図表㉔　学生は設計の根拠となる理由を考え、図面と一緒に提出しプレゼンボードにて発表する
（資料提供：エーアンドエー株式会社／東京工芸大学　森谷靖彦）

　また、BIM を利用した建築教育では、設計製図教育と環境工学などの専門分野の要素を組み合わせ、複合的かつ総合的な学習を実践することもできる。

　例えば、都市街区の環境問題としてヒートアイランド現象を取り上げた場合、学生はまず地球環境問題や環境配慮型建築物など、環境問題に関連する情報について下調べを行なってから設計に取り組むことになる。こうした学習方法によって、単なる机上のデザインや作図の練習とは違った、多角的で実践的な設計手法を学ぶことができる。

図表㉕　熱環境シミュレーションを使用した設計課題
（資料提供：東京工芸大学　森谷靖彦）

さらに、1人で製図板に向かっていた時代とは異なり、学内LAN（Local Area Network）やクラウドサービス（Cloud service）などのネットワーク環境を活用して、複数人のチームで課題に取り組んだり、地理的に離れた学校との共同設計も可能となった。これは、将来のIPD・コラボレーション設計手法（222ページ参照）の基礎的なトレーニングとしても有効である。

なによりも、教育現場でBIMやシミュレーションを利用することのメリットは、学生の課題解決能力の向上に資するカリキュラムが作りやすいということであろう。これまでのCADや手書きによる設計製図教育では、その設計内容の評価は、担当教員の経験やスキルによってその判断が分かれることも少なくなかったが、シミュレーションによって、その設計内容の性能や効果が数値化（可視化）できるようになり、より客観的で現実的な評価を行うことができるようになった。これはよりよい建築を追求したいと思う学生にとって本質的な体験であり、同時に企業が求める「課題解決能力をもった」人材の輩出にも貢献できるであろう。

BIMを使ったデザイン意思決定の精度向上

教育現場でBIMの利用が始まり、設計の評価を数値化し可視化できるようになったが、それだけでは不十分である。「課題解決能力を持った」人材を育てるには、さらに踏み込んだアプローチが求められる。

その1つは、シミュレーションに関する知識と経験である。シミュレーションを実行する際、条件の設定次第で解析結果が大きく異なることも多く、条件の設定には十分な知識と経験が必要となる。これからは、BIM以外の専門的なツールに関する教育をどうするか、体系的に考えていく必要があるだろう。

もう1つは、シミュレーションによって導き出された数値を分析し、評価する能力である。シミュレーション結果に基づき設計案を変更する際、なぜその案を選んだのか、あるいはなぜその案が最適であると判断したのかを客観的に示せる能力が必要となる。近い将来、設計案の変更作業自体は、コンピュテーショナルデザインやジェネレーティブデザイン（284ページ参照）手法によって加速化され、多数の設計案が生まれるが、それにともなって、設計案を評価する数値も大量に発生することになるだろう。さらに、設計段階だけでなく、建物の運用段階にお

いても建物のエネルギー管理や、スマートビルディングなどで使用されるIoTデバイスから、大量の数値データが発生し、これがビッグデータとなる。今後建築を考える上で、このような大量の数値データをいかに的確に処理するかが重要となってくる。デザイン行為の上流側に位置する人間は、様々な分野から提供される膨大なデータの海を泳ぐ知識とスキルが必要となる。

　図面の作図テクニックだけではなく、建築設計に必要な情報を迅速かつ適確に見つけ出す能力や、それをデザインに落とし込む技術が求められるようになり、そうしたスキルを習得できる教育環境の整備が、いま求められている。

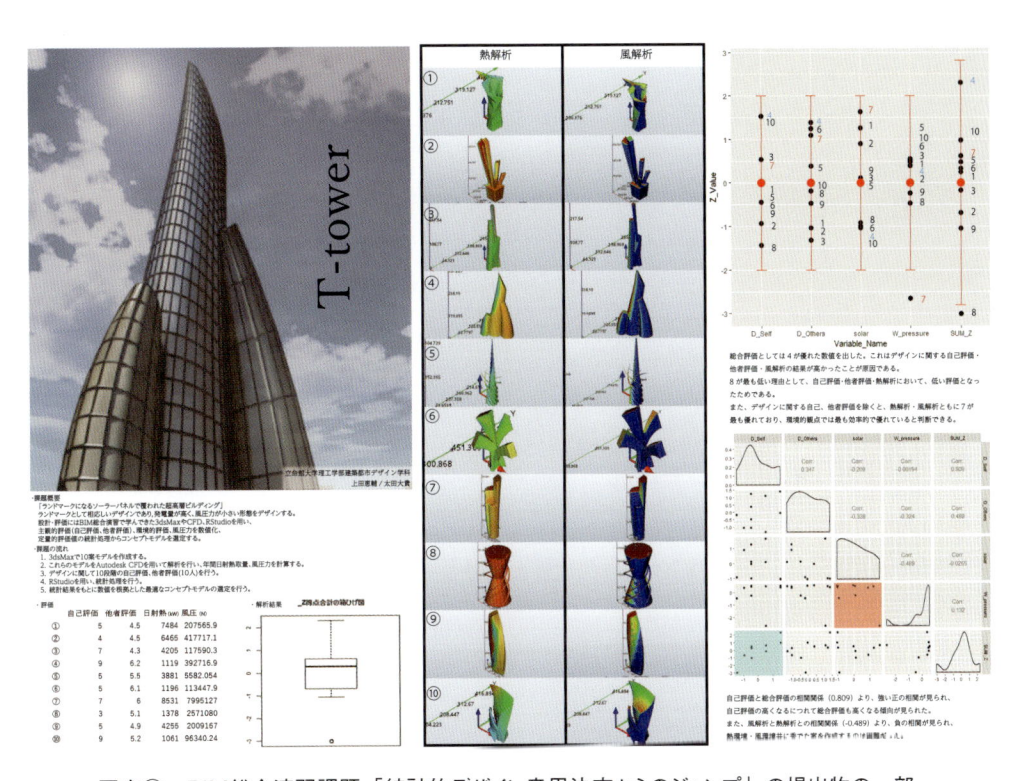

図表㉖　BIM総合演習課題「統計的デザイン意思決定からのジャンプ」の提出物の一部
（資料提供：立命館大学　山田悟史　http://satoshi-bon.jp/category/lecture/lec_bim/）

BIMが普及し、デジタルデータによる建築設計が当たり前となる時代、設計者には、数値処理やプログラミング技能が必要になるという考え方があり、こうした将来の設計手法、設計者像を先取りし、より精度の高いデザイン評価のアプローチを実践的に教える授業が一部で既に始まっている。

　BIMやシミュレーションなどの建築情報技術を用いると、設計の初期段階でさまざまな性能や評価を数値として得ることができる。これらの数値を設計の根拠とし、恣意的ではない統計学的な知見をベースとした建築デザインを追求することは、これからの建築教育の1つの大きなアプローチとして求められるであろう。

KEYWORD　自動化、ジェネレーティブデザイン、ワークプレイス、仮設計画、点群データ、BIM/CIM、GIS、ランドスケープデザイン

これまでBIMは設計ツールとして利用されることが多かったが、最近では、点群データやGIS（地理情報システム）との連携により、建築物の設計以外での活用も増えている。

BIMの様々な展開

　BIMが登場してから10年以上が経過し、この間、様々な取り組みが模索されてきた。BIMソフトウェアやその関連ツールも進化が進み、多くのサービスやソリューションが登場している。こうしたユニークなツールとBIMが連携することによって、その活用分野も大きく広がりつつある。

　BIMの普及当初、BIMは設計ツールとして利用されることが多く、建物の設計や計画以外に利用されることは少なかったが、最近は様々な場面でBIMが利用され始めた。建物単体の建設だけではなく、その周辺業務も含めてBIMを総合的に利用することにより、BIMのメリットをさらに多くの業務・工程で享受できるようになってきた。さらに近年では、建物の運営・維持管理段階でのBIMの利用も増えている。建物のライフサイクルの中で、もっとも多くの時間を費やすのは運用および維持管理段階である。BIMの利用によって、建物の維持管理にかかるリソース（時間や手間など）を効率化することができれば、長期にわたって建物を健全に運用することが可能となり、運用にかかるライフサイクルコストを最適化することもできる。

　さらに、BIMと地図情報を連携させることで、災害時の迅速な復旧計画に役立てたり、建物だけではなく、BIMをランドスケープデザインに応用する取り組みも行われている。また、音響や照明計画といった舞台美術にBIMを利用しようという取り組みも始まっており、建築以外の様々な分野でもBIMの活用が始まりつつある。

設計の自動化とジェネレーティブデザイン

　ジェネレーティブデザイン（Generative Design）とは、BIMや3D CADなどのソフトウェアをプログラミングなどでカスタマイズすることにより膨大な数の建物モデル形状の自動生成およびシミュレーションとその評価を自動的に繰り返しながら、最適な設計解を求めていく新しい設計手法である。

　通常、建築設計の解は無数にあると考えられ、それらの中から、建物の構造強度や敷地の形状にともなう法規制、その他、様々な与条件をクリアする最適解にたどり着くには大変な労力を要する。ジェネレーティブデザインは、遺伝的アル

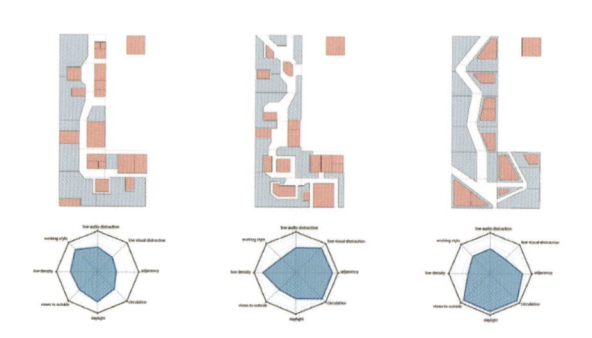

図表㉗　コンピュータが生成した複数案から、人間が最適なデザインを選択する
（資料提供：オートデスク株式会社）

ゴリズム（算法）などを使って、こうした最適解探索作業の一部を自動化するものである。考え方としては、まず最低限の設計条件を満たすようなデザイン案を複数（数百〜数千通り）自動生成し、その中から設計上の各種制約事項や材料の強度などのより詳細な条件を満たす最適な設計解を数値評価で絞り込んでいくというものだ。設計者は、コンピュータが自動的に絞り込んだ複数の設計案の中から、最終的には定性的または感覚的に最適なデザインを選択する。

　ジェネレーティブデザインは、建築設計だけで利用される手法ではなく、自動車や航空機、家電製品などのデザインにも多く取り入れられており、むしろ建築物よりも工業製品での活用事例が多い。そして建築の世界では、建物の設計だけではなく、オフィスなど人が働く環境（ワークプレイス）や住環境のデザインを最適化するツールとしてもジェネレーティブデザインが注目されている。

　近年、オフィスの設えが仕事の効率に大きく影響すると考える経営者が増え、働き方改革の風潮も相まって、様々な角度からオフィスを分析し、より働きやすく生産性の向上につながるワークプレイスデザインを追求する動きが出てきた。BIMモデルの持つ多くの属性情報を活用し、オフィスの明るさ（昼光率）や什器の最適な配置、さらにワーカー一人ひとりが働く環境（視覚的・音響的な環境など）をそれぞれシミュレーションし、いまよりもさらに効率的な働き方を提案

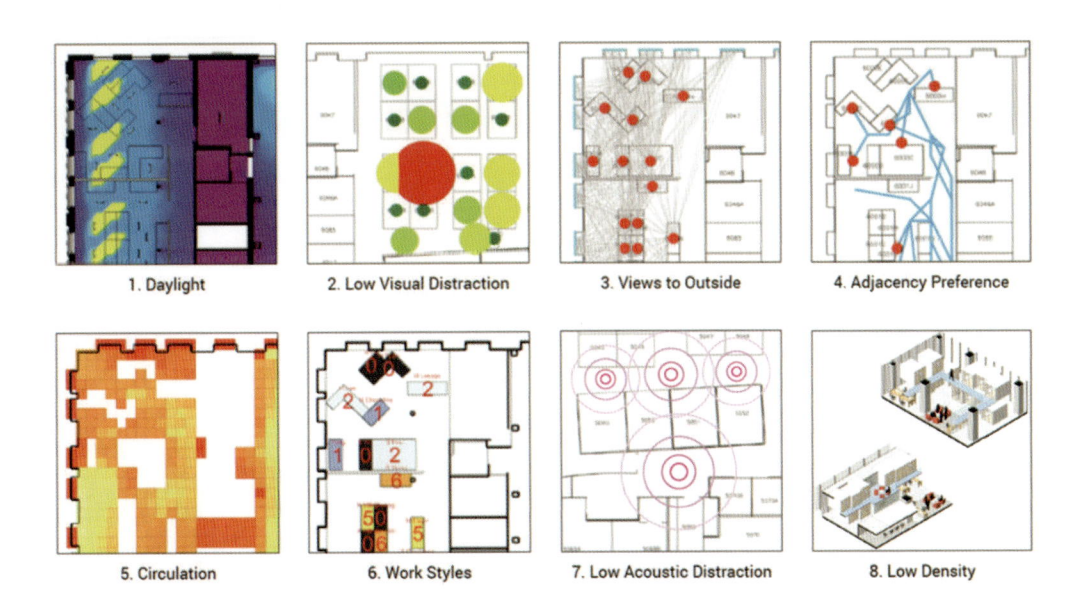

図表㉘　ジェネレーティブデザインは複数のシミュレーション結果から最適な解を導く
（資料提供：オートデスク株式会社）

する上でのワークスタイル診断に、ジェネレーティブデザインが活用され始めた。

　ジェネレーティブデザインの導入メリットは、まずは設計時間の短縮である。人間が手作業で設計作業を行う場合、時間的な制約から、多くても数種類のデザインスタディを行うにとどまるのが一般的であるが、コンピュータによる自動設計では、同じ時間で数百〜数千のスタディを行うことが可能だ。しかも、そのデザインは恣意的なものではなく、シミュレーション結果に基づく数値的な根拠を持ったものである。またその結果は、"最小限の材料で最大の強度を生み出す" といった構造的に無駄のないデザインや、"限られた空間の中でもっとも効率的な動線計画" といった最適解となることが多い。コンピュータが弾き出すデザインは、人間の頭では思いもつかないようなユニークなデザイン（多くは有機的あるいはある種の生物的造形）となることもあり、これも非常に興味深い。さらにコンピュータが生み出したジェネレーティブデザインがヒントとなり、設計者が斬新で優れたデザインを生み出す可能性もある。

　ジェネレーティブデザインは、今後製造業や建築設計の現場で多く使われることになるであろう。建築設計分野では、ジェネレーティブデザインがさらに建築デザインの幅を広げ、設計の質を向上させていくであろう。設計者だけでは思いつかなかった斬新なデザインやソリューションが、次々と生まれる可能性を秘め

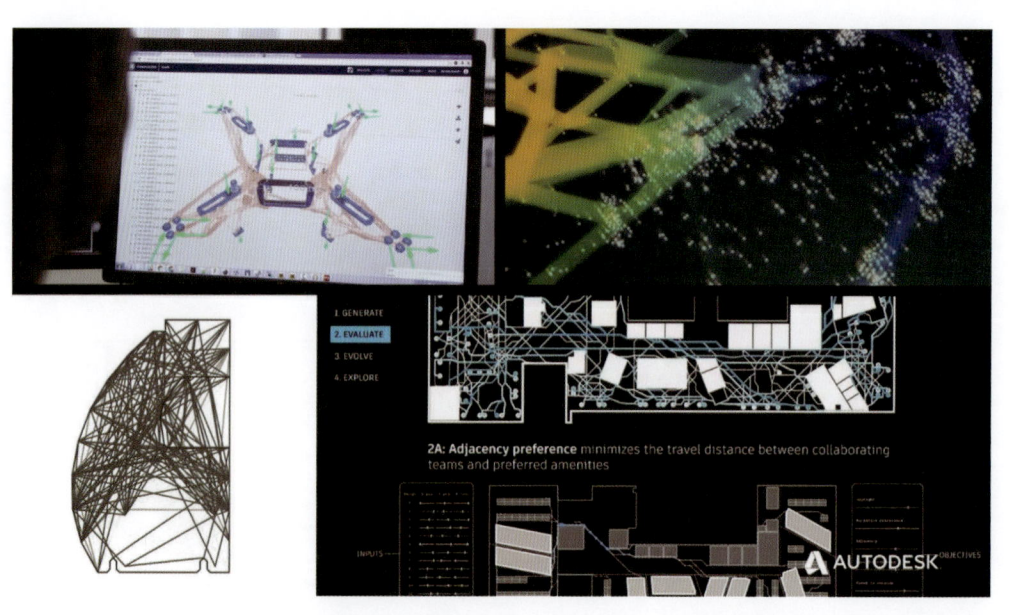

図表㉙　様々な分野で活用が始まったジェネレーティブデザイン
（資料提供：オートデスク株式会社）

ている。

BIMと施工計画

　建物を施工するには、工事を始める前に施工計画を立てる必要がある。施工計画の中でも、最初に検討する必要があるのが、仮設計画である。現場の接道状況を考慮しながら仮囲いの出入口をどこにするか、あるいは工事用のエレベーターやクレーンは何台設置する必要があるかなど、現場の立地や計画物の規模、そして工期を綿密に組み合わせながら、工事全体のプランを考える必要がある。これを総合仮設図という図面にまとめ、工事関係者はこれをもとに工事の準備を進めていく。

　この仮設計画の策定でもBIMの利用が始まった。これまで2次元の図面を使って行われていた施工計画時の各種検討をすべて3次元のBIMモデル上で行うことで、"建機と構築物が干渉しないか" あるいは "クレーンが必要な箇所に届くか" などといったチェックを視覚化することができるようになった。

　施工計画を3次元のBIMモデルにすることで、建設現場に関する情報を工事関係者に正確かつ迅速に情報共有することが可能となり、建設現場の効率化だけではなく、安全性の向上にも貢献することができる。

　このように、建設工事の流れをBIMとして可視化することを施工シミュレー

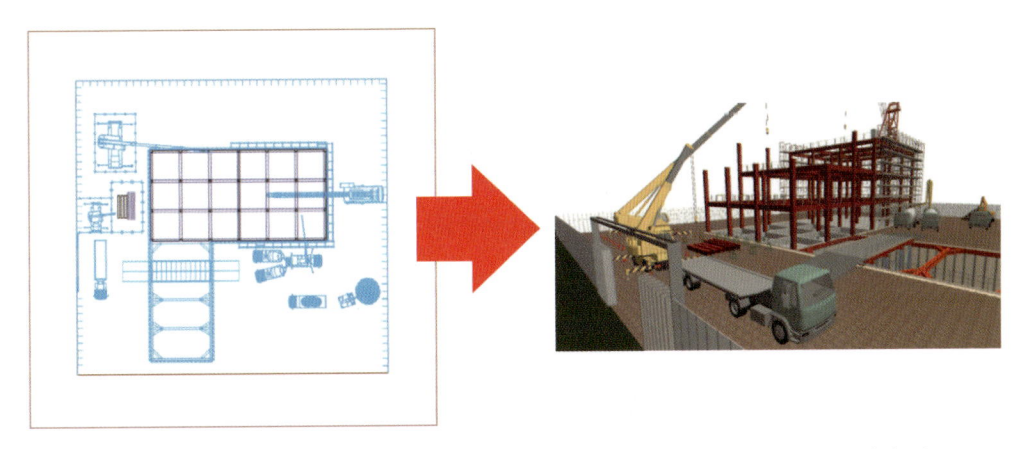

図表㉚　施工計画の3Dモデルを作成することにより、高精度な計画の立案と迅速な意思決定ができる
　　　　（資料提供：株式会社グローバルBIM）

ションと呼び、仮設計画に始まり、本体工事の施工手順や、その工程管理までを一貫して管理することができるようになってきた。

　施工シミュレーションは、大型の建機や資材の搬入搬出経路の確認、またそれにともなう道路占用許可申請の準備や、近隣住民への工事説明など、様々な用途への応用が始まっている。

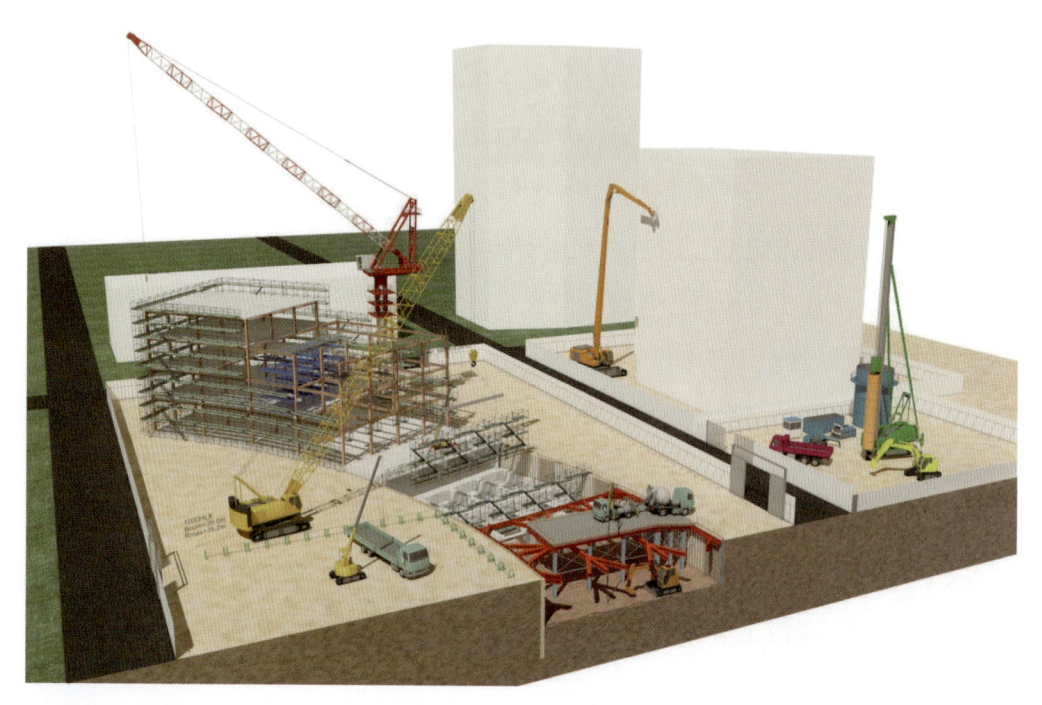

図表㉛　仮設計画の3Dモデルを作成することにより、高精度な計画の立案と迅速な意思決定ができる
（資料提供：株式会社グローバルBIM）

BIMによる点群データの活用と地図情報の連携

　3Dスキャナの普及とともに、点群データを扱う場面も増えてきた。BIMに点群データを取り込むことで、計画地周辺の状況が正確に把握できるようになる。周辺地形データや既存構造物の重ね合わせなど、点群データとBIMモデルを合成し、様々な検討やプレゼンテーションが行えるようになる。合成したデータは、CGパースやVRで利用可能なため、その応用範囲は広い。

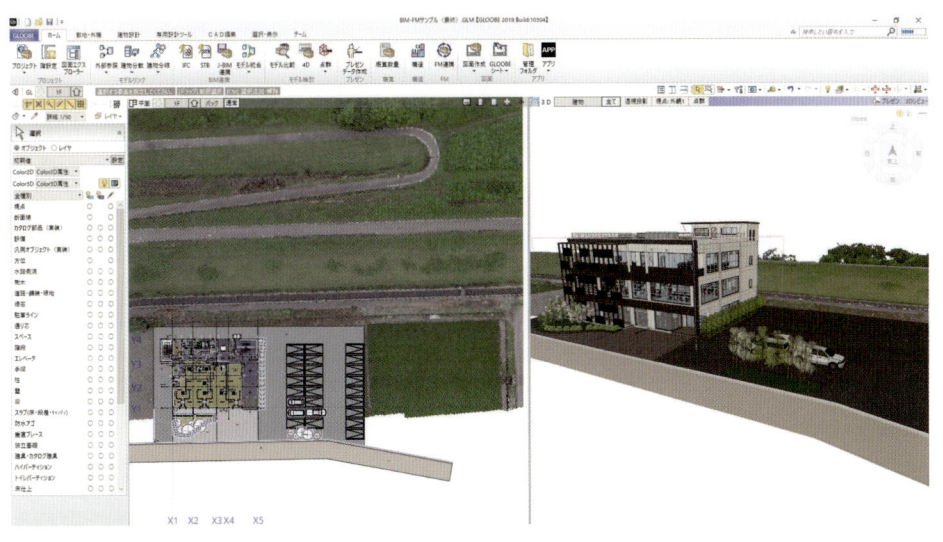

図表㉜　3Dスキャナで取得した地形の点群データを取り込み、BIMの3次元建物モデルと合成
（資料提供：福井コンピュータアーキテクト株式会社）

　国土地理院が提供する地理院地図の標高タイルを取り込むことで、正確な地形データと写真画像によるリアルな景観を表現することができる。地理院地図とは、地形図、写真、標高、地形分類、災害情報などを網羅した電子地図で、国土地理院のウェブサイトから利用できる。この地図データをBIMに取り込むことで、設計初期段階の計画検討にも使えるほか、建築物の完成イメージをプレゼンテーションする際にも役に立つ。

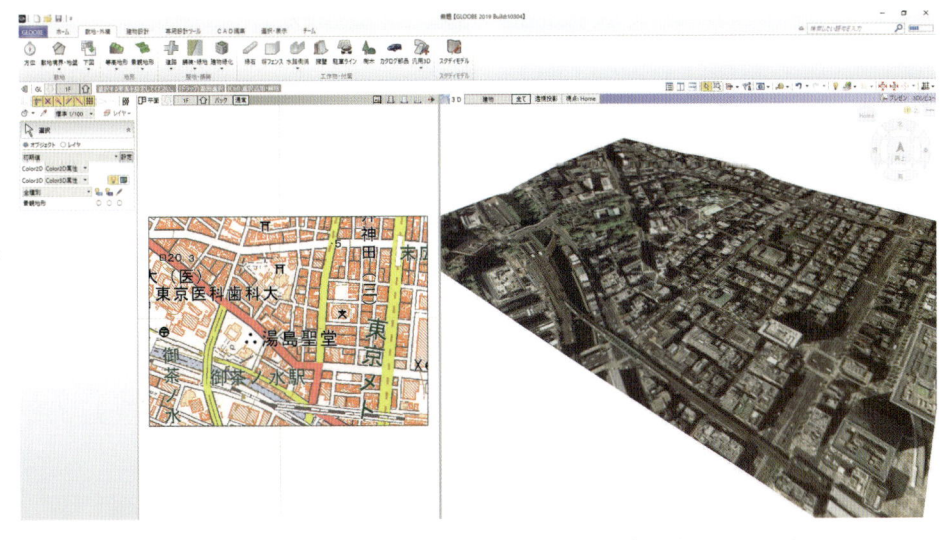

図表㉝　地理院地図をBIMに取り込むことで、様々な用途に利用することができる
（資料提供：福井コンピュータアーキテクト株式会社）

BIM/CIMとGIS（地理情報システム）

　2010年にGoogleマップの商用サービスが始まると、またたく間に普及し、地図検索サービスは日常生活に不可欠なものとなった。PCやスマートフォンでいつでも世界中の地図を閲覧できるこのインターネットサービスは、従来の紙地図の販売を激減させただけでなく、地図上に様々な情報を重ねて表示し、それらを分析する機能を付加することによって、いまや社会基盤ともなっている。

　こうした位置に関する情報を持ったデータ（空間データ）を視覚的に表示し、分析する技術はGIS（Geographic Information System）または地理情報システムと呼ばれている。GISを利用したソリューションは、特に土木分野で先行している。土木分野の情報化は、従来CIM（Construction Information Modeling）と呼ばれていたが、2018年5月からは、BIM/CIM（Building/Construction Information Modeling）と名称変更され、道路や鉄道のインフラの設計や維持管理、そして災害の予防対策や災害発生時の復旧対応まで、多くの場面でその利用が進

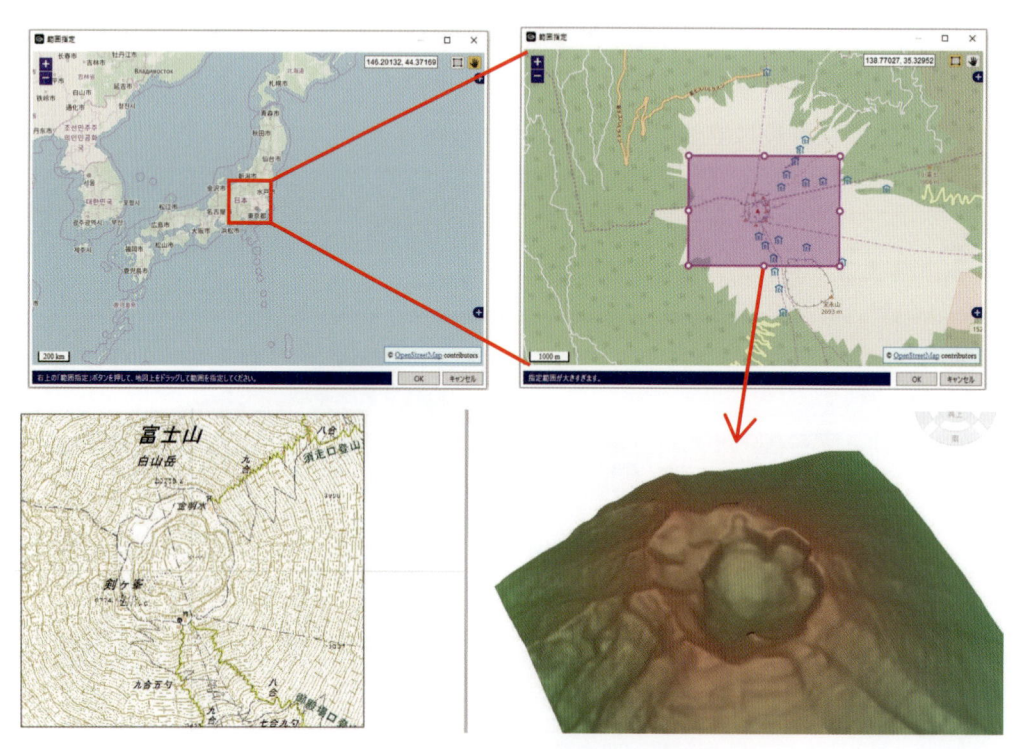

図表㉞　BIM/CIMとGISの連携利用は土木分野が先行する
（資料提供：福井コンピュータアーキテクト株式会社）

んでいる。

　阪神・淡路大震災以降、道路や鉄道、林野などの各機関が持つ情報をより効率的に利用すべく、政府はGISの活用に取り組んできた。国土数値情報や、街区や大字・町丁目レベルの位置参照情報は、国土交通省のGISホームページ（http://nlftp.mlit.go.jp/index.html）から入手できる。

　また各府省が実施する統計調査の情報は、総務省統計局が整備し、政府統計の総合窓口であるe-Stat（https://www.e-stat.go.jp/）から利用可能となっている。これらの公開情報およびデータは、その多くがGIS間でのデータ相互運用におけるオープンな標準規格である、シェープファイルと呼ばれるファイル形式で提供されており、BIMソフトウェアの中には、こうした地形データを扱うことができるものもある。

BIMとランドスケープデザイン

　BIMのBはBuilding（ビルディング）のBであるが、その用途は建物ばかりにとどまらない。建築設計とは切っても切れない外構設計にも、BIMが活用され始めた。

　BIMモデルは、建物を構成する部材の属性情報を持つことから、建物の設計時や施工時に様々な付加価値を見出すことができる。これは、外構設計においても同様で、最新のBIMソフトウェアでは、地形情報や舗床材料、植栽モデルなど多くの属性情報を付加することで、計画地の地形や気候にあった植生シミュレーションが可能となり、ランドスケープデザインを総合的に実施することができるようになった。

　植栽モデルには、植物の種類やサイズ、枝張りや配置間隔、コスト情報などを含めることができ、広大な敷地でも一括して植栽の配置を行い、ワークシート集計によって外構工事のコスト算出や数年後に植物が繁茂した状態もシミュレーションすることが可能だ。

　植栽維持管理は、建物管理以上に頻繁に実施される。特に日本は四季があり、植栽の生育度合いによっても、細かなケアが必要となる。サイクルが短く、能動的にコントロールする維持管理においても、BIMに付随する植栽の属性情報が

ツゲ科ツゲ属の常緑低木

オオベニウツギ-タニウツギ属

セイヨウノコギリソウ-キク科ノコギリソウ属

図表㉟　植栽モデルには、植物の種類やサイズ、枝張りや配置間隔、コスト情報なども属性情報と付随する
（資料提供：エーアンドエー株式会社）

効果を発揮する。今後、植栽モデルのCO_2吸収量などがデータベース化され、計画街区全体の環境性能を予測するなど、BIMによるさらに進んだランドスケープデザインの実現が期待される。

BIMと舞台美術（音響・照明）

　BIMは、一般的な建築物だけではなく、特殊な用途でもその活用の機会が増えている。劇場やイベントスペースなどは、催事によって頻繁に空間レイアウトが変更される。さらに大きな劇場などでは、アーティストや企画展示物などによって、効果的なライティングや特殊な音響システムの設計が必要となる。こうした設計では、舞台設営に必要な仮設構造物の力学的知識や、部材の音響特性などの工学的な知識に加え、照明計画や音響計算のために複雑で専門的な計算が必要

となる場合が多く、これまでは舞台美術・舞台照明・音響技術の各専門家がこうした役割を担ってきた。

　舞台美術の世界では、既にNCルーターやレーザー加工機、3D造形機など、デジタルデータを活用したものづくりが取り入れられていたが、そこにさらなるスピードと省力化を求めて、BIMの技術が活用され始めた。照明や音響の世界では、BIMデータ上の舞台設備機器と、それらをコントロールする「コントロール卓」が連動するなどの情報連携が進化している。また、音響においてはシミュレーション技術の普及が目覚ましく、大型のホールやコンサート会場であれば、いまや必ず実施されるまでに至っている。

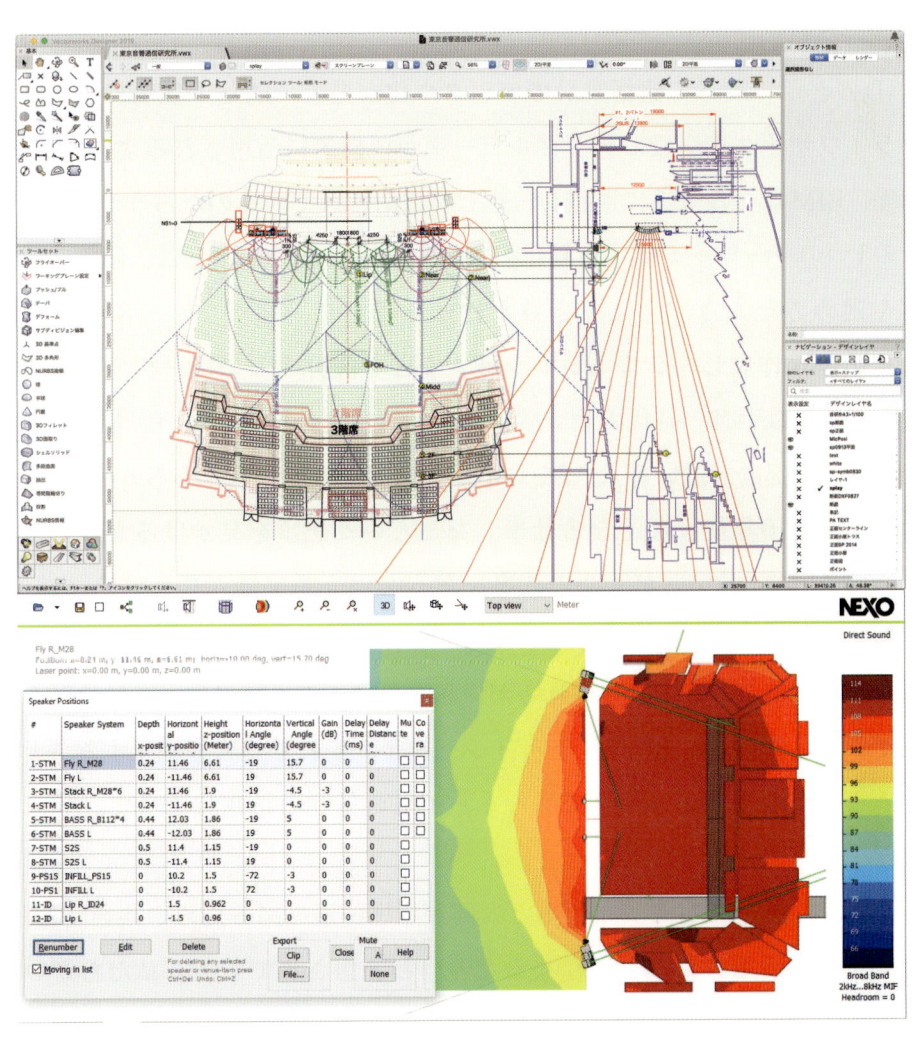

図表㊱　劇場設計におけるBIMを利用した各種シミュレーション例
（資料提供：株式会社東京音響通信研究所/エーアンドエー株式会社）

KEYWORD　ロボット、AI、IoT、デジタルツイン、ミラーワールド、建設用大型3Dプリンタ、自動化施工、DFMA、モジュラー・コンストラクション

BIMの登場によって、建物や街全体をデジタル化する試みが始まっている。AI（人工知能）やロボットが活躍する、未来の建設産業の姿も現実味を帯びてきている。

BIMの進化と活用

　CADの普及によって建築設計のデジタル化が進み、BIMの登場によって、建物のライフサイクル全般でデジタルデータが積極的に活用されるようになった。この先、BIMはどのように進化し、そして活用されていくのだろうか。

　その1つのキーワードは「自動化」である。BIMという概念は、建築設計の考え方や進め方を大きく変えるきっかけとなったが、様々なツールを駆使してBIMモデルを作成し、シミュレーションなどを実行するのは、相変わらず人間である。これは手書き時代の設計製図作業と何ら変わっていない。しかし、こうした作業の一部は、近い将来AIやロボットに取って代わるであろう。

　近頃よく「10年後になくなる仕事」などという記事を見かけるが、ここには決まってAIやロボットが人間の仕事を奪うという将来像が描かれる。確かに、単純作業によって成立している業務においては機械化や自動化によって人間の出る幕が減っていくことが予想されるが、私たちはこの単純作業から解放された時間を使って、よりよい建築物をデザインし、より優れた建物を施工することができるようになると考えるべきであろう。BIMの進化と活用によって、それが実現できる。

　そしてこのとき、AIやロボットと人間が意思疎通を図るための共通語として、BIMモデルが活用されるようになるだろうと予想されている。私たちがいますべきことは、将来に不安を抱くことではなく、10年後にやってくる未来に向けて、BIMやそれを取り巻く様々な新しい技術に興味を持ち、それらを使いこなして

いくことである。

建物とIoT

　センサーやデバイス、通信インフラ、クラウドサービスの高性能化と低価格化が追い風となり、IoT（Internet of Things）の導入が多くの産業で盛んだ。IoTとは、これまでインターネットに接続されていなかった様々なモノ（建物や自動車、家電製品など）に各種のセンサーを組み込み、そのセンサーから取得された情報が、ネットワークを通じてサーバーやクラウドサービスにリアルタイム送信され、目的に応じて相互に情報交換をする仕組みをいう。アイオーティーと発音し、日本では「モノのインターネット」と訳される。

　建物がIoTによってインターネットと接続されると、建物の利用状況や設備機器の稼働状況などのデータが、サーバー上にリアルタイムで収集蓄積されるようになり、このデータを分析することによって、これまで提供できなかった、より付加価値の高いサービスを生み出すことが可能になると期待されている。

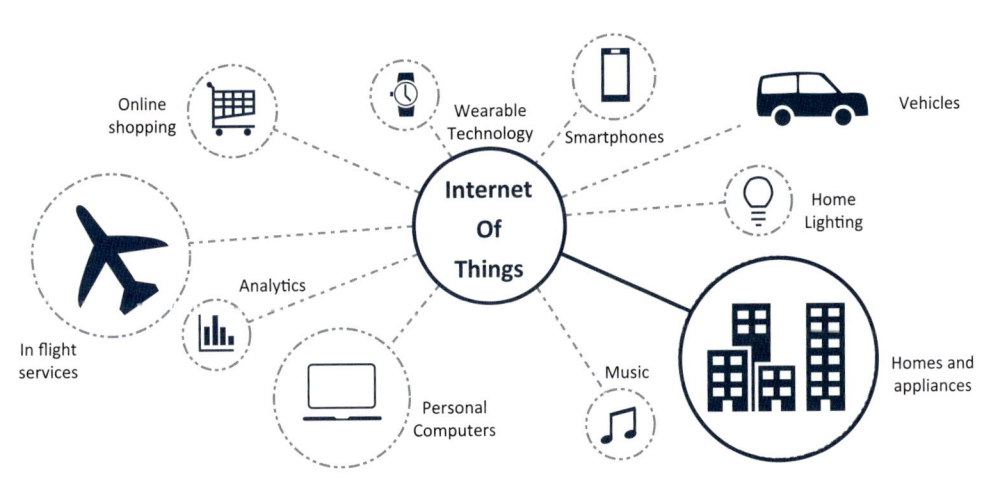

図表㊲　建物がIoTで接続されるためには、BIMモデルの活用が必須

　建設業界でのIoT活用は、2つの方向性に大別できる。1つは「つくり手のためのIoT」で、建設現場にかかわる工事や作業を可視化し、作業の効率化や省人化を目的とするものである。熱や振動、人の動きを検知する人感センサーやIC

タグなどを用いて、作業員や建設機械、資材などのリソースの位置や状態を管理し、作業員の安全確保と作業効率の適正化を両立させ、同時に建設機材の異常監視などを行うことができる。

もう1つは「使い手のためのIoT」で、建物と建物の集合体である街区全体の付加価値を高めることを目的とするものである。これは、スマートビルディングやスマートシティ、スマートコミュニティといった技術の礎となるもので、建物の利用者に新たな利便性をもたらすサービスを提供する。現在でも、スマートフォンなどのアプリを利用し、施設利用者の位置情報とスマートフォンアプリ利用者のプロファイルを結びつけ、商業施設の案内や、旅行者向けの案内を行うといったサービスが実用化されている。また、緊急時の避難アプローチなどの防災面や、エネルギーマネジメントへの応用も既に始まっている。

デジタルツイン

2019年ころより、建設業界でもデジタルツイン（Digital Twin）という言葉が聞かれるようになった。これは、現実世界の実体やシステムをデジタルデータとしてコンピュータ上に構築する技術アプローチを概念的に表したものである。現実のフィジカル空間に存在する情報をサイバー空間上にそっくり再現しようとすることから、デジタルの双子（Twin）と表現される。さらに、デジタルツインによって構築された世界を、ミラーワールド（鏡像世界）と呼ぶこともある。

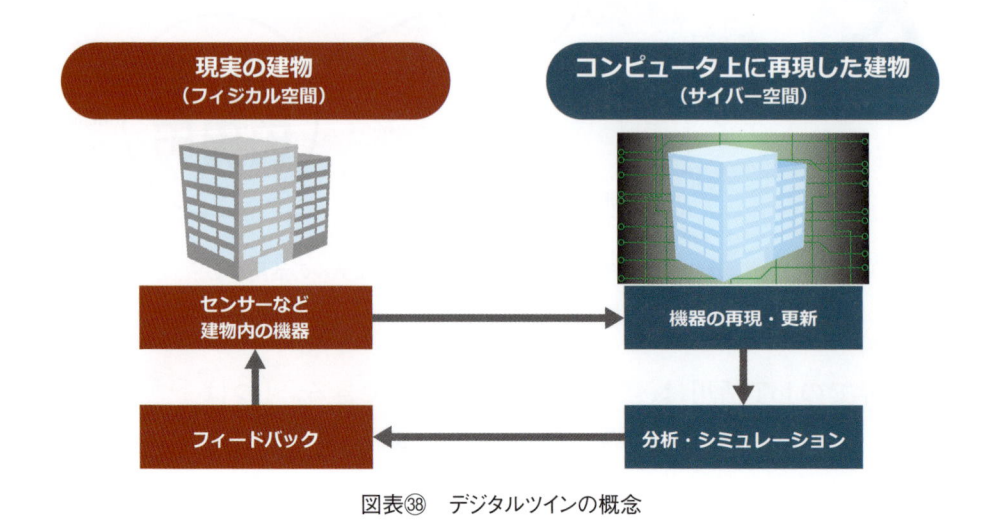

図表㊳ デジタルツインの概念

デジタルツイン環境を活用することで、現実のフィジカル空間で起こる様々な現象をシミュレーション技術を使ってモニタリングすることができ、このサイバー空間でモニタリングした結果から、現実世界における建物や設備機器の将来の故障や変化を予測できるようになる。これがデジタルツインでもっとも期待される効果である。

デジタルツインが建設業界で近年注目を集めるようになったのは、IoTとBIMの普及によるところが大きい。デジタルツインの概念は従来からあったのだが、物理世界の情報をデジタル化するためのデータ入力作業などに膨大な工数（人手）が必要であり、その負担の大きさからサイバー空間に入力されるデータ量が限定されていた。

その結果、サイバー空間上にフィジカル空間をそのまま正確に再現することが難しくなってしまい、結果としてフィードバックされるシミュレーション結果も実用に耐える正確性が期待できなかったため、デジタルツインの実用化が困難であった。

しかしIoTの進展により、膨大なデータ（ビッグデータ）を自動的にリアルタイムで取得し続けることが可能となり、そのデータの受け皿としてBIMモデルを活用することで、物理世界を仮想世界にある程度正確に再現することが可能となってきた。これによって、より本格的なデジタルツインが実現できるようになりつつある。

諸外国では、建物単体ではなく、街区全体をデジタルツインとしてまるごとデータ化し、国家政策としての都市計画や防災対策に活用するなど、大規模な活用も始まっている。

このデジタルツインを国家レベルで実現させたのが、シンガポールである。ビルや住宅などの建築物はもちろん、公園や道路、そして人や車の流れまで、すべてデジタルツインとして構築しようという壮大な計画がスタートしたのは、2014年のことである。デジタル技術を活用して、国民の生活を豊かにする構想「スマートネイション」の一環として始まったその国家事業は、「バーチャル・シンガポール」と呼ばれている。

シンガポールの国土面積は約720k㎡で、これは東京23区とほぼ同じ大きさだ。「バーチャル・シンガポール」プロジェクトは、その国土すべてをデジタルツインと

して構築するという壮大な計画で、すでに都市主要部のモデル化は完了している。

図表㊴　すべてBIMモデルデータで構築されたシンガポールの市街地
（資料提供：ダッソー・システムズ株式会社）

　シンガポールは国土が狭いため人口密度が高く、慢性的な交通渋滞や建物の建設時の騒音などが課題になっている。道路の整備なども進められているが、これまでは政府機関や省庁の連携が悪く、工事に無駄が多い点も問題視されていた。そこでシンガポール政府は、「バーチャル・シンガポール」の構築により、こうした問題の解決を図ろうとしている。

　仮想空間上にデジタルツインとして都市を再現し、BIMモデル上で様々なシミュレーションを行うことによって、工事が発生した場合の車両の流れや、工事の進行度をフロントローディングで把握すれば、最適な工事計画を策定することができる。こうした情報は、異なる省庁のスタッフがリアルタイムで共有し、適宜工事関係者などへ提供できるため、渋滞緩和策の立案や工事の効率化、工事の安全確保に即座につなげることが可能だ。

　シンガポールの取り組みは非常に先進的なものであり、世界的に注目度も高い。将来は、日本をはじめ多くの国や地域で、デジタルツインの構築が盛んになることが予想される。

建設用大型3Dプリンタ

　3Dプリンタは、3D CADで作成したデータを使って、立体模型を造形する機器である。日本では立体印刷機とも呼ばれる。目的物の断面形状を付加加工で積層していくことで立体物を形成する方式が一般的で、建築模型の作成のほか各種製造業および医療用や食品加工用まで様々な用途に応用が広がっている。

図表㊵　複雑な形状も自由自在に造形できる
（資料提供：會澤高圧コンクリート株式会社）

　現在市場に流通しているのは数十cm四方の立体物までしか形成できないものが多いが、これを大型化し、プリンタヘッド部分を改良してコンクリートなどの建築材料を吐出できるようにし、さらに工業用のロボットアームなどに取り付けたものが建設用大型3Dプリンタである。建設用大型3Dプリンタは現在世界各国で開発が進められ、実際の工事にも使われ始めている。日本では、2022年1月に壁全体をセメント系3Dプリンタで印刷した平屋建ての倉庫が国内初の建築確認済

証の交付を受け、施工されている。この建物の例では、在来工法で施工した場合と比較して、約35%の工期短縮が実現できたとされる。コンクリート吐き出しタイプのものはコンクリート型枠無しで壁を作ることでき、しかも自由で複雑な形状の造形が可能なため、通常の建築物だけではなく、災害時の仮設構造物や仮設住居、さらには海底や極地、宇宙など、人間が行けないような場所での活用など、その応用範囲は無限大といえる。

　建設用大型3Dプリンタは、将来の建設現場を大きく変える可能性を秘めた技術である。少子高齢化により建設現場の担い手が減少する中、仮設や型枠などが不要で、直接躯体工事を施工することが可能なこの技術は、建設現場の自動化と無人化を大きく推し進め、危険な現場作業から人間を解放することができる。

　現在、コンクリートだけではなく、金属を材料に用いることのできる建設用3Dプリンタの開発が進められており、さらにドローン（小型無人機）による建材の積み上げ技術などの実用化が進めば、将来の建設現場は大きく様変わりすることになるだろう。

図表㊶　自走式の3Dプリンタやドローンが活躍する近未来の建設現場イメージ
（資料提供：會澤高圧コンクリート株式会社）

ロボットによる自動化施工技術

　建設用大型3Dプリンタが実用段階に近づくにつれ、いよいよ建設現場のロボット化が現実味を帯びてきたが、建設現場は躯体工事だけではなく、内装の造作工事など様々な材料を用いた多岐にわたる工事が発生する。

　現在、建設工事のほとんどは専門技能を持つ各種の職人によって支えられている。将来の建設現場で、大型の自走式建設用3Dプリンタやドローンなどの建設機械が動き回る中、人間が一緒になって働くことは、現在の現場よりも危険なのではないか。そもそも人間が介在する建設現場では、人間の安全性を優先する必要から、ロボット化による作業の大幅な効率化を進めることが困難なのではないか。そうした疑問への解決策の1つとして、人間型ロボットの開発がある。

　こうした中、(国立研究開発法人) 産業技術総合研究所（産総研）は、人間の重労働作業や危険な環境での作業を自律的に代替することを目指した人間型ロボットの試作機HRP-5Pを開発し、2018年10月にその実機を発表した。

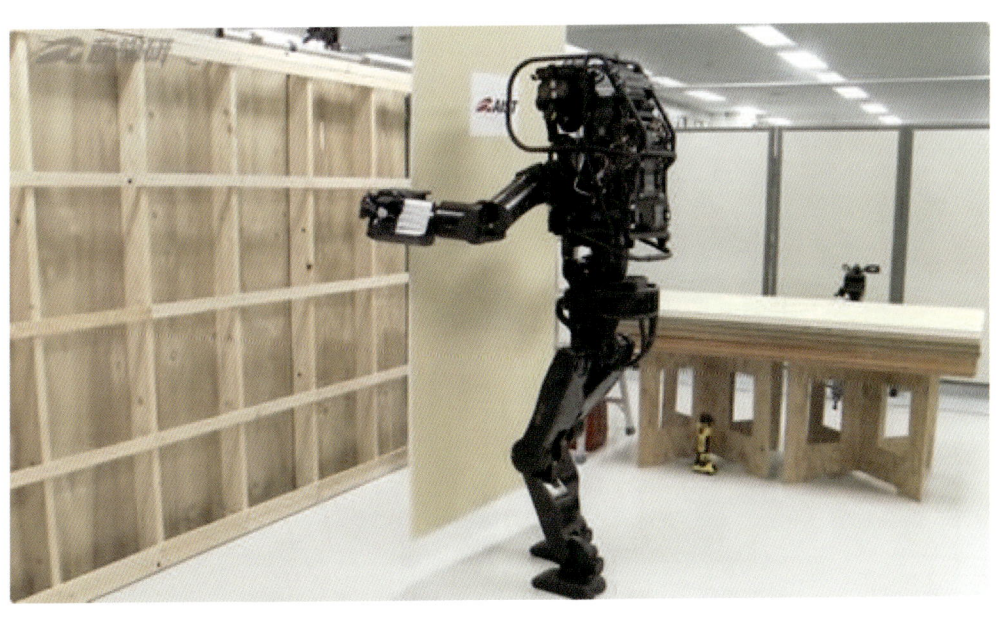

図表㊷　産総研の人間型ロボットHRP-5P
（国立研究開発法人産業技術総合研究所　提供）

HRP-5Pは、最新のロボット制御技術を活用した身長182cm、体重101kgの人間型ロボットで、産総研がこれまで発表した人間型ロボットHRPシリーズ最高の身体能力を備えているという。

　2018年の発表では、この堅牢なボディに環境計測・物体認識技術、全身動作計画・制御技術、タスク記述・実行管理技術、高信頼システム化技術からなるロボット知能を搭載することで、建設現場での代表的な重労働作業である石膏ボード施工の自律的な遂行を実現した。今後は、HRP-5P自立型ロボットの開発プラットフォームとして活用することにより、建物の建設現場だけではなく、ダムや橋梁、航空機や船舶などの大型構造物組み立てる現場での人間型ロボットの実用化が加速することが期待されている。

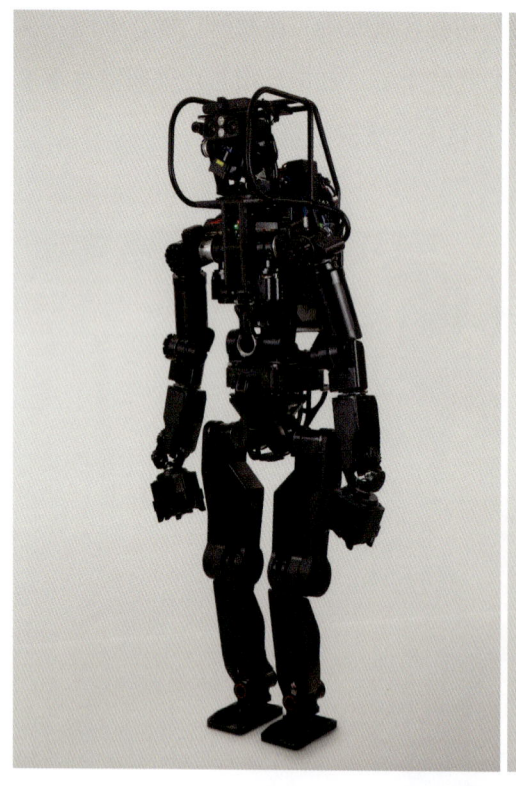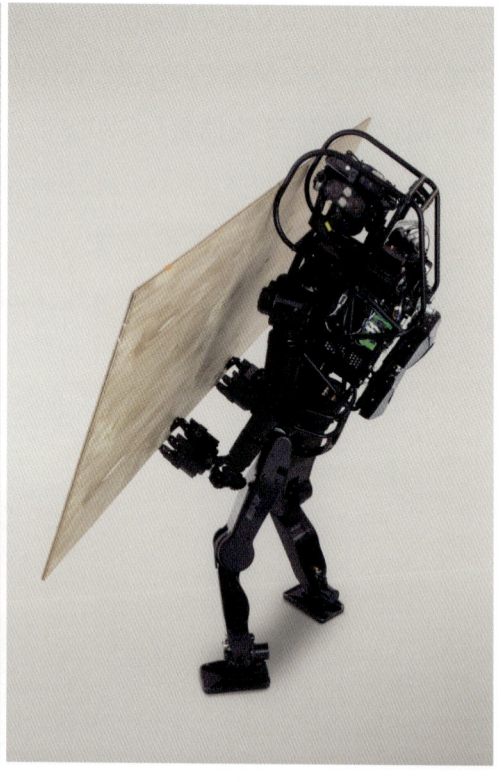

図表㊸　HRP-5Pの外観と約13kgのパネル搬送の様子
（国立研究開発法人産業技術総合研究所　提供）

　人間と同じスケールサイズのロボットは、人間と同じ作業環境での動作が可能であるため、ロボット導入のための特別な環境整備が不要だ。人間が働いている職場にそのまま導入して、人間と同じように仕事をさせることができる。建設現場であれば、人間が使っている足場や階段をそのままロボットが自立歩行可能であり、各種の工具も人間用のものがそのまま利用できる。人間型ロボットには、このように多くのメリットがあるため、早期の実用化が待ち望まれる。

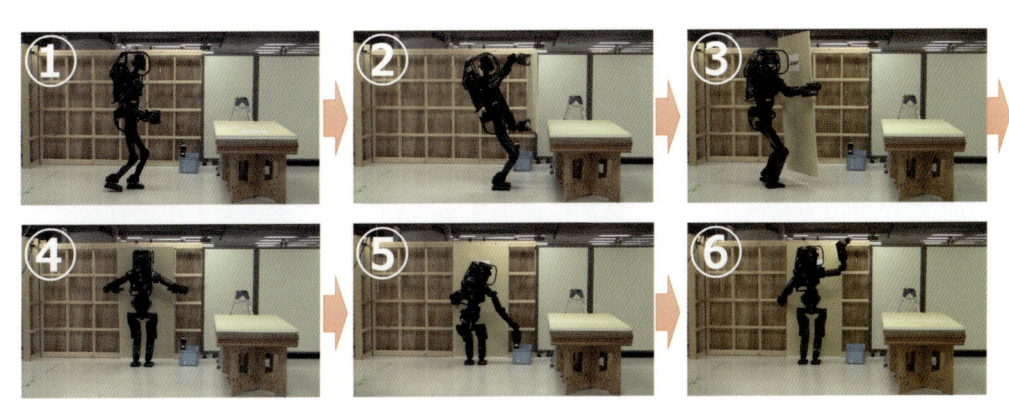

①周辺環境の3次元地図生成と物体検出を行い、作業台に近づく。
②作業台に寄りかかりながら平積みされた石膏ボードを1枚ずらし、持ち上げる。
③周辺環境を認識しながら石膏ボードを壁まで搬送する。
④石膏ボードを降ろし、壁に立てかける。
⑤高精度ARマーカーを用いて工具を認識し、拾い上げる。
⑥胴縁を握って安定性を確保しながら壁に石膏ボードをビスで固定する。

図表㊹　HRP-5Pは、人間と同じように仕事をこなす
（国立研究開発法人産業技術総合研究所　提供）

　自動車産業などの製造業では、CADで設計した製品モデルデータに基づいて、工場のNC（Numerical Control）工作機械や産業用ロボットを制御し、製品の生産工程を自動化するCAD/CAM（Computer Aided Design / Computer Aided Manufacturing）技術が広く普及している。近い将来、建設産業においても、BIMモデルを活用して、製造業のCAD/CAMのように、建設現場における各種作業の多くが自動化されることは必至であろう。

　しかし、自動車産業などの工場生産には製造ラインがあり、基本的に同じ作業の繰り返しが多いため工場の自動化は早期に実現可能であったが、建物は基本的に一品生産であり、建設現場はその土地や地域ごとに状況が異なるため、自動化が難しいという実情がある。このため建設用のロボット開発には、現場における

イレギュラーな状況にも柔軟に対応できる高度な自立型ロボット技術の開発が求められる。これには、ロボティクス分野の技術者と建設分野の技術者との緊密な協力体制が必要となる。異業種間の垣根を越え、様々な技術協力が精力的に展開された先に、人間型ロボットや自走式3Dプリンタが建設現場で縦横無尽に活躍する、新しい建設産業の未来が実現するのである。

BIMによる事業ドメインの拡大と建設業の成長戦略

　BIMをキーテクノロジーに据え、新たに建設業の成長戦略を描こうとする動きがある。これまでの建設業は、施主（発注者）という顧客に対し、建物の設計や施工といった労務サービスを個別に提供するというビジネスモデルを行なってきたが、BIMの普及とともに建物のライフサイクル全般にわたる"途切れのない"サービスを提供することが可能となりつつある。

　新たな成長戦略を描くには、既存サービスの質を向上させ競合他社との差別化を図る方法と、新たなサービスを開発し新規顧客を開拓する方法がある。BIMとその周辺技術を応用すれば、そのどちらにも対応した事業ドメイン（顧客やサービス）を拡大することが可能である。この章で紹介した例を当てはめると、図表㊺のようなサービスの実現が考えられるが、これ以外にもそのアイデアは無限に広がるであろう。

成長戦略のカテゴリ	BIM を使った事業ドメイン拡大のためのサービス例
既存サービスの質を向上させ、競合他社との差別化を図る	干渉レス設計による設計精度の向上と効率化の実現
	BIM モデルデータを使ったエネルギー（省エネ）コンサル
	シミュレーションによるプレコンストラクションサービス
	クラシフィケーションの実現による海外プロジェクトへの参入
	デジタル確認申請によるファストトラック（fast track）の実現
新たなサービスを開発し、新規顧客を開拓する	ジェネレーティブデザインによる新たな設計手法の開発
	バイオクライマティックデザインによる環境配慮型設計
	デジタルツインの実現による次世代型 FM サービスの提供
	BIM ＋ 3D プリンタによるデジタルファブリケーション
	映画や舞台、ゲームなどにおけるバーチャルセットの制作

図表㊺　BIMを使った事業ドメイン拡大の例

1990年代、建設業の労働生産性は横ばい状態が続いた。一方、製造業では3D CADの導入による設計の効率化をすすめ、CAD/CAMやロボット技術による製造工程の改革を実現した結果、労働生産性を飛躍的に向上させた。

製造業が3D CADを導入する以前、例えば自動車の生産現場では、何台もの試作車を作っては衝突実験や耐久実験を繰り返してデータを集めていたため、実際に完成車となって市場に出るまでには多くの時間と費用を要していた。その後デジタルプロトタイプといわれる3次元の仮想的なモデルを使い、コンピュータシミュレーションで様々な実験が即座に実行できるようになり、飛躍的に設計製造のスピードと信頼性を高めることに成功した。まさに、製造業の生産性革命といってよいであろう。そしていま、BIMという強力なツールを使って、建設産業における生産性革命が起ころうとしている。

製造業には、古くからDFMA（Design For Manufacture and Assembly）という考え方がある。DFMAは、製品開発の初期段階から生産物の製造容易性を考慮した設計を行うことで、生産性の向上を図ろうという取り組みである。これはBIMのフロントローディングの概念とも共通するもので、近年建設業においてもDFMAの考え方が浸透しつつある。そしてこのDFMAを実現する要素の1つとして、モジュラーデザインの採用がある。モジュラーデザインとは、互換性が高い部品（モジュール）を事前に設計しておき、それらを組み合わせて多様な製品を設計する、計画的な設計手法である。

従来の建設方式は、現場で納まりを検討し調整する場面が多く、それをどのように解決するかを現場サイドで判断しなければならないため、そのプロセスが建設業の生産性向上を妨げる要因の1つとなっていた。しかし、DFMAの考え方を取り入れ、建設現場にモジュラーデザインを取り込むことで、こうした問題を解決しようという取り組みが始まっている。その手法の1つが、モジュラー・コンストラクション（Modular Construction）である。

モジュラー・コンストラクションの実現は、品質やコスト面、生産管理の点でのメリットが大きく、設計・施工の各段階でのフロントローディングを実現する。天候の影響を受けない屋内工場で生産されるモジュール（組み上げ部材）は、現場合わせの在来工法と比較して品質が安定するだけでなく、残材の最小化によるゼロ・エミッション（廃棄物を出さない資源循環型の社会システム）の実現にも

貢献する。

　モジュラー・コンストラクションの考え方は、1964年の東京オリンピック時のホテル建設におけるユニットバス工法に端を発し、またたく間に世界に普及したといわれており、まさに50年の時を経て、当時のプレハブ（Prefab）技術が今また脚光を浴びているのである。

BIMで未来を創る

　BIMは、顧客に建物だけではなく "未来を売る" こともできる。その昔、建物は完成するまでその全貌を確認することができず、紙に描いた平面図や立面図を見て頭の中に完成予想図を描くしかなかった。しかし、3D CADの登場とCGの発達により、建物の完成前に、詳細な完成形を見ることができるようになった。そしてBIMの登場とFM技術との連携により、いまでは建物の数十年先の状態も容易にシミュレーションできるようになった。

　近年、デジタルツインやAI（人工知能）などの技術は目覚ましい発展を遂げ、建築分野においてもその影響は顕著である。BIMとこれらの技術を組み合わせることで、建築物は単なる建造物から、環境や社会とインタラクティブに繋がる存在へと進化する。従来のAIは、主に構造計算や設備設計など、定型的なタスクの自動化に活用されてきたが、生成AIは、その特徴である自然言語処理や画像処理能力を活かし、より創造的な分野での活用が期待される。例えば、設計者の意図や要望を生成AIに学習させ、それに基づいたデザイン案を自動生成させれば、人間の設計者では思いつかないような斬新なデザインが生まれる可能性もあるだろう。

　また、BIMと生成AIを組み合わせ、顧客とのコミュニケーションツールとして活用することで、顧客満足度の向上も期待できる。設計者は、生成AIを活用し、より創造的な業務に集中できるようになり、建物オーナーなど建築に関する知識や経験が少ない人は、BIMをプラットフォームにして、設計やデザインにもっと気軽に参加できる環境が提供されるようになる。さらに、BIMは建築教育や人材育成にも影響を与え、学生や若手建築家は、これまでよりも効率的に知識やスキルを習得できるようになるだろう。

BIMは社会インフラへ

BIMは、未来の都市を支える社会インフラへと進化を遂げつつある。BIMモデルは、設計者、施工者、発注者、さらには建物利用者まで、あらゆる関係者にとってアクセス可能な情報共有基盤となり、プロジェクトの効率化と品質向上に不可欠な存在となった。建設現場では、BIMモデルに基づいて自動制御されるロボットが活躍し、危険な作業や単純作業を人間に代わって行い、建設業の人手不足解消と現場の安全性および生産性向上の同時解決を目指す。

またBIMを使って、建物のライフサイクル全般における環境負荷をシミュレーションし、最適な設計・施工・運用を支援する取り組みも始まった。例えば、太陽光や地中熱利用などの再生可能エネルギーの導入効果を事前評価することで、建築物省エネ法に基づく建物の性能向上を図ることができる。環境負荷低減の観点からは、建物の建設および運用段階で排出される温室効果ガス（GHG）を考慮した設計・施工が重要となるが、BIMはこれらのGHG排出量を可視化し、その削減に向けた対策を検討する上で必要不可欠なツールとなる。

さらに今後は、IoTや5Gなどの技術と連携することで、建物のリアルタイムモニタリングや自動制御、さらには災害時の避難誘導など、社会インフラとしての役割をさらに拡大していくことが予想される。これらの技術革新は、日本政府が提唱するSociety5.0、すなわち、サイバー空間とフィジカル空間を高度に融合させた超スマート社会の実現にも大きく貢献するだろう。

これからの時代、BIMという道具を使って、私たち一人ひとりが何をするか、何ができるかを考えることが重要である。私たちがいま手にしたBIMという道具は、第一次産業革命以降、最も強力なものとなる可能性を秘めている。

このパラダイムシフトの渦中にいる私たちにとって、BIMの仕組みや応用の可能性を正しく理解することは、建築・建設業界で活躍するための羅針盤となるだろう。本書で学んだBIMの知識を自分のものとして活用することで、より快適で安全な社会を、私たち自らの手で築き上げていくことができるのである。

BIMの活用、推進を図る国の取組について、
下記のBIMサイトから閲覧できます。

官庁営繕事業におけるBIMモデルの作成及び利用に関するガイドライン

国土交通省大臣官房官庁営繕部は、官庁営繕事業（設計業務および工事）に適用する「官庁営繕事業におけるBIMモデルの作成及び利用に関するガイドライン（BIMガイドライン）」を2014年3月19日に策定しました。これは受注者自らの判断でBIMを利用する場合や、技術提案に基づく技術的な検討を行うにあたって、BIMを利用する場合などにおいて適用されるものです。

2014年3月19日　制定

2018年8月1日　改定

2022年3月25日　第2回改定

建築分野におけるBIMの標準ワークフローとその活用方策に関するガイドライン

2019年6月に設置された「建築BIM推進会議」において、BIMのもたらす周辺環境の将来像に関する議論が行われ、将来像に向けた官民の役割分担・工程表（ロードマップ）がガイドラインとして取りまとめられました。

本ガイドラインは、2019年度末時点のBIMにおける関係団体等の知見等を踏まえたものであり、本ガイドラインを実際に活用することにより得られる知見等を改めて建築BIM推進会議及び建築BIM環境整備部会にフィードバックすることにより、今後継続的に見直しを行なっていくことを前提としたものです。

2020年3月31日　制定

2022年3月30日　第1回改定

BIMサイトの紹介

BIMに関する様々な取り組みは早いスピードで進展しています。
そこで、本書の内容を補完し、BIM知識の習得に役立てていただくめ、国が取り組むBIMガイドラインの内容をはじめ、BIMの最新情報を下記のサイトからご覧いただけます。本書と併せてご利用ください。

URL：https://www.bim-book.com/

参考文献一覧

第1編

森谷靖彦「ビルディング・インフォメーション・モデリング（BIM）の可能性」『建築の研究（201）,20-23,2010-10』，2010年

森谷靖彦「最近の建築CADとBIMの動向」『建築の研究（212）,26-29,2012-08』，2012年

森谷靖彦「フリーソフトで構築する建築CAD環境」『建築の研究（216）,14-17,2013-04』，2013年

「建築プロジェクトにおけるコストマネジメントと概算」公益社団法人日本建築積算協会，2017年4月1日

『BIM その進化と活用』編集委員会「BIM その進化と活用」日刊建設通信新聞社，2016年9月15日

エーアンドエー株式会社編「Ａ＆Ａ30周年記念誌 Ａ＆Ａの花伝書」新潮社図書編集室，2014年

第2編

「施工BIMのスタイルー施工段階における元請と専門工事会社の連携手引き2014ー」一般社団法人日本建設業連合会，2014年

「日建連活動報告　施工BIMで連携をスムーズに」『ACe 建設業界』一般社団法人日本建設業連合会，2015年3月号

「施工BIMのスタイル」一般社団法人日本建設業連合会，https://www.nikkenren.com/kenchiku/bim/

『建設通信新聞』「施工BIM日建連調査　会員7割が取組み　中小規模への活用進む」2018年7月5日，日刊建設通信新聞社

FM推進連絡協議会編「公式ガイド　ファシリティマネジメント」日本経済新聞出版社，2018年1月29日

「フロントローディングの手引き2019」一般社団法人日本建設業連合会，https://www.nikkenren.com/publication/detail.html?ci＝310，2019年7月

「JIA BIMガイドライン」公益社団法人日本建築家協会，http://www.jia.or.jp/resources/news/000/225/0000225/p7NmnPji.pdf，2012年7月

「欧州公共事業によるBIM導入の手引き」EUBIM TASKGROUP、the European Union，2018年

"Publicly Available Specifications（PAS 1192-2：2013）" British Standard Institution，2013年

「英国のBIMを利用する建設プロジェクトの情報マネジメント仕様書」森田義則、一般財団法人日本建設情報総合センター，http://www.jacic.or.jp/movie/jseminar/pdf/movie20161013_morita.pdf，2016年10月13日

「BIM計画書」一般社団法人buildingSMART Japan，http://bljapan2013.up.seesaa.net/image/BIME8A888E794BBE69BB8E382B5E383B3E38397E383AB_BLJ2013-3.pdf，2013年

「BIM実行計画書」設計・生産の情報化小委員会　IPDコラボレーション研究WG、一般社団法人日本建築学会，https://www.slideshare.net/aijinfosys/bim-day-2016bim，2016年2月

「施工BIMのスタイル　施工段階におけるBIMワークフローに関する手引き　2020」一般社団法人日本建設業連合会，2021年3月16日

「BIMモデルの取扱いに関する覚書（例）」『施工BIMのスタイル 2014』一般社団法人日本建設業連合会，https://www.nikkenren.com/kenchiku/bim/pdf/001_020_003.pdf，2014年

次世代公共建築研究会IＦＣ/BIM部会ほか　編集「主として建築設計者のためのBIMガイド」大成出版社，2017年5月20日

村上周三「CFDによる　建築・都市の環境設計工学」東京大学出版会，2000年9月

公益社団法人空気調和・衛生工学会「はじめての環境・設備設計シミュレーション　CFDガイドブック」オーム社，2017年11月30日

南雄三「通風トレーニング：南雄三のパッシブ講座」建築技術，2014年1月18日

「技術コラム：流体基礎」株式会社ソフトウェアクレイドル，https://www.cradle.co.jp/media/tag/basic

渡邉浩文、藤田昌宏 "BIM-Cost" 開発について」『建築と社会』一般社団法人日本建築協会，2015年12月号

生島宣幸「BIMによる積算業務の実運用へ向けて　その課題と今後の展望について」『建設ITガイド2017』一般財団法人経済調査会，2017年2月10日

「建築における電子データ流通のためのガイドライン」一般社団法人日本建築学会情報システム技術委員会，2001年12月

武藤正樹「建築物の技術基準への適合確認におけるBIM技術応用の検討」『IDS＆BIMセミナー』国立研究開発法人建築研究所，2013年

武藤正樹「建築物の確認審査における電子申請対応とBIM応用の可能性」『平成25年度建築研究所講演会』国立研究開発法人建築研究所，2013年

武藤正樹「建築確認検査における電子申請へのBIM応用技術の開発」『平成27年度国土交通省国土技術研究会』国立研

究開発法人建築研究所，2015年11月

武藤正樹「特集BIMと建築確認検査業務への応用」『えぴすとら　BRI NEWS Vol.73』国立研究開発法人建築研究所，2016年4月，https://www.kenken.go.jp/japanese/contents/publications/epistura/pdf/73.pdf

『建設通信新聞』「建築確認事前審査にBIM/日本建築センター」2018年3月23日，日刊建設通信新聞社

「BIMを活用した建築確認における課題検討委員会発足のお知らせ」日本ERI株式会社、一般財団法人日本建築センター，2018年9月14日

「BIMデータを使用した建築確認申請手続きによる国内初の木造3階建て住宅の確認済証を交付　木造住宅で BIM申請が可能に」フリーダムアーキテクツデザイン株式会社，2017年12月12日

武藤正樹「BIM確認申請の展開と課題」『平成30年度建築研究所講演会』国立研究開発法人建築研究所，2019年3月1日，https://www.kenken.go.jp/japanese/research/lecture/h30/index.html

「BIMを活用した建築確認における課題検討委員会　報告書」一般財団法人日本建築センター，2019年3月

「BIMを活用した建築確認」『BCJ技研レポート Vol.12019.4.』一般財団法人日本建築センター，2019年4月，p.4，https://www.bcj.or.jp/upload/information/research/01_annual-report201904.pdf

「施工BIMのすすめ　成功につながる施工BIMスタートアップガイド2017」一般社団法人日本建設業連合会，2017年11月

「施工BIMのスタイル　事例集2018」一般社団法人日本建設業連合会，2018年7月1日

曽根巨充「施工BIMの○と×」『建設ITガイド2018』一般財団法人経済調査会，2018年2月10日

和智信二郎（株式会社日建設計：一部引用）「AIAのインテグレーテッドプラクティスの概要」『インテグレーテッドプラクティスシンポジウム第1回』公益社団法人日本建築家協会，2007年7月

藤沼傑（株式会社山下設計）「米国におけるIntegrated Practice（融和事業手法）の状況とBIM」『第30回情報・システム・利用・技術シンポジウム』一般社団法人日本建築学会，2007年12月

「特集　欧州の建設事情に関する調査」『建築コスト研究　第83号』一般財団法人建築コスト管理システム研究所，2013年10月

「平成20年度〜25年度　設計情報化評議会活動報告書」一般財団法人建設業振興基金建設産業情報化推進センター，2009年3月〜2014年3月

「建築BIM推進会議」国土交通省，http://www.mlit.go.jp/jutakukentiku/kenchikuBIMsuishinkaigi.html

「設計BIMワークフローガイドライン建築設計三会（第1版）」建築設計三会（公益社団法人日本建築士会連合会・一般社団法人日本建築士事務所協会連合会・公益社団法人日本建築家協会），2021年10月

第3編

『BIMその進化と活用』編集委員会「BIMその進化と活用」日刊建設通信新聞社，2016年9月

中元三郎（株式会社安井建築設計事務所）「BIMの特性を生かした設計プロセス改訂をめざして」『建築コスト研究　第65号』一般財団法人建築コスト管理システム研究所，2009年3月

村松弘治・中元三郎（株式会社安井建築設計事務所）「BIMの教育研修・普及推進・展開利用について」『建築設備と配管工事』日本工業出版会，2012年4月

中元三郎（株式会社安井建築設計事務所）「BIMにおける建築情報交換」『空気調和・衛生工学　5月号』公益社団法人空気調和・衛生工学会，2012年5月

"British Standard UK implementation of EN ISO 19650-1：2018", BSI Standards Publication, British Standards Institution（BSI），2018年12月

「建築物の維持管理情報に関する調査研究報告書」公益社団法人全国ビルメンテナンス協会，2009年3月

「維持管理情報のネットワークシステムの構築に関する調査研究報告」公益社団法人全国ビルメンテナンス協会，1905年7月

FM推進連絡協議会編「公式ガイド　ファシリティマネジメント」日本経済新聞出版社，2018年1月29日

「FMで活用するICTシステム」公益社団法人日本ファシリティマネジメント協会コンピュータ活用研究部会，2017年7月

「ファシリティマネジャーのためのBIM活用ガイドブック」公益社団法人日本ファシリティマネジメント協会，2015年4月

仲間祐貴、大西康伸、位寄和久（熊本大学）「継続的利用と情報共有を可能にする建物維持管理支援のためのBIM を活用したウェブシステムの開発」『日本建築学会技術報告集　第22巻　第50号』一般社団法人日本建築学会，2016年2月

仲間祐貴、大西康伸、位寄和久（熊本大学）「3Dビューを用いた維持管理記録の特徴把握　−オブジェクトベースの建

築情報マネジメントシステムの研究 その4ー」『日本建築学会第40回情報・システム・利用・技術シンポジウム論文集』一般社団法人日本建築学会，2017年12月

林慎也、大西康伸、仲間祐貴（熊本大学）「BIMデータを活用したクラウドシステム上での環境センシングデータの可視化」『日本建築学会第40回情報・システム・利用・技術シンポジウム論文集』一般社団法人日本建築学会，2017年12月

「ALSOKニュースリリース」綜合警備保障株式会社，2015年5月7日，https://www.alsok.co.jp/company/news/news_details.htm?cat＝2＆id2＝723

次世代公共建築研究会IFC/BIM部会ほか　編集「主として建築設計者のためのBIMガイド」大成出版社，2017年5月20日

「ファシリティマネジメントのためのBIMガイドライン」公益社団法人日本ファシリティマネジメント協会，2019年8月

第4編

森谷靖彦「バイオクライマティックデザインを取り入れた建築設計製図教育」『建築の研究（238），26-29,2016-12』，2016年

木村駿、日経コンストラクション編「建設テック革命」日経BP，2018年10月16日

「202X建築テクノロジー」『日経アーキテクチュア』日経BP，2016年11月28日

家入龍太「よくわかる最新BIMの基本と仕組み［第2班］3D建築革命」秀和システム，2019年3月5日

『BIM その進化と活用』編集委員会「BIM その進化と活用」日刊建設通信新聞社，2016年9月15日

森谷靖彦「建築情報処理Ⅰテキスト（2018）」東京工芸大学工学部建築学科

森谷靖彦「建築情報処理Ⅱテキスト（2019）」東京工芸大学工学部建築学科

「建築BIM推進会議」国土交通省，http://www.mlit.go.jp/jutakukentiku/kenchikuBIMsuishinkaigi.html

山田悟史「統計的デザイン意思決定からのハイジャンプ」立命館大学建築情報研究室，http://satoshi-bon.jp/2019/07/01/bim19-f/

「官庁営繕事業におけるBIMモデルの作成及び利用に関するガイドライン」国土交通省大臣官房官庁営繕部，2014年3月19日制定，2018年8月1日改定，2022年3月25日第2回改定

「建築分野におけるBIMの標準ワークフローとその活用方策に関するガイドライン」建築BIM推進会議，2020年3月

「建築BIMの将来像と工程表」建築BIM推進会議，2019年9月

索引

〔監 修 者〕

　飯島　憲一　大阪電気通信大学　教授

　志手　一哉　芝浦工業大学　教授

　下川　雄一　金沢工業大学　教授

〔著　　者〕

　戸泉　　協　株式会社安井建築設計事務所

　中元　三郎　株式会社安井ファシリティーズ

　林　　立也　千葉大学　准教授

　森谷　靖彦　公益社団法人日本建築積算協会

禁無断転載

BIM BASIC I
建築・BIMの教科書　改訂2版

2024年10月5日　改訂2版発行

編　集　　一般社団法人 BIM教育普及機構
発　行　　一般財団法人 建設物価調査会

〒103-0011
東京都中央区日本橋大伝馬町11番8号
フジスタービル日本橋
電　話　03-3663-8763　（代）

印　刷　　奥村印刷 株式会社